대화적 상상력과 영문학의 비판적 이해

대화적 상상력과 영문학의 비판적 이해

워즈워스와 브라우닝을 중심으로

여홍상

KOREA
UNIVERSITY
PRESS
고려대학교
출판문화원

책머리에

오랫동안 주로 19세기 영시 분야를 연구해 온 필자의 입장에서 제일 관심을 가졌던 시인이 있다면 낭만주의에서는 윌리엄 워즈워스, 빅토리아조에서는 로버트 브라우닝을 손꼽을 수 있겠다. 워즈워스는 두말할 필요 없이 영국의 낭만주의를 대표하는 시인으로 해체주의, 역사주의, 여성주의 등의 다양한 현대적 시각에서 활발히 재조명되고 있다. 현대 영시와 소설의 기법에 중요한 영향을 끼친 극적독백의 시인 브라우닝 역시 다양한 현대적 관점에서 재논의되고 있는 것이 사실이다. 여기에 수록된 글 중에서 상당 부분은 주로 러시아 비평가 미하일 바흐친의 대화주의 및 역사주의 비평의 관점에서 이 두 시인의 작품에 나타난 사회적, 역사적, 종교적 의미 등을 검토해보려는 시도이다.

1부에서는 주로 바흐친의 대화주의와 카니발의 관점에서 워즈워스 시에 접근하는 논문들을 중심으로 하여 기타 워즈워스 시의 역사적 의미와 모성애에 대한 글들이 포함되었다. 2부에서는 브라우닝 시의 사회적, 종교적 의미에 대해 살펴보는 논문들 이외에 18세기 영국의 해방 노예 구스타프 에퀴아노의 노예서사 및 비판적 영문학 교육에 대한 글을 함께 수록하였다. 이러한 다양한 논문들에 공통되거나 일관된 문제의식이 있다면, 워즈워스와 브라우닝으로 대표되는 19세기 영시와 18세기 노예서사 및 영문학 교육의 문제를 바흐친의 대화적 상상력과 카니발 이론, 그리고 최근의 문화이론과 역사적 접근법의 다양한 '비판적' 시각에서 새롭게 조망해보려는 시도라고 할 수 있겠다.

여러 가지 미흡한 점이 많지만, 여기 수록된 글들이 모쪼록 19세기 영시와 영문학을 공부하는 이들에게 조금이라도 도움이 되고 시사하는 점이 있기를 바란다.

끝으로 이러한 전문적 학술 서적을 출판할 수 있는 기회를 주시고 교정에 많은 도움을 주신 출판문화원 편집실에 심심한 감사를 드리고, 항상 남편의 학문 연구를 위해 격려와 내조를 아끼지 않은 아내에게도 깊은 고마움을 표하고 싶다.

차례

제1부

워즈워스, 대화주의, 역사적 상상력

1. 워즈워스의 대화주의와 카니발적 상상력
—《서정담시집》의 몇 편의 시를 중심으로

I

낭만주의의 대표적 시인 윌리엄 워즈워스(William Wordsworth)에 대한 최근의 비평적 논의는 가히 현대 비평 이론의 각축장이라 할 만하다. 이 글에서는 여러 가지 방법론 중에서 특히 러시아의 비평가 미하일 바흐친(Mikhail M. Bakhtin)의 대화주의와 카니발 이론의 시각에서《서정담시집》의 몇 편의 대표적인 시를 살펴보고자 한다. 지금까지 바흐친의 이론을 워즈워스 시 읽기에 적용한 사례는 비알로스토스키(Don Bialostosky)의 저작(*Making Tales*) 이외에는 한두 편의 시에 대한 몇몇 비평가들의 단편적인 논의[1]를 제외하고는 거의 찾아보기 힘들다. 비알로스토스키의 저서는 워즈워스 시 해석에 바흐친을 도입하는 데 결정적인 역할을 한 것이 사실이다. 그러나 그의 저서는 일반적으로 부스(Wayne Booth)식의 관점에서 서술자와 청자/독자 사이의 '수사학적' 관계에만 치중하는 경향이 있다. 바흐친의 대화와 카니발 이론은 이러한 수사학

1 예컨대, 마코브스키(Michael Macovsky) 저서에서 〈틴턴사원〉("Tintern Abbey")에 대한 장, 〈미친 어머니〉("The Mad Mother")와 〈버려진 인디언 여자의 불평〉("The Complaint of a Forsaken Indian Woman")에 대한 비들레이크(Stephen Bidlake)의 논의, 워즈워스와 콜리지 시의 상호관계에 대한 조희정과 토마스(Gordon K. Thomas)의 논문 등이 있다(참고문헌 참조). 비알로스토스키는《이야기 만들기》이외에 워즈워스 비평사를 바흐친적 관점에서 검토하는 저서를 출판한 바 있다(*Wordsworth, Dialogics, and the Practice of Criticism*).

적 모형으로만 환원될 수 없는 역사적, 정치적, 사회적 함의와 인문학적 풍부함을 지닌다. 이 글은 비알로스코스키와 다른 비평가들의 논의에 부분적으로 힘입고 있지만, 기존 워즈워스 비평의 한계를 넘어서서 바흐친의 대화주의와 카니발 이론을 좀더 깊이 있고 폭넓게 워즈워스 시 읽기에 보다 본격적으로 적용해보려는 시도라는 점에서 새로운 의미를 찾을 수 있다.

워즈워스는 당대 독자들의 새로운 심미적 '취향'(taste)과 판단력을 키우기 위해 서정적이거나 극화된 시적 화자의 '가면'(masks, Danby 38)을 통해, 18세기 영국소설의 서술자처럼 독자나 청자에게 직접 말을 걸며, 서정시, 담시, 희곡, 서술의 다양한 문학 양식(Barstow 146, Bialostosky 12, Danby 35-36, Kroeber 43, Langbaum 56, Parrish 83, 90)과 운율 형식, 1인칭과 3인칭 서술, 그리고 화자와 인물의 말을 다성적으로 뒤섞거나 대화적으로 병치시키는 가운데, 바흐친이 강조하는 소설적 담론과 같은 대화적, 카니발적 서술 전략을 구사함으로써 희극적이거나 비극적, 혹은 희비극적 서술의 효과를 창출한다. 워즈워스의 시적 실험의 독창성은 메이요(Robert Mayo)가 지적한 당대 유행한 "잡지 시"(the poetry of magazines, 79)의 다양한 장르를 그의 특유한 '대화적 상상력'에 의해 '재강세화'(reaccentuation, Bakhtin, *Dialogic Imagination* 419), '혼종화'(hybridization, *Dialogic Imagination* 362), 희화화하는 방식에 있다고 할 것이다. 워즈워스의 시는 어린이, 바보, 거지, 미친 어머니, 인디언, 가난한 노파와 노동자처럼 사회적으로 주변화되고 소외된 소수자의 입장에서 어른과 부모, 정상인, 부유한 남성 지배층의 언어를 신랄하게 풍자하고 전복함으로써, 바흐친이 칭송한 라블레(François Rabelais) 소설의 카니발적 상상력을 새로운 시적 언어의 실험으로 구현한다고 할 수 있다.[2]

2 이 글은 바흐친의 이론에 대해 이미 상당한 이해를 갖추고 있는 독자를 대상으로 하여, 이를 워즈워스 시에 적용하는 데 주안점을 두고 있기 때문에, 바흐친의 비평이론 자체를 상세히 논의하는 것은 주목적이 아니다. 그러나 바흐친의 이론에 대해 다소 생소한 독자들을 위해 그의 이론 중에서 본 논의와 관련하여 핵심적인 부분을 좀더 보충적으로 정리하자면 다음과 같다. 첫째, 바흐친은, 소설 장르는 서사시와 같은 이전의 다양한 문학 양식과 사

이러한 시각에서 이 장에서 중점적으로 다루고자 하는 《서정담시집》[3]의 작품은 〈아버지를 위한 일화〉("Anecdote for Fathers"), 〈우리는 일곱〉("We Are Seven"), 〈백치소년〉("Idiot Boy"), 〈권고와 응답〉("Expostulation and Reply"), 〈입장 전환〉("Tables Turned") 〈구디 블레이크와 해리 길〉("Goody Blake and Harry Gill"), 〈결의와 독립〉("Resolution and Independence") 등이다. 특별히 이 작품들을 선정하게 된 것은 이들이 바흐친적인 의미에서 다양한 내외재적 대화와 카니발적 상상력(the carnivalesque imagination)을 잘 구현하고 있는 것으로 보이기 때문이다.

II

〈아버지를 위한 일화〉와 〈우리는 일곱〉은 둘 다 어른과 어린이의 '대화' 형식으로 서술된다. 이 시들에서 부모나 어른은 서술을 주도하는 1인칭 화자로 등장하며, 아들이나 어린이는 그들의 질문에 대해 짤막한 대답을 하는 데 그친다. 그러나 어린이들이 제시하는 '의외'의 대

회적으로 분화된 '이종어'(heteroglossia)들을 마치 오케스트라처럼 다성적(polyphonic), 대화적으로 재강세화, 희화화, 혼종화한다고 보았다(*Dialogic Imagination* 301-31). 이것은 워즈워스가 서정시, 담시, 희극의 다양한 장르를 실험적으로 혼종화하는《서정담시집》에 잘 적용될 수 있다. 둘째, 바흐친은 시는 '독백적'인 장르임에 비해 소설은 '대화적'인 장르라고 보았지만, 시에도 내재적 대화가 있음을 부정하지 않았다(*Dialogic Imagination* 278). 1인칭과 3인칭 서술을 혼합하면서 서술자와 등장인물, 혹은 등장인물 간의 대화를 내포하는 워즈워스의 시는 내외재적 의미에서 대화주의를 구현한다. 워즈워스의 시에서 서술자가 자신의 목소리를 작중인물의 목소리와 뒤섞는 것은 전형적인 소설적 담론의 대화적 특징이다. 나아가서, 진지하면서도 희극적인 워즈워스의 서술자의 목소리는 바흐친적 의미에서 소설적 담론의 이중 강세적, 양가적 특성을 드러낸다. 셋째, 바흐친은 라블레의 소설을 논하면서 독백적, 지배적 언어의 권위를 전복하는 민중의 '축제적 웃음'(carnival laughter)을 강조하는데(*Rabelais and His World* 11-12), 이러한 카니발적 전복의 모티프는 워즈워스의 여러 시에서 잘 나타난다. 이외에도 바흐친 이론과의 다양한 연관관계는 본론에서 그때마다 다루고자 한다.

3 1805년판에 기초한 William Wordsworth and S. T. Coleridge, *Lyrical Ballads*, 2nd ed., eds. Michael Mason and John Mullan (Harlow: Pearson, 2007)을 기본 텍스트로 사용하며, 모든 인용은 본문 중에 행수로 표기함. 단, 〈결의와 독립〉 및 기타 작품은 *William Wordsworth*, ed. Stephen Gill (Oxford: Oxford UP, 1984)에서 인용함.

답은 어른 서술자의 권위적이고 인습적인 언어를 카니발적으로 전복한다고 할 수 있다. 〈아버지를 위한 일화〉에서 아버지는 다섯 살 난 아들 에드워드에게 이전에 살았던 고향마을 킬브(Kilve)와 현재 살고 있는 리스윈(Lyswin) 농장 중 어느 쪽이 좋으냐고 묻는다. 그러나 아들에게 질문을 던지기 전에 3-4연에서 화자인 아버지가 드러내는 '생각'과 감정은 이전에 살던 킬브를 그 자신 더 선호하고 그리워하고 있음을 보여준다. 아들에게 반복적인 질문[4]을 던질 때 어버지가 리스윈과 달리 킬브에 덧붙이는 다양한 수식어("킬브는 …… 유쾌한 곳이었어"[Kilve ... was a pleasant place, 23행], "킬브의 아름다운 바닷가에 있는 우리 집"[Our home by Kilve's delightful shore, 27행], "킬브의 초록빛 바닷가의 평탄한 해변"[Kilve's smooth shore by the green sea, 31행])는 그의 심중이 어느 쪽을 선호하는지를 분명히 암시한다. 아버지는 처음에는 그저 보통 때처럼 "별 생각없이"(In very idleness, 20행) 아들에게 말을 걸지만, 아들의 팔을 꽉 움켜쥐고 집요하게 동일한 질문을 거듭하는 과정에서 화자는 어느 사이에 어린 아들에게 어른/아버지로서의 권위적이고 강압적이며 어떻게 보면 가학적이라고까지 할 수 있는 태도를 취하게 된다. 아버지가 내심 '바라는' 대답(킬브가 더 좋다는)을 했음에도 불구하고 "왜" 킬브를 좋아하는지 이유를 대기를 계속 강요하자, 아들은 결국 고개를 쳐들었을 때 우연히 눈에 띄는 "풍향계"가 킬브에는 없기 때문이라는 '엉뚱한' 대답을 한다. 이에 화자는 아들에 대해 취했던 태도를 반성하며, 아들이 자신의 부조리하고 강압적인 질문에 대처하는 데 있어 보여준 창의적인 지혜와 재치를 "백분의 일"이라도 배울 수 있기를 소망한다.

이 시는 "어떻게 거짓말하는 법을 가르칠 수 있는지를 보여줌"이라는 부제를 달고 있지만, 결론에 비추어 볼 때 이것은 작가 입장에서

---

4 워즈워스는 이 시에서 아버지와 아들 간의 질의응답에 있어 담시의 후렴과 같은 '반복'의 기법을 적절하게 사용함으로써 독자들에게 긴장감을 고조시킬 뿐만 아니라, 담시에서 흔히 그렇듯이 끝부분에서 독자들이 미처 예상하지 못한 뜻밖의 반전의 기법을 구사한다.

의도적인 반어법이라고 하겠다. 다시 말하여, 이 시는 아버지가 아들에게 거짓말하는 것을 가르치는 방법을 보여준다기보다, 순수한 어린 시절의 지혜를 잃어버린 어른이 자식으로부터 '어린이'의 지혜를 다시 배우는 법을 가르치는 시라고 할 것이다. 바흐친적 관점에서, 이 시의 일화는 아버지/어른과 아들/어린이 사이의 '대화적' 관계를 드러낸다. 겉보기에 이 시의 서술은 거의 대부분 아버지/화자에 의해 일방적으로 이루어지며, 아들은 9연과 마지막 14연에서 두 번의 짤막한 대답을 할 뿐이다. 1인칭 서술자인 아버지는 '서정적' 관점에서 자신의 내적 언어를 독자/청자에게 자유로이 전달할 수 있는 특권을 가진 반면에, 아들은 아버지의 강요된 질문에 짤막한 억지 대답을 할 수밖에 없다. 그러나 겉보기에 어른 화자와 어린 아들 사이의 이러한 일방적, 독백적 관계는 아들이 마침내 자유롭게 "입을 여는" 시의 마지막 부분에서 극적으로 반전된다.

> 그때 아이가 입을 열고
> 내게 이렇게 대답했다. (54-55행)
>
> Then did the Boy his tongue unlock;
> And thus to me he made reply.

사실 아버지가 아들에게 킬브와 리스윈에서의 삶에 대해 그렇게 집요한 질문을 제기했던 것은 어쩌면 자신의 과거와 현재의 삶의 관계에 대한 은밀한 내적 감정과 생각을 '다른 자아'로서의 어린 아들과 공유하고 그에게서 이를 다시 확인받고 싶었던 절박한 심리적 필요에서 비롯된 것인지도 모른다. 과거 킬브에서의 행복한 삶을 잃어버린 채 리스윈에서 현재 살아가고 있는 아버지에게 있어 다섯 살 난 아리따운 아들은 마치 '고귀한 야만인'처럼 경험의 세계로 타락하기 이전 이상적 낙원의 기억을 간직하고 있는 순진무구한 창조적 상상력의 본바탕이다. 이러한 면에서 아버지와 아들의 관계는 〈틴턴사원〉과 《서곡》

(*The Prelude*)의 초기 '시점'(時點, spots of time)들에서 워즈워스와 그의 어린 시절 사이의 관계에 유추될 수 있다(Roe 194). 시의 끝에서 아들의 말문이 트이는 것은 콜리지(S. T. Coleridge)의 〈노수부의 노래〉("The Rime of the Ancient Mariner")의 후반부에서 노수부가 참회를 통해 말을 할 수 있게 되는 것을 연상시킨다. 〈아버지를 위한 일화〉의 마지막에서 어린 아들의 '자유로운' 대답은 마치 복화술처럼 어른 화자의 억압된 내적 언어를 다른 자아의 외적 언어로 표출한다.

일부 비평가들은 전기적 입장에서 워즈워스와 콜리지가 방문하였던 급진주의자 설웰(John Thelwell)의 거주지와 연관하여 이 시의 두 장소가 지니는 정치적 함의에 주목한다(Johnston 438; Simpson 222-23, n.8). 워즈워스와 콜리지가 처음 1797년에 그를 방문하였을 때 설웰은 킬브와 연관되는 레이스다운(Racedown) 지역에 거주하였으나, 이듬해 1798년에 재방문했을 때는 영국 정부의 정치적 사찰과 억압을 피해 리스윈과 연관되는 알폭스든(Alfoxden) 지역으로 이주하였다.[5] 존스톤(Kenneth R. Johnston)은 이 시에서 어린 화자가 "집 꼭대기에서 번쩍이며 빛나는, 금테두리를 두른 큼지막한 풍향계"("Upon the housetop, glittering bright/ A broad and gilded vane," 51-52행)가 없는 과거 킬브에서의 삶을 선호하는 배경에는, 현재와 같이 프랑스 혁명의 지지자에 대한 검열과 사찰의 "바람"이 불기 이전의 삶을 그리워하는 "어른의 기저텍스트"(adult subtext, 439)가 숨어 있다고 암시한다.

역사적, 정치적 관점에서, 이 시의 서술자가 정치적 상황이 급변한 시대에 살고 있는 워즈워스 자신이나 썰월을 대변한다고 할 때, 어린 화자가 킬브에서의 과거의 삶을 선호하는 것은 어른 화자의 억압되고 숨겨진 내적인 정치적 언어를 (당시 검열을 피할 수 있는 방식으로) 아동

---

5 워즈워스의 "펜윅"(Fenwick) 노트에 의하면, 킬브는 알폭스든에서 일 마일 떨어진 브리스톨 해협의 한 마을 이름에서 따온 것이고, 리스윈은 와이(the Wye)의 아름다운 한 지역명에서 따온 것이라고 한다. 이 시에 등장하는 에드워드는 워즈워스가 두세 해 돌보고 있던 친구 배실 몬태규(Basil Montagu)의 아들에 기초했으며, 설웰이 니더 스토이(Nether Stowey)로 콜리지를 방문했을 때 워즈워스가 함께 그를 만났다고 한다(*Lyrical Ballads* 369).

의 임의적인 외적 언어로 분절화하고 있는 것으로 해석할 수 있다. 바꾸어 말해서, 두 장소와 관련하여 어른 화자의 감정과 사고에 어떠한 정치적 욕망이 숨겨져 있든지 간에, 이 시에서 어린이 화자는 어른 화자의 다른 자아로서 그의 억압된 내적 언어를 표출하는 대변자의 역할을 한다. 현재 어린 화자의 창의적 언어와 상상력은 어떤 연유에서든지 간에 과거와 현재의 삶 사이에 분열되어 있는 어른 화자의 정체성을 회복하는 데 결정적인 치유적 힘과 삶의 교훈을 제공한다. 이러한 의미에서 〈아버지를 위한 일화〉는 1인칭 주체로서의 어른 서술자와 객체화된 3인칭 어린이 화자 사이의 질의응답을 통해, 어른의 일방적, 권위적 독백의 '거짓'(비진정한 자아)을 넘어서서 어린이의 입을 빌려 뜻밖에 숨겨진 삶의 '진실'을 분절화할 수 있는 진정하게 열린 대화의 가능성을 계시한다. 나아가서, 텍스트 내의 이러한 내재적 대화는 시인과 당대 "아버지" 독자 사이의 외재적, 교육적 대화의 관계를 지향한다.

〈아버지를 위한 일화〉의 동반시라고 할 수 있는 〈우리는 일곱〉도 어른 화자와 어린이 화자 간의 대화를 통해 어른 서술자의 인습적 의식을 뛰어넘은 어린이의 순진무구한 상상력의 전복적 힘을 보여준다. 앞의 시가 일반적인 '아버지' 성인을 청자/독자로 상정한 반면에 이 시는 첫 행에서 "친애하는 형제 짐"(dear brother Jim)을 이야기의 구체적인 청자로 내세운다. 처음 1-3연에서 성인 화자가 만난 시골의 여덟 살배기 소녀를 묘사하는 방식은 다분히 양가적이다. 앞의 시에서 아버지가 아들을 그렇게 하였듯이 이 시의 성인 화자는 여행길에 우연히 만난 시골 소녀를 일종의 '고상한 야만인'으로 묘사한다(9-12행). "가볍게 숨쉬고, 사지에 생명을 느끼는"(That lightly draws its breath,/ And feels its life in every limb, 2-3행) "조그만 시골 소녀"(a little cottage girl, 5행)는 어른 화자에게는 소위 '생명력'(animal spirit)의 표상이다. 그러나 아무리 고상한 야만인도 결국 문명인에게는 야만인에 불과하듯이, 어른 화자에게 있어 그녀는 "죽음을 알 리 없는"(What should it know of death? 4행) "소박한 어린아이"(A simple child, 1행)에 불과하다.

시의 전체적인 서술 구조는 아이의 형제자매 수를 놓고 어른 서술자와 어린이 화자가 벌이는 어떻게 보면 우스꽝스러운 실랑이로 이루어져 있다. 어른 화자는 육체적으로 죽은 아이 둘은 당연히 생존자의 셈에 넣지 않아야 한다고 말하는 반면에, 어린 소녀에게 있어 그들은 일상적 삶 속에 여전히 함께 살아 있기 때문에 "우리는 일곱 명이다"라고 끝까지 우긴다. 이와 같이 어른 서술자와 시골 어린이 사이의 결정적으로 다른 생명관은 시의 후반부로 갈수록 점점 확연해진다. 9연에서 어른 화자가 "너는 뛰어다니고 …… 사지가 멀쩡한"(33-34행) 반면에 다른 "두 명은 교회 뜰에 묻혀 있으니, 너네는 다섯 명이잖아"(35-36행)라고 힐문하자, 다음 연의 서두에서 소녀는 "그들의 무덤은 푸르고 걔들은 보여요"(Their graves are green, they may be seen, 37행)라고 대답한다. 여기에서 "green"과 "seen"의 중요한 두 단어는 내운(內韻, internal rhyme)으로 긴밀하게 연관된다. 어른의 육체적, 이성적, 인습적인 눈으로 볼 때 죽은 아이들의 무덤이 푸른 것은 그냥 '잔디'가 덮여서 그런 것이겠지만, 시골 소녀의 내면적, 초월적, 상상적 눈에는 그들이 우주의 영원한 '생명체'로 살아 있기 때문이다. 따라서 소녀는 그들의 무덤가에서 뜨개질과 바느질을 하고, 그들에게 노래를 불러주며, 무덤 곁에서 저녁을 먹기도 한다(11-12연, 41-48행).

마지막 몇 개의 연에서 소녀가 제인과 존의 죽음을 묘사할 때 일련의 단어들이 각운으로 연결되는 것은 중요한 주제적 의미를 지닌다. 병을 앓던 제인이 무덤에 "눕게"(laid, l.33) 되자 '우리'는 함께 "놀았고"(played, l.35), 겨울에 같이 '눈썰매를 타던'(slide, l.68) 존은 이제 제인의 "곁"(side, l.60)에 함께 '누워' 있다. 우주의 영원히 살아 있는 생명체로서의 7명의 어린이들이 함께 놀고 살아가는 데는 육체적인 생사의 경계가 없다. 특히 마지막 16-17연에서, 어른 화자의 "Heaven"과 소녀의 "seven"이 반복적으로 각운을 이루는 것은 아이러니컬한 반향을 불러일으킨다.

"그럼 너희는 몇 명이냐"라고 나는 물었다,
"둘이 **하늘나라**에 있다면?"
꼬마 아가씨는 대답했다,
"아 아저씨! 우리는 **일곱**입니다."

"하지만 그 애들은 죽었지, 죽었잖아!"
"그래서 **하늘나라**에 영혼이 가 있잖아!"
그건 부질없는 말이었으니, 그래도
꼬마 아가씨는 고집스럽게
"아니오, 우리는 **일곱**입니다"라고 말했다. (61-69행, 강조 첨가)

"How many are you then", said I,
"If they two are in *Heaven*?"
The little Maiden did reply,
"Oh master! we are *seven*."

"But they are dead: those two are dead!
Their spirits are in *Heaven*!"
'Twas throwing words away: for still
The little Maid would have her will,
And said, "Nay, we are *seven*!"

어른 화자는 이제 둘이 죽어서 이 세상에 없다는 의미로 '하늘나라'라는 단어를 사용한다. 그러나 소녀는 이와 각운을 이루는 '일곱'이라는 단어를 반복적으로 사용하면서, 생사의 경계를 넘어서 '일곱' 모두가 이 지상의 '하늘나라'에서 계속 같이 살고 있다고 주장한다.

〈아버지를 위한 일화〉에서와 대조적으로, 이 시에서 어른 화자는 어린이의 초월적 전망을 끝내 이해하지 못한다("그건 부질없는 말이었으니," 67행). 그러나 지혜로운 독자라면, 생사의 인습적 편견에 사로잡힌 어른 화자 자신이 바로 이 시의 미묘한 아이러니의 대상이라는 것을 확실히 알 수 있을 것이다. 성인 화자는 1인칭 서술자로서 겉보기에 시의 전체적 서술을 주도하는 것처럼 보이지만, 사실상 워즈워스 시에서 주인공 또는 "영웅적 인물"(heroic figure, Spiegelman 50)은 어른과 같은 죽음의 개념을 갖지 않은 '단순한' 어린 소녀이다. 소녀의 마지막 말이 시의 제목으로 인용되고 있는 것은 시인이 어느 편을 지지하고 있는지를 분명히 보여준다. 두 편의 동반시를 통해 우리는 왜 워즈워스가 "어린이는 어른의 아버지"라는 역설을 강조했는지를 이해할 수 있다.

〈아버지를 위한 일화〉와 〈우리는 일곱〉에서 1인칭 어른 화자가 주서술자로 등장하는 것은 일단 이 시들의 서술의 '서정적' 성격을 보여준다. 그러나 이 시들 전체가 1인칭 서술자의 질문과 극적 인물로서의 어린이의 대답으로 이루어져 있다는 것은 '담시적' 측면에서 '극적'이며 '서술적'인 성격을 드러낸다. 워즈워스는 담시 특유의 반복과 변이의 기법을 활용하여 어른 화자와 어린이 사이의 지속적인 질의응답 과정을 묘사하며, 흔히 담시에서 그렇듯이 독자가 예기치 못한 반전으로 결말을 짓는다. 워즈워스는 서정시와 담시, 1인칭과 3인칭 서술을 뒤섞음으로써, 어른 주서술자를 작가가 창조한 극적 인물의 '가면'으로 상대화하고, 어른 화자의 독백적, 권위적 언어를 어린이와의 열린 대화의 "즐거운 상대성"(gay relativity, Bakhtin, *Rabelais and His World* 11) 속에서 카니발적으로 전복한다.

역시 동반시인 〈권고와 응답〉 및 〈입장 전환〉은 두 성인 화자 매슈(Matthew)와 윌리엄(William) 사이의 대화로 이루어져 있다. 앞의 시들이 어른과 어린이 사이의 불균형하면서도 전복적인 관계를 다루었다면, 이 시들은 어른 친구로서의 "동등한 이들 사이의 만남"(an encounter between equals, Bialostosky, *Making Tales* 134)을 다룬다는 데서 차이가 있다. 첫 번째 시에서는 매슈가 친구 윌리엄에게 하는 충고에 대해 윌리엄이 답하는 형식으로 되어 있고, 두 번째 시는 입장을 바꾸어 윌리엄이 매슈에게 자신의 견해를 권고하는 형식으로 되어 있다. 윌리엄이 두 시에서 공통적으로 1인칭 화자로 등장한다는 측면에서 이 시들의 서술은 서정적이지만, 매슈와의 대화를 극적으로 제시한다는 측면에서는 서술적이다. 다시 말하여 앞 시들에서처럼 이 시들은 1인칭 서술과 3인칭 서술을 혼합하고 있다고 할 수 있다.

첫째 시에서 윌리엄에게 바위 위에 앉아 빈둥거리기보다 '책'읽기를 권고하는 매슈는 '도덕 철학'(moral philosophy)의 지적 탐구에 탐닉했던 워즈워스의 친구 해즐릿(William Hazlitt)을 모델로 한 것으로 알려졌다(Chandler 150). 반면에 워즈워스와 같은 이름을 가졌으며 책에서 얻는 추상적 지식보다 "지혜로운 수동성"(a wise passiveness, 24행)을 강조하는 윌리엄은 흔히 시인 자신의 견해를 대변하는 것으로 간주된다. 두 번째 시가 윌리엄의 일방적인 권고로만 끝난다는 점에서, 비평가들은 이 두 시가 동등한 입장에서 이루어지는 대화로 보기 힘들다고 평가하기도 한다. 그러나 윌리엄이 전체적으로 1인칭 화자로 등장하며 두 번째 시에서 일방적으로 말한다고 해서, 둘 사이의 대화가 반드시 진정한 '대화'가 아니라고 단정하는 것은 성급한 판단일 수 있다. 이러한 측면에서 독자들은 이 두 편의 시가 적대적인 논객 사이의 '논쟁'을 다룬 것이라기보다, 그야말로 "아름다운" 날에 경치 좋은 호숫가에서 가까운 친구들 사이에 이루어지는 지극히 친근한 (그리고 어떤 면에서는 장난기 어린) 권고와 응답의 형식으로 씌어졌다는 점에 주목할 필요가 있다.

> 어느 날 아침 에스웨이트 호숫가에서,
> 삶이 아름다운 날에, 왠지 모르지만,
> 내 좋은 친구 매슈가 내게 말을 걸었고,
> 난 이렇게 대답했다. (13-16행)

> One morning thus, by Esthwaite Lake,
> When life was sweet, I knew not why,
> To me my good friend Matthew spake,
> And thus I made reply.

〈권고와 응답〉의 첫 3연에서, 매슈가 윌리엄에게 자연 속에서 게으른 몽상에 빠져 있지 말고 과거 선조들의 "정신"이 담긴 책을 부지런히 읽도록 촉구하는 것은 가령 시골 교장선생님이 어린 학생에게 하는 식의 엄중한 훈계나 경고라기보다 서로 기질과 취향이 다른 친구 사이의 다정한 충고로 받아들여져야 한다. 매슈의 이러한 충고에 대해 윌리엄은 뒤이은 연들에서 자신은 하릴없이 가만히 앉아 있는 것이 아니라, 자연 속에서 눈과 귀로 직접 듣고 몸으로 느끼고 체험함으로써 "항상 이야기하고 있는 위대한 만물의 총화 속에서"(mid all this mighty sum/ Of things ever speaking, 25-26행) "지혜로운 수동성"의 마음을 배우고 있다고 응답한다.

첫째 시에서 윌리엄은 다분히 수동적, 방어적 입장에서 자신의 견해를 피력하였다. 그러나 〈입장 전환〉이라는 제목이 암시하듯이, 두 번째 시에서는 반대로 윌리엄이 매슈에게 적극적으로 권고하는 말을 한다. 후자의 시에서 윌리엄은 의도적으로 앞 시에서 매슈가 사용한 표현들을 차용하여, 바흐친의 용어를 빌릴 때, 이를 해학적으로 '재강세화'하고 자기 견해를 피력하기 위해 다시 쓴다. 예컨대, 독자들은 두 시에서 "Up, up"의 반복적 사용과 더불어 각운을 이루는 "books"와 "look[s]," 그리고 "breathed" 같은 단어들의 대조적인 사용에 주목할 수 있다.[6] 매슈는 책에 갈무리된 과거의 선조에게서 얻을 수 있는 계몽

---

6 참고로 원문을 예시하자면 다음과 같다.

> Where are your *books*? — that light bequeathed
> To beings else forlorn and blind!
> *Up! up!* and drink the spirit *breathed*
> From dead men to their kind.
>
> You *look* round on your mother earth,
> As if she for no purpose bore you. ("Expostulation and Reply," 5-10행, 강조 첨가)
>
> *Up! up!* my friend, and clear your *looks*;
> Why all this toil and trouble?
> *Up! up!* my friend, and quit your *books*,
> Or surely you'll grow double. ("The Tables Turned," 1-4행, 강조 첨가)

주의적인 이성의 빛을 중시하는 반면에, 윌리엄은 현재 자신의 몸을 통해 자연의 구체적인 사물의 아름다움과 힘을 직접 감성적으로 느끼고 체험함으로써 도덕적인 미덕과 살아 있는 삶의 지혜를 얻을 수 있다는 낭만적 세계관을 대변한다. 윌리엄은 말장난을 통해 매슈의 진지한 언어를 패러디하고 이를 카니발적으로 전복한다.

잘못된 "지성"에 대한 윌리엄의 비판은 뒤 시의 끝부분에서 "우리는 분석하기 위해 죽인다"(We murder to dissect, 27행)라는 유명한 명제로 이어진다. 그러나 이미 언급하였듯이, 이 시들이 반드시 윌리엄의 편에서 씌어졌다고 보기는 어렵다. 두 사람이 각기 강조하는 책과 자연, 지성과 감성, 지식과 지혜, 능동과 수동, 과거와 현재, 근면의 윤리와 게으름의 미학은 마치 대조적인 기질과 취향을 지닌 두 친구처럼, 어느 한쪽이 우선화될 수 없는 대칭적, 상보적 관계에 놓여 있다. 두 번째 시의 끝에서 매슈가 침묵을 지킨다고 해서 반드시 그가 '논쟁'에서 이겼다고 말하는 것은 적절하지 않다. 윌리엄이 거부하는 것은 '대화' 자체가 아니라 매슈의 '책벌레' 기질이다(Chandler 155). 두 친구의 다른 세계관은 지속적인 대조와 대비를 통해 평형을 이루며 해소될 수 없는 긴장관계를 형성한다.

〈권고와 응답〉과 〈입장 전환〉의 두 시는 마치 블레이크(William Blake)의 《순진의 노래》(*The Songs of Innocence*)와 《경험의 노래》(*The Songs of Experience*)의 동반시들이나 밀턴(John Milton)의 〈랄레그로〉("L'Allegro")와 〈일 펜세로소〉("Il Penseroso")처럼, 어느 한쪽이 반드시 우선화되거나 단일한 종합으로 귀결되지 않는, 블레이크의 용어로 끊임없는 '변증법적 대립물'(dialectical contraries)의 열린 '대화적' 관계를 지향한다. 친구들 사이의 권고와 응답은 훈계나 경고와 같은 일방적, 권위적 독백이 아니라, 서로의 다름을 인정하는 가운데 이루어지는, 바흐친의

[Nature] has a world of ready wealth,
Our minds and hearts to bless -
Spontaneous wisdom *breathed* by health,
Truth *breathed* by cheerfulness. ("The Tables Turned," 17-20행, 강조 첨가)

표현을 빌릴 때 "대화적으로 상호 연관된"(dialogically interrelated, *Dialogic Imagination* 324) 친밀한 담화의 수행이다.

〈아버지를 위한 일화〉와 〈우리는 일곱〉에서처럼 〈백치소년〉에서도 어른보다 어린이가 중심적 역할을 한다. 외딴 벽지에 사는 베티 포이(Betty Foy)는 병든 노처녀 수전 게일(Susan Gale)의 치료를 위해 아들 조니(Johnny)를 조랑말에 태워서 의사를 데리러 보내지만 조니는 밤새 숲에서 길을 잃고 헤매고, 그를 찾아 나선 수전은 기적적으로 병이 낫게 된다는 이야기이다. 〈백치소년〉이 앞의 두 시와 다른 점은 조니는 보통 어린이가 아니라 '백치'[7]이며, 전체적인 서술이 실제 서술되는 사건 속에 존재하는 1인칭 화자가 아닌 객관적인 3인칭 관찰자/서술자에 의해 이루진다는 것이다. 따라서 후자의 관점에서 이 시는 서정적이라기보다는 전통적인 민요/담시의 서술방식을 취한다고 볼 수 있다. 워즈워스는 당시 잡지에 번역·수록된 뷔르거(Gottfried Bürger)의 담시에서처럼 반복적인 어구와 빠른 템포의 서술을 구사하면서(Parrish 88), 조니의 '의사영웅적'(mock-heroic) 모험담을 해학적이며 따뜻한 인간적인 웃음이 곁들여진 어조로 풀어나간다. 예컨대, 처음 2연[8]에서 베티에게 숨돌릴 틈 없이 질문을 던지는 식으로 전개되는 빠른 템포의 서술은 조니를 조랑말에 태우기 위해 서두는 그녀의 모습과 잘 맞아떨어질 뿐만 아니라, 앞으로 시 전체를 관류할 서술자의 희극적 어조를 선보인다.

서술자는 사건 속의 인물은 아니지만 마치 베티를 잘 아는 동네 주

7 뷰얼(Allan Bewell)에 의하면, 워즈워스는 풀(Thomas Poole)과 여행하는 중에 월포드(Walford)라는 목탄공이 제니(Jenny)라는 '백치' 아내를 살해한 사건에 관한 이야기를 전해 들었으며, 워즈워스 자신이 윌슨(John Wilson)에게 보낸 편지의 표현을 인용하자면, 일반인들이 백치를 "혐오감"(loathing and disgust)을 갖고 대하는 것에 반대하여 〈백치소년〉과 〈소머셋의 비극〉("Somerset Tragedy")을 썼다고 한다(51-52, 54).

8 Why bustle thus about your door,
What means this bustle, Betty Foy?
Why are you in this mighty fret?
And why on horseback have you set
Him whom you love, your Idiot Boy? (7-11행)

민처럼 이야기 속의 인물들의 태도와 행동에 호기심과 관심을 갖고 간섭을 하기도 하고, 그들의 생각과 감정을 깊이 있게 이해하고 공유하지만, 동시에 이야기 밖에 있는 객관적 관찰자이자 논평자이다. 예컨대, 4-5연에서 서술자는 모두가 잠든 한밤중에 조니 같은 바보 아이를 말에 태워 보내는 것은 세상에 어떤 어머니도 저지르지 않을 무모한 짓이라고 적극 말린다. 구체적으로, 서술자는 "세상 사람들" 특히 아이를 걱정하는 "어머니"들의 상식의 목소리를 빌려서, 베티의 비상식적인 행동을 힐난한다(16-26행).

워즈워스 시의 서술자는 바흐친이 강조하는 '소설담론'(novelistic discourse)에서처럼 작중인물들의 목소리와 자신의 목소리를 뒤섞지만 동시에 그들로부터 아이러니컬한 거리를 유지한다. 워즈워스의 서술자는 의도적으로 감상성의 문학의 목소리를 희극적으로 차용하여, "착한 베티"와 "불쌍한 수전"이라는 호칭을 반복적으로 사용하면서 그들에 대한 공감과 동정심을 드러낸다. 그렇지만 베티의 무모함과 건망증(백치인 조니를 한밤중에 의사를 데리러 보내고, 막상 자신이 의사에게 찾아가서는 조니 소식만 물어보는 등), 그리고 노처녀 직조공인 수전의 심인성(心因性, psychosomatic) 질병에 대한 풍자적 묘사는 서술자가 (착한 성품에도 불구하고 뭔가 모자라는) 작중 인물들로부터 취하는 비판적 거리를 보여준다. 일반적으로 전통적인 민요/담시의 3인칭 서술 방식이 '비개성적'이라고 한다면, 워즈워스의 담시 서술은 마치 스턴(Lawrence Sterne)이나 필딩(Henry Fielding)의 소설에서처럼, 자의식과 독특한 개성을 지닌 극화된 서술자의 '가면'을 십분 활용한다는 측면에서 '서정적'[9]이다. 서술자는 다양한 작중인물들의 '초점'과 번갈아가며 동일시하면서 동시에 그들의 시점에서 "아이러니의 거리"(Danby 50)

9 주석 2에서 간략히 지적하였듯이, 바흐친은 일반적으로 '시적 담론'은 '독백적'이고 '소설적 담론'은 '대화적'이라고 정의했지만, '서정시'와 같은 시 장르에도 예술적으로 "대화화된 이미지"(dialogized image)가 있을 수 있음을 부정하지 않았다(*Dialogic Imagination* 278). 라잔(Tilottama Rajan)은 "서정적 담론과 서술적 담론의 혼합이 서정시를 독백적 형식에서 대화적 형식으로 변화시킨다"고 본다(200).

를 둔다. 서술자는 (그리고 그와 더불어 독자는) 베티, 조니, 수전 등의 인물, 그리고 심지어 조니의 조랑말에 대해서까지 해학과 공감을 느끼지만 동정심 없는 의사는 예외이다. 인간적인 공감과 이타적 사랑이 결여된 공리주의적인 의사는 시인이 그리는 조그마한 벽지 마을의 인간적 공동체의 바깥에 존재한다.

〈백치소년〉의 핵심은 서술자가 주인공 조니의 관점에서 달빛이 비치는 한밤중에 숲속에서 길을 잃고 헤매는 '모험'의 과정을 묘사하는 부분이다. 서술자는 어린이면서 '바보'인 (따라서 당대 사회에서 이중적으로 소외되고 주변화된) 조니를 푸른 나뭇가지를 든 '순례자'나 성인, 혹은 카니발의 '가짜 왕'(Mock King)이나 '바보 왕'(King of Fools)과 같은 인물로 그린다.

> …… 조니에게는 서양 감탕나무 가지가 있지요,
> 그리고 이제 야단법석을 떨며
> 그 푸른 가지를 손에 잡고 흔들어 댑니다. (59-61행)

> ... Johnny has his holly-bough,
> And with a hurly-burly now
> He shakes the green bough in his hand.

"holly"는 "holy"와 동음이의어(homonym)이며, "hurly"와 우스꽝스런 유사운(pararhyme)을 이룬다. 조니가 흔드는 나뭇가지는 순례자의 종려나무 가지나 왕의 홀을 연상시킨다.

조니의 모험을 본격적으로 묘사하기 전에 서술자는 18세기 영국소설에서처럼 독자에게 직접 말을 걸며(322-26행), 나아가서 서사시의 서두에서처럼 '시신'(詩神)을 환기한다(347-56행). 서술자가 조니의 모험을 묘사하는 어조는 이미 언급하였듯이 다분히 '의사영웅적'이다. 그는 조니를 중세 기사 설화에 나오는 '방랑하는 기사'에 비유하며(332-36행), 목적지도 잊은 채 조랑말을 황급히 몰아가는 모습을 우스

짱스럽게 과장하여 "악마"에 빗댄다(342-46행). 워즈워스는 여기에서 당시에 유행했던 독일민요와 고딕소설의 추문적 '공포'를 패러디하고 있는 것으로 보인다.

서술자는 중세 설화의 영웅적 모험담이나 고전 서사시의 진지한 관행을 풍자적으로 인용하면서, 이를 산중 벽지에서 길 잃은 한 바보소년의 방랑 이야기로 다시 쓴다. 그러나 역설적으로 조니는 정상적 성인과 같은 공포심이나 자신이 처한 상황에 대한 현실적 인식이 결여되어 있기 때문에, 백치 어린이 특유의 직접적 수용능력과 원초적 상상력을 통해 한밤중 숲속의 아름다운 자연의 풍광을 감각적, 심미적으로 체험할 수 있으며, 돌아와서 어머니 베티에게 그의 모험담을 언뜻 부조리한 것 같지만 엉뚱하게 창조적인 '시적' 언어로 전달할 수 있다.

조니는 이제 조랑말을 타고 헤매 다니지요,
거기 있는 그 높은 벼랑과 산꼭대기를,
그리고 그것들을 호주머니에 넣어 돌아오지요. (328-31행)

He with his pony now doth roam
The cliffs and peaks so high that are,
And in his pocket bring it home.

그리고 걔는 베티의 물음에 이렇게
대답했지요, 마치 용감한 여행자처럼,
[……]
"수탉은 부엉부엉 울고,
해는 정말 차갑게 빛났어요." (456-61행)

And thus, to Betty's question, he
Made answer, like a traveller bold
[...]
"The cock did crow to-whoo, to-whoo,
And the sun did shine so cold."

조니는 처음 출발할 때에는 마치 벙어리처럼 "버, 버"(burr, burr, 107행)하는 소리밖에 내지 못하지만, 두 번째 인용문에서 볼 수 있듯이, 모험을 마친 후에 그의 경험담을 훌륭한 언어로 표현할 수 있게 된다. 물론 바보 조니가 만든 문장은 정확하지 못하다. 처음 1연(2-3행)과 마지막에서 두 번째 연(452-56행)의 내용에 따라 그의 말을 정상적인 서술자의 언어로 바꾸자면 "수탉"은 "부엉이"가 되어야 하고, "해"는 "달"이 되어야 한다. 그러나 범례적(範例的, paradigmatic) 축에서 바보 어린이의 이러한 잘못된 언어 사용은 시적 언어(은유)의 창조적 원리를 암시하기도 한다. 조니의 불가해한 언어는 "신성한 바보"(Divine Fool, Danby 55)의 신탁과 같다. 그것은 서술자의 인습화된 상투적 표현에 대한 패러디이며, 독자로 하여금 친숙하지 않은 표현에 걸려 넘어지게 하는 '낯설게 하기'이다. 일종의 텍스트 내재적인 상호텍스트성을 통해, 이야기 속의 바보소년 조니는 이야기 밖에 있는 서술자의 권위적 언어를 카니발적으로 전복한다. 부엉이가 울고 달이 비치는 한밤중의 경험과 수탉이 울고 해가 뜬 다음 아침 시간의 경험이 뒤죽박죽이 된 조니의 이야기는 그러한 혼란된 결합으로 인해 역설적으로 일종의 시적인 텍스트를 창출한다.

자연세계의 심미적 체험과 시적 재현을 대변하는 조니의 초월적 전망과 더불어, 아들과 이웃을 더없이 사랑하고 걱정하는 베티와 우스꽝스럽게도 조니에 대한 걱정 때문에 자신의 병을 고치게 되는 수전의 경우는 공통적으로 공감적 상상력의 공동체적 결집력과 집단적 치유력을 보여준다. 《서정담시집》의 재판 〈서문〉에서 밝힌 것처럼, 워즈워스는 그의 시에서 비천한 시골 사람들의 삶에서 강렬한 열정적 감정이 어떻게 작용하는지를 실험적으로 탐색하고자 했다. 공감적 이해와 타자에 배려와 사랑(그리고 그러한 과정에서 부속물로서의 걱정과 공포심)과 같은 인간의 보편적이고 강렬한 일차적인 감정은 바로 상상력의 원초적 힘과 다르지 않다. 극화된 인물로서의 객관적 서술자는 작중인물의 목소리와 자신의 목소리를 뒤섞으면서도 그들의 관점으로부터 아이러니컬한 거리를 유지한다. 시인은 서술자의 서정적, 주관적 목소리와 극적인 이야기의 객관적 전개를 결합함으로써 바흐친이 강조하는 것과 같은 소설 담론의 특성으로서 다성적 대화주의를 구현한다. 나아가서, 축제의 바보 왕과 같은 역할을 하는 주인공 조니의 모험담은 워즈워스의 희극적 서술의 카니발적 전복성을 보여준다. 〈백치소년〉에서 18세기적인 의사영웅체의 '진지하면서도 희극적'(serio-comic)인 서술과 동화와 같은 행복한 결말은, 밤중에 무서운 숲속에서 헤매는 자니, 아들에 대한 걱정과 공포심에 사로잡힌 베티, 심인성 질병의 고통에 시달리는 수전 등으로 대변되는 우주적, 고딕적 '공포'의 이야기를 민중이 극복해나가는, 바흐친의 표현을 빌릴 때 "축제적 웃음"(carnival laughter, *Rabelais and His World* 11)의 이야기로 변용시킨다.

〈구디 블레이크와 해리 길〉도 앞 시와 마찬가지로 3인칭 서술로 이루어진다. 워즈워스는 〈백치소년〉에서처럼 마을 일에 관심과 호기심을 가진 제 3의 객관적 서술자의 목소리를 차용하여, 작중 인물들의 목소리와 서술자의 목소리를 대화적 담론으로 뒤섞는 가운데, 가진 자와 가지지 못한 자 사이의 사회적 갈등을 '저주'의 시학으로 풀어낸다. 이 시는 가난한 독신녀이자 직조공인 구디가 겨울에 땔 장작이 없어서 한밤중에 부유한 가축 상인 해리 집의 울타리 나무를 빼내가다 그에게 붙잡혀서 하늘에 빈 이후 해리는 늘 추위에 떨게 되었다는 전설 같은 이야기를 들려준다. 워즈워스는 아마도 같은 마을에 사는 "농부들"(farmers, 127행) 중의 한 사람을 서술자로 내세워서, 구디와 해리의 두 다른 초점자의 시각과 번갈아가며 동일시하는 가운데,[10] 사회적 약자와 강자 사이의 갈등을 따뜻한 인간적 공감과 아이러니컬한 풍자의 어조로 서술한다. 앞 시와 마찬가지로, 이 시는 극화된 서술자의 주관

10 구체적으로, 처음 1연에서 3연 전반부까지는 해리의 현재 상황에, 3연 후반부에서 8연까지는 구디의 상황에, 이하 9연부터는 13연에서 구디가 기도하는 장면을 제외하고는 끝까지 해리에 각각 초점이 맞추어진다.

적 시각에서 극적 인물의 객관적 이야기를 전개해나간다는 측면에서, 혼종화된 장르로서의 서정적 담시의 '대화주의적' 특성을 전형적으로 제시한다.

〈백치소년〉의 시작처럼, 〈구디 블레이크와 해리 길〉의 서술자는 해리에게 "무슨 일이 있는지?"(what's the matter? 1행)라는 황급한 질문을 반복적으로 하면서 이야기를 시작한다. 시작 부분에서 서술자의 이러한 어조와 태도는 해리의 '고통'에 대해서도 같은 마을사람의 입장에서 인간적인 동정심과 관심을 가지고 있음을 암시한다. 물론 서술자가 이러한 질문을 제기하는 것은 독자에게 앞으로 전개될 이야기에 대한 호기심을 자극하는 서술전략이기도 하다. 워즈워스는 앞 시에서처럼 반복법을 즐겨 사용하면서, 빠른 템포로 서술을 이어간다. 처음 연에서 각운을 이루면서 반복되는 "matter"와 "chatter"의 두 단어는 앞으로 전개될 이야기의 핵심어를 제시한다. "matter"는 일차적으로 해리에게 일어난 '일' 혹은 그의 '문제'라는 뜻이지만, 구디가 겨울철 생존에 필요한 '물질'로서의 장작과 연관될 수 있다. "chatter"는 추위를 타는 해리가 입에서 '딱딱'거리는 소리가 날 정도로 '벌벌 떨다'라는 뜻이지만 계속해서 춥다고 '중얼대다'라는 뜻도 된다. 다시 말해서, 인간의 생존조건(겨울철에 필요한 땔감)으로서, 그리고 노동의 산물(직조공이 짜는 천)로서의 '물질'과 '언어' 행위(하층민 노동자의 저주에 의해 지배자에게 전이된 반복적인 어구)는 긴밀하게 연관된다.

해리가 계절을 불문하고 추위에 떨고 있는 현재 상황으로부터 시작하여, 과거 구디와의 관계에서 그 연유를 추적한 후 다시 해리의 현재 상황으로 되돌아오는 순환적 형식 속에서, 이 시는 유산계급과 무산계급, 따뜻함과 추위(불과 얼음/서리), 건강과 불건강, 젊음과 노년 사이의 극명한 이분법적 대립과 대조를 부각시키면서 동시에 그 이분법을 전복적으로 해체하는 시적 정의를 구현한다. 해리와 구디 사이의 대조는 서술자가 동일시하는 초점자를 해리에게서 구디로 전환하는 3연에서 전형적으로 제시된다.

젊은 해리는 건장한 가축 상인이었지,
그만큼 사지가 튼튼한 이도 없었어.
뺨은 붉은 클로버 꽃 같았고,
목소리는 보통 사람 세 배는 되었지.
늙은 구디 블레이크는 늙고 가난했어,
끼니를 제대로 못 때우고 입은 옷은 남루했지,
그녀 집문 앞을 지나는 이는 누구나
그녀의 더없이 허름한 오두막을 볼 수 있었어. (17-24행)

Young Harry was a lusty drover,
And who so stout of limb as he?
His cheeks were red as ruddy clover;
His voice was like the voice of three.
Old Goody Blake was old and poor;
Ill fed she was, and thinly clad;
And any man who passed her door
Might see how poor a hut she had.

이 시는 18세기 말에 영국에서 세계 최초로 산업혁명이 일어나서 전통적인 가내 수공업이 몰락하고 공장제 공업으로 전환하게 된 시기를 배경으로 하고 있다. 이때에 시골에서는 농업혁명과 토지합병운동이 일어나 전통적인 '공유지'가 사라지고 개인 소유의 넓은 땅들이 생기게 되었다. 이러한 시기에 아무리 일해도 생계를 유지하기 힘들게 된 직조공 구디는 역사적 전환기의 전형적인 희생자인 반면에, '울타리'를 둘러친 넓은 땅과 개인 저택을 소유한 가축상인 해리는 그 수혜자의 한 사람이다. 구디는 늙고 가난한 독신 여성 노동자라는 측면에서 당대 사회에서 '4중'(나이, 결혼, 젠더, 계급과 재산)으로 소외되고 주변화된 사회적 소수자이다.

구디와 해리의 대립은 전통적인 공유지 권한과 토지병합법의 통과에 따른 사회적 갈등을 구체적으로 보여준다(Janowitz 39). 전통적인 공유지가 개인 소유의 땅으로 울타리 쳐지기 이전에, 시골의 빈민층은 공유지를 개간하고, 땔감이나 목초, 사냥감 등을 거기에서 구할 수 있었다. 추위에 못 견딘 구디가 해리의 '생울타리'에서 장작감을 구하는 것은 그녀 입장에서는 공유지에서의 전통적인 권리 행사로 간주된다. 그러나 자본주의의 '개인 소유권'이라는 관념에 사로잡힌 해리는 이를 도저히 용납하지 못한다. 새 시대의 신흥 부르주아에게는 전통적인 사회의 '귀족의 의무'라는 개념이 없다. 담요와 의복을 직접 생산하는 직조 노동자 구디에게 추위를 막아줄 방편이 없다는 것(Langan 114)은 마르크스가 지적하는 자본주의 사회에서 노동의 소외 현상을 아이러니컬하게 반영한다. 그렇지만 역시 아이러니컬하게, 따뜻한 의복과 집을 지닌 해리는 자신의 재산(울타리)을 지키려는 편집증적인 집착 때문에 바깥에서 추위에 떨게 된다.

시의 후반부에서 마침내 해리에게 현장을 붙잡힌 구디가 '차가운' 달빛 아래 저주의 기도를 할 때 그가 "얼음처럼 차갑게" 돌아서는 장면은 1차적으로 다른 이의 고통에 공감하지 못하는 그의 '냉담한' 가슴을 뜻하면서 그와 더불어 앞으로 도리어 그가 '추위'에 시달리게 되는 극적 반전의 전환점을 보여준다.

> 젊은 해리는 그녀의 말을 듣고는
> **얼음처럼 차갑게** 뒤돌아섰지.
>
> 그는 그 다음 날부터 계속
> 춥고 으슬으슬하다고 불평했어. (101-6행, 강조 첨가)

> Young Harry heard what she had said,
> And *icy cold* he turned away.
>
> He went complaining all the morrow
> That he was cold and very chill.

위 구절에 바로 앞서, "마침내 당신을 붙잡았다"(I've caught you then at last, 92행)라고 통쾌해 하는 해리는 "감기가 걸리다"(catch a cold)라는 표현에서처럼 그녀가 당한 추위의 고통을 '붙잡게' 된다. 구디를 붙잡음으로써, 지금까지 타인의 고통에 공감하는 따뜻한 가슴이 결여되어 있던 해리는 무의식 속에 억압되어 있던 상상력의 작용에 의해 구디의 추위를 자신의 몸으로 '옮겨' 받게 된다. 원래 시의 중간에서 구디의 추위를 묘사하던 "chill"이라는 단어(62행)가 마침내 위 인용문에서 "Gill"과 운을 이루며 연결되는 것[11]은 시의 끝에서 두 사람의 역할이 전도됨을 암시한다. 처음 연에서 운을 이루었던 "matter"와 "chatter"는 마지막 두 연에서 재사용되면서, 해리가 덜덜 떨면서 웅얼거리는 모습을 희극적으로 묘사하는 다른 단어들("clatter," "utters," "mutters," 113, 115, 121, 123 행)과 연결된다.

과학적 견지에서, 해리가 일년 내도록 추위에 시달리게 되는 것은 앞 시에서 수전의 경우와 같은 '심인성' 질병의 징후라고 할 수 있다.[12] 그러나 워즈워스 시의 독자들에게 있어 그것은 타인의 고통에 냉담한 해리에게 가해진 하늘의 천벌이자 시적 정의의 실현이다. 홀로 사는 늙은 직녀로서 전형적인 "마녀"(witch, Bewell 145)의 이미지로 그려지는 구디가 해리에게 가하는 '저주'는 초자연적인 힘을 발휘한다. 그것은 또 다른 저주시 〈가시나무〉("The Thorn")나 〈수사슴이 뛰어내린 샘〉("Heart-leap Well")에서와 같이 미신적 상상력의 신비스런 힘을 보여준다. 당대 사회에서 중복적으로 소외되고 주변화된 인물인 구디의 '기도'(마술적, 초자연적 언어)가 갖는 전복적 힘[13]은 셸리의 〈서풍부〉("Ode

---

11 덧붙여 1-2연에서 반복적으로 사용되었던 "Gill"과 각운을 이루는 "chatter still"(4, 16행)이라는 표현도 마지막 연에서 거듭 사용된다(126행).

12 워즈워스는 이 시의 소재를 다윈(Erasmus Darwin)의 *Zoögnomia*에서 취했으며(Jacobus 234-35), 다윈은 이를 "심인성 질병"의 사례로 치부했다고 한다(Bewell 154). 머레인(Maureen McLane)에 의하면, 이 이야기는 원래 민간에 구전으로 떠돌다가 어느 신문에 실린 것을 다윈이 과학적 사례로 들었고, 워즈워스가 이를 시로 재창조했으며, 독자의 수용을 거쳐 〈서문〉에서 재논의하는 일련의 '전승'의 과정을 거쳤다고 한다(230).

13 제이코버스(Mary Jacobus)는 이 시에서 빈자의 권리를 옹호하는 것이 가져올 "실제적

to the West Wind")의 결말에서 시적 언어의 체제 변혁적 힘에 대한 화자의 '소망'과 '기원'을 연상시킨다. 〈구디 블레이크와 해리 길〉의 서술은 객관적 관찰자에 의한 3인칭 서술로 이루어지지만, 빈부계급을 대변하는 작중인물들의 대립적인 시각을 번갈아서 초점자로 활용하면서, 서정시와 담시가 혼종화된 대화적 서술방식을 통해 당대 사회 문제를 사실적으로 고발하고, 이에 대한 시적, 상상적 해결책을 제시한다. 시인은 비극으로 이끌 수 있는 당대 사회의 첨예한 사회적 갈등을 인간적인 해학이 넘치는 다성적 목소리로 형상화하면서, 지배계층과 피지배계층의 권력 관계를 카니발적으로 전복하는 희극적 서술과 민중의 웃음을 독자에게 선사한다.

〈결의와 독립〉은 전기적 입장에서 시인 자신을 대변하는 서정적 주체로서 1인칭 서술자가 우연히 만난 타자로서의 거머리 수집가와 '대화'하는 형식으로 서술된다. 앞에서 논의한 1인칭 화자를 활용하는 다른 시들과는 좀 달리, 이 시의 화자는 상당 부분에 걸쳐서 자신의 내적 감정과 생각을 독자에게 직접적으로 고백하는 데 서술의 중점을 두고 있다는 측면에서, 〈틴턴사원〉("Tintern Abbey")과 같이 좀더 본격적으로 '서정적'인 장르에 속하는 시라고 할 수 있다. 그러나 시적 화자의 서정적 주체는 객관적인 인물로서의 타자와의 만남을 통해서 대화적으로 형성된다는 측면에서 역시 담시로서의 극적, 서술적 성격을 내포하고 있다.

처음 1-7연에서 시적 화자는 어젯밤의 폭풍과 오늘 아침의 화창한 날씨를 대조시키며, 자신의 행복했던 과거를 회상하고 시인으로서 미래의 삶의 불확실성에 대해 번민한다. 외면적 자연풍경을 묘사하는 가운데 초반부의 '서정적' 서술은 화자의 내적 감정과 생각에 초점을 맞

무정부" 상태를 걱정하는 버니 박사(Dr. Burney)의 논평을 인용하면서, 빈민층을 교화하기 위해 씌어진 모어(Hannah More)의 보수적인 민요와 워즈워스의 시를 비교하는 가운데, 후자의 시가 갖는 "정치적 함의"를 강조한다(237).

춘다. 여기에는 다른 사람과의 대화적 교류는 결여되어 있지만, 〈틴턴 사원〉에서처럼 자연과 화자, 자신의 과거와 현재 사이의 외적, 내적인 이중적인 대화의 구조를 내포한다. 폭풍이 걷힌 후 아름다운 자연풍경 속에서 기쁨에 차서 노래하는 새들과 특히 초원에서 뛰놀며 안개를 피우는 "산토끼"(the Hare, 11, 16, 30행)의 모습은 자연 속에서 자연과 일체가 되어 아무 걱정 없이 뛰놀던 자신의 어린 시절을 상기시킨다. 그러나 콜리지의 〈절망송가〉("Dejection: An Ode")나 워즈워스의 〈불멸송가〉("Immortality Ode")에서처럼, 어린 시절 자연의 전망을 상실한 현재의 시적 화자는 자신이 미래에 시인으로서 제대로 성공하지 못하고 채터턴(Thomas Chatterton)이나 번즈(Roert Burns)처럼 요절하지 않을까 하는 현실적 불안과 절망감에 시달린다.

아름다운 자연 속에서 시인으로서 느끼는 즐거움과 여유, 그리고 세상사에 대한 현실적, 재정적 번뇌 사이에서 고민하면서 들판을 방황하던 화자는 드디어 8연에서 우연히 '거머리 수집가'를 만나게 된다. 황량한 연못에 발을 담그고 꼼짝 않고 서 있는 그의 모습은 처음에 사람이라기보다 마치 "거대한 바위"(a huge stone, 57행)나 "바다짐승"(a sea beast, 62행), 혹은 "움직이지 않는 구름처럼"(motionless as a cloud, 75행) 보인다. 거머리를 다리에 붙도록 유인하기 위해 연못에 꼼짝 않고 서 있는, 인생의 온갖 고초를 겪어서 허리가 꼬부라진 노인의 모습은 생과 사, 생물과 무생물, 잠듦과 깨어 있음의 경계선에 있는, 영원히 지속적인 자연의 정령의 표상처럼 보인다. 이윽고 노인이 지팡이로 연못을 휘젓는 것을 보고 그가 살아 있는 '사람'임을 확인한 화자는 날씨에 관한 인사말을 건넨다(85-91행).

이하 이 시의 서술은 〈권고와 응답〉이나 〈우리는 일곱〉처럼, 화자의 질문과 노인의 대답이 교체되는 형식으로 이루어진다. 그러나 앞의 시들과 달리, 노인의 대답은 18연의 후반부를 제외하고는 대부분 1인칭 화자가 자신의 말로 번역한 간접화법에 의해 전달된다.[14] 바흐친적 관점에서, 1인칭 서술자는 타자로서 노인의 말을 자신의 '내적 언어'로 전유한다. 사회의 밑바닥으로 전락한 기층 민중으로서의 노인의 형상은 미래의 재정적 불안에 시달리는 시인 화자의 "축소된 자아"(contracted self)에 대한 더블의 역할을 한다(Friedman 54). 15연과 18연은 노인의 말을 비교적 객관적, 사실적으로 보고하는 데 집중하는 반면에, 16연과 19연은 노인의 말과 모습을 화자 자신의 서정적 전망으로 변용시킨다. 화자에게 노인의 목소리는 약하지만, "엄숙"하고 "고귀"하며 "범인(凡人)이 도달할 수 없는" "종교적"이고 "장엄한 말"이다(14연). 노인은 자신의 상황에 대해 묻는 화자에게 사실적인 대답을 반복하지만(15연, 18연) 화자에게 그의 목소리는 "거의 들리지 않는 개울 소리" 같고, 그는 마치 "꿈속에서 만난" 사람이거나, 시적 화자에게 "적절한 경고"를 통해 "인간적 힘"을 주기 위해 "먼 곳에서 파견된 사람"처럼 보인다(16연).[15] 노인의 목소리와 모습은 《서곡》의 여러 시점들에서 바람과 폭포 소리, 바위가 내는 소리와 같은 분절화되지 않은 자연의 신비스런 소리, 그리고 꿈속에서 만난 돌과 조개껍질을 들고 있는 아라비아 인(5권, 112행)을 연상케 한다. 자연의 성스런 신탁과 같은 그의 말은 워즈워스의 시론과 비코(Giambattista Vico)의 '순환론적'인 언어 이론의 관점에서, 자연과 언어를 '은유적'으로 동일시했던 원시 시대 인간의 언어와 시의 기원을 암시해준다(Jay 49, 엄용희 96-97).

이 세상을 살아가면서 겪어야 할 온갖 "냉대, 고통, 노동, 그리고 모든 육체적 환난"(Cold, pain, labor, and all fleshly ills, 115행)을 두려워하는 화자에게, 노인의 모습은 "[그의] 마음의 눈에"(in [his] mind's eye, 130행) 인간조건으로서의 삶의 실존적 고통을 묵묵히 "견디며"(persevere, 126

---

14 커티스(Jared Curtis)는 이 시의 초판본인 〈거머리 수집가〉("The Leech-Gatherer")와 이 시를 비교하면서, 이전의 시가 노인을 좀 더 사실적인 시각에서 묘사하고 그의 말을 좀 더 길게 직접 인용하는데 주목한다(101-2).

15 윌리엄즈(Raymond Williams)는 〈마이클〉("Michael")과 〈컴벌랜드의 늙은 거지〉("The Old Cumberland Beggar")에 대해 논하는 가운데, 워즈워스의 '주변인'들은 항상 먼 과거로 물러가거나 자연풍경과 융합되는 경향이 있다고 지적하는데(130, 132), 이것은 거머리 수집가의 경우에도 잘 들어맞는 것으로 보인다.

행) 살아가는 보편적 인간의 불가해한 표상으로 비친다. 노인의 말과 존재는 시적 화자의 내적, 서정적인 전망에 의해 하나의 '신화시적'(mythopoeic)이며 '원형적 상징'(archetypal symbol)으로 변용된다.

> 그가 이렇게 말하는 동안, 그 외로운 장소와
> 노인의 모습과 말, 이 모든 것이 나를 혼란스럽게 했으니,
> 내 마음의 눈 속에서 그의 모습을 보는 듯했네,
> 그 지겨운 황야를 계속
> 홀로 묵묵히 방황하는 것을. (127-31행)
>
> While he was talking thus, the lonely place,
> The old Man's shape, and speech—all troubled me:
> In my mind's eye I seemed to see him pace
> About the weary moors continually,
> Wandering about alone and silently.

그렇지만 이 시의 결말에서 시적 화자가 노인에 대해 취하는 태도는 다소 애매하고 양가적이다. 아래 인용구에서 화자가 "조소하다"(laugh to scorn)나 "노쇠한"(decrepid)이라는 표현을 쓰는 것은 키츠(John Keats)가 〈나이팅게일 송가〉("Ode to a Nightingale")의 끝에서 화자가 "외로운"(forlorn)이라는 단어를 통해 새의 세계의 초월적 전망에서 깨어나는 장면을 연상시킨다.

> 나 자신 그런 발견에 대해 **조소할** 수도 있었다,
> **노쇠한** 노인에게서 그렇게 확고한 정신을 찾을 수 있었음을. (138-39행, 강조 첨가)
>
> I could have *laughed* myself *to scorn* to find
> In that *decrepid* old Man so firm a mind.

당시에 시인으로서 미래의 재정적, 경제적 문제를 우려했던 작가 자

신의 입장을 대변하는 것으로 보이는 시적 화자(Harrison 134)는 한 민중적 인물에게서 인생을 독립적으로 살아갈 결의를 배우면서도, 육체노동을 기피하는(혹은 그러한 의무를 면제받고 있다고 믿는) 유한계급의 일원으로서, 그와의 계급 차이에서 연유하는 자괴감이나 자의식을 완전히 떨쳐버리지는 못하는 것 같다. 인용문에서 사용된 '가정법 과거완료'는 과거 사실의 반대를 가정하는 것이지만(실제로는 그렇게 하지 않았다는) 그럴 수도 있었다는 하나의 가능성을 암시하기도 하다. 화자는 기층 민중으로서의 노인의 독립적 결의에 매혹되면서도 동시에 그에 대해 적지 않은 당혹감을 느낀다. 그러나 버틀러(Marilyn Butler)가 지적하듯이, 〈우리는 일곱〉처럼 이 시의 서술자를 워즈워스 자신이라기보다 그에 의해 '극화'된 인물로 본다면, 끝까지 자기만족과 자기도취에서 빠져나오지 못하는 화자 자신이 오히려 풍자와 조롱의 대상이라고 해석할 수도 있겠다(155).

〈결의와 독립〉은 1인칭 화자가 타자와의 만남과 대화를 통해 자신의 분열된 정체성을 회복하는 과정을 보여준다. 화자와 자연, 화자의 과거와 현재, 그리고 화자와 노인 사이의 관계에서 이 시는 다중적인 대화의 양상을 내포한다. 그러나 이 시는 또한 타자의 모습과 언어를 시적 화자의 주관적 전망으로 전유하고 식민화하는, 바흐친이 '독백적'(monologic)이라고 간주하는 단일한 '시적 언어'의 특성(*Dialogic Imagination* 286)을 지향하기도 한다. 시적 화자는 객관적 실체로서의 노인을 "창조적 상상력"으로 "재창조된"(Williams 132) "사후 이미지"(after-image, Hartman 41)로 대체한다. 대조적으로, 도로시 워즈워스(Dorothy Wordsworth)의 일기(Curtis 98 재인용)와 워즈워스의 초판본 〈거머리 수집가〉("The Leech-Gatherer")의 결말(129-34행, Curtis 194)에 따르면, 그들이 애초에 만났던 노인은 여름철에는 거머리 수집으로 겨우 연명했고 겨울철에는 구걸을 하며 떠돌이 책장사를 한 것으로 묘사된다. 〈아버지를 위한 일화〉와 〈우리는 일곱〉 같은 시에서 어린이의 말이 1인칭 성인 화자의 말을 전복하였다면, 이 시에서 타자의 말은 시인 화자의 내적 언어로 "포섭되는"(subsumed, Fulford 172) 데 그 존재의 의미를 지닌다. 그럼에도 불구하고, 이 시의 결말이 암시하듯이 노인의 '숭고한' 형상은 끝까지 시적 화자의 마음을 어지럽히고 당혹스럽게 하는 불가해한 신비로운 상형문자와 같은 존재로 남아 있다.

III

워즈워스는《서정담시집》에서 극화된 서술자의 가면과 1인칭 화자의 서정적 서술을 활용하여 이를 다양한 극적 인물들의 이야기와 타자와의 만남과 대화를 다루는 담시 양식과 결합시키고 있다. 본장에서 살펴본 바와 같이, 바흐친적 관점에서 볼 때, 이러한 혼종화된 장르의 워즈워스식 서술전략은 소설적 담론의 특징이라고 할 수 있는 다성적 대화주의와 카니발적 상상력을 시적으로 구현하고 있다. 순진무구한 어린이들의 언어는 어른들의 인습적이고 권위적인 언어를 전복하며, 희극적 서술로 재현되는 바보 소년의 직관적 체험과 모험담은 시적 언어의 기원을 암시한다. 친구들 사이의 다정한 대화는 낭만적 자연관과 계몽적 도덕철학 사이의 대조를 보여준다. 희극적 서술자는 빈부계급의 문제를 사실적으로 고발하며 시적 정의를 구현한다. 세상의 삶에 번민하는 시인 화자는 한 민중적 인물에게서 독립적 삶을 살아갈 결의를 발견한다. 워즈워스의 시는 타인에 대한 인간적 이해와 사랑에 바탕을 둔 공감적 상상력의 공동체를 지향한다. 일종의 문화적 원시주의의 입장에서, 워즈워스는 어린이, 바보, 여성, 노동자, 노인, 기층민중의 삶에서 시적 소재를 취하고 시적 언어의 실험적 가능성을 탐색한다. 워즈워스 시의 서술자들은 흔히 이야기 속의 극적 인물들과 목소리를 뒤섞으면서 그들과 아이러니컬한 거리를 유지하는 가운데, 워즈워스 특유의 풍자와 해학이 깃든 민중적 웃음을 독자에게 선사할 뿐만 아니라, 때로는 그들과의 대화를 통해 자신의 새로운 정체성을 형성하기도 한다. 기존의 대화주의 비평의 다소 수사학적인 편향이나 단편적 논의를 넘어서서, 바흐친의 대화와 카니발 이론을 좀더 깊이 있고 풍부하게 워즈워스의 시에 적용하는 것은 워즈워스 시의 해석에 새롭게 기여할 수 있다고 믿어진다.

인용문헌

엄용희. 《윌리엄 워즈워스의 시 연구》. 서울: LIE, 2007.

조희정. 〈콜리지와 워즈워드의 대화, 그리고 근대적 서정시의 (재)탄생〉. 《영어영문학》 54-5 (2008): 745-765.

Bakhtin, M. M. *The Dialogic Imagination: Four Essays by M. M. Bakhtin*. Ed. Michael Holquist. Trans. Caryl Emerson and Michael Holquist. Austin: U of Texas P, 1981.

———. *Rabelais and His World*. Trans. Helene Iswolsky. Cambridge, MA: MIT, 1968.

Barstow, Majorie L. *Wordsworth's Theory of Poetic Diction: A Study of the Historical and Personal Background of the 'Lyrical Ballads'*. New Haven: Yale UP, 1917.

Bewell, Allan. *Wordsworth and Enlightenment: Nature, Man and Society in the Experimental Poetry*. New Haven: Yale UP, 1989.

Bialostosky, Don H. *Making Tales: The Poetics of Wordsworth's Narrative Experiments*. Chicago: U of Chicago P, 1984.

———. *Wordsworth, Dialogics and the Practice of Criticism*, Cambridge: Cambridge UP, 1992.

Bidlake, Stephen. "'Hidden Dialogue' in 'The Mad Mother' and 'The Complaint of a Forsaken Indian Woman'." *The Wordsworth Circle* 13 (1982): 188-93.

Butler, Marilyn. "Satire and Images of Self in the Romantic Period: The Long Tradition of Hazlitt's *Liber Amoris*." *Spirits of Fire: English Romantic Writers and Contemporary Historical Methods*. Eds. G. A. Rosso Daniel P. Watkins. Cranbury: Associated UP, 1990.153-69.

Chandler, James K. *Wordsworth's Second Nature: A Study of thePoetry and Politics*. Chicago: U of Chicago P, 1984.

Curtis, Jared R. *Wordsworth's Experiments with Tradition*. Ithaca: Cornell UP, 1971.

Danby, John F. *The Simple Wordsworth: Studies in the Poems 1797-1807*. London: Routledge, 1960.

Friedman, Michael H. *The Making of a Tory Humanist: William Wordsworth and the Idea of Community*. New York: columbia UP, 1979.

Fulford, Tim. *Landscape, Liberty and Authority: Poetry, Criticism and Politics from Thomson to Wordsworth*. Cambridge: Cambridge UP, 1996.

Harrison, Gary. *Wordsworth's Vagrant Muse: Poetry, Poverty and Power*. Detroit: Wayne State UP, 1994.

Hartman, Geoffrey. "Wordsworth's Poetry: The Major Lyrics 1801-1807." *Wordsworth*. Ed. John Williams.Houndmills: Macmillan, 1993.33-50.

Jacobus, Mary. *Tradition and Experiments in Wordsworth's "Lyrical Ballads"*. Oxford: Oxford UP, 1976.

Janowitz, Anne. *Lyric and Labour in the Romantic Tradition*. Cambridge: Cambridge UP, 1998.

Jay, Paul. *Being in the Text: Self-Representation from Wordsworth to Roland Barthes*. Ithaca: Cornell UP, 1984.

Johnston Kenneth R. *The Hidden Wordsworth*. New York: Norton, 1998.

Kroeber, Karl. *Romantic Narrative Art*. Madison: U of Wisconsin P, 1960.

Langan, Celeste. *Romantic Vagrancy: Wordsworth and the Simulation of Freedom*. Cambridge: Cambridge UP, 1995.

Langbaum, Robert. *The Poetry of Experience: The Dramatic Monologue in Modern Literary Tradition*. Harmondsworth: Penguin, 1974.

Macovsky, Michael. *Dialogue and Literature: Apostrophe, Auditors and the Collapse of Romantic Discourse*. New York: Oxford UP, 1994.

McLane, Maureen N. *Balladeering, Minstrelsy, andthe Making of British Romantic Poetry*. Cambridge: Cambridge UP, 2008.

Parrish, Stephen M. *The Art of the 'Lyrical Ballads'*. Cambridge, Mass.: Harvard UP, 1973.

Rajan, Tillotama. "Romanticism and the Death of Lyric Consciousness." *Lyric Poetry; Beyond New Criticism*. Eds. Chaviva Hošek and Patricia Parker. Ithaca: Cornell UP, 1985. 194-207.

Roe, Nicholas. *The Politics of Nature: William Wordsworth and Some Contemporaries*. Houndmills: Palgrave, 2002.

Simpson, David. *Wordsworth's Historical Imagination: The Poetry of Displacement*. New York: Methuen, 1987.

Spiegelman, Willard. *Wordsworth's Heroes*. Berkeley: U of California P, 1985.

Thomas, Gordon K. "*The Lyrical Ballads Ode: Dialogized Heteroglossia.*" *The Wordsworth Circle* 20 (1989): 102-5.

Williams, Raymond. *The Country and the City*. New York: Oxford UP, 1973.

Wordsworth, William and Coleridge, S. T. *Lyrical Ballads*. 2nd Ed. Michael Mason. Harlow: Pearson, 2007.

Wordsworth, William. *William Wordsworth*. Ed. Stephen Gill. Oxford: Oxford UP, 1984.

2. 워즈워스의 《서곡》에 나타난 카니발적 상상력

I

워즈워스(William Wordsworth)의 자전적 장편시 《서곡》(*The Prelude*)은 프랑스혁명으로 대변되는 19세기 유럽의 정치적, 역사적 배경과 관련하여, 시인의 정신적 성장과정을 철학적, 심미적 관점에서 밀턴(John Milton)의 서사시에 비견될 수 있는 진지한 목소리와 고양된 문체로 재현하고 서술한다. 그러나 여기에는 초기 《서정담시집》(*Lyrical Ballads*)의 몇몇 시에서와 같은 워즈워스 특유의 풍자와 아이러니 내지 희극적 서술의 목소리(Danby 35-36; 여홍상 124, 148)가 양가적으로 뒤섞여 있음을 간과할 수 없다. 예컨대, 워즈워스가 마지막에 집필하여 첨가한 《서곡》의 서두 부분에서 화자는 오랜만에 답답한 도시생활에서 벗어나서 마치 시골 휴일 축제에 참가한 듯이, 들뜨고 활기찬 기분으로 시골 자연풍경 속을 산책한다. 이 장편시의 서술에서 워즈워스의 진지한 철학적, 명상적 목소리는 이와 대조되는 희극적, 풍자적, 해학적, 반어적 목소리와 상호 교체되는 가운데 긴장관계를 이루며 대화적으로 상호작용한다. 러시아 비평가 바흐친(M. M. Bakhtin)의 표현을 빌릴 때, 《서곡》에 나타난 워즈워스의 "진지하면서도 희극적인"(serio-comical, *Dialogic Imagination* 21) 양가적 목소리는 바흐친이 르네상스기 프랑스 소설가 라블레(Francois Rabelais)를 논하면서(*Rabelais and His World*) 강조한 중세 민중축제의 '카니발적 상상력'의 희극적, 전복적 특성과 연관될 수 있다.

《서곡》의 서술의 카니발적 특성은 서두뿐만 아니라 어린 시절과 성인이 된 후 다양한 '시점'(時點, spots of time)의 경험들, 그리고 특히 프랑스 혁명과 런던의 성 바돌로메 축제 묘사 등에 두루 함축되어 있는 것으로 보인다. 본장에서는 바흐친이 라블레론에서 강조한 중세 민중축제의 다양한 특성에 비추어 워즈워스의 《서곡》에 나타난 시인의 상상력의 축제적 전복성과 희극성을 중점적으로 살펴보려 한다. 근래에 일부 이루어진 워즈워스 시에 대한 바흐친적 접근은 대부분 '카니발' 이론보다는 '대화주의' 개념을 적용하는 데 집중하는 경향이 있다.[1] 특히 《서곡》에 대해 많은 비평들은 주로 워즈워스의 진지하고 철학적인 목소리를 분석하는 데만 치중하고 있다. 이러한 측면에서, 지금까지 워즈워스 비평가들이 소홀히 다루어온 《서곡》의 희극적 목소리를 바흐친의 '카니발' 이론에 비추어 재조명해보는 것은 이 작품을 새롭게 이해하는 데 기여할 수 있지 않을까 생각한다.

본론의 논의에 앞서, 우선 '축제'(carnival)와 '축제적'(carnivalesque)이라는 바흐친의 두 용어에 대해 간략히 언급하고자 한다. 바흐친은 연중행사로 벌어지는 좁은 의미의 '축제' 자체와 구분하여, "중세와 르네상스의 다양한 민중축제의 생명"을 지칭하는 넓은 의미에서 '축제적'이라는 용어를 사용하였다(*Rabelais and His World* 218). 구체적으로 바흐친이 논의하는 라블레 소설의 '축제적' 특성은 '축제적 양가성'(the carnivalesque ambivalence)과 '즐거운 상대성'(gay relativity), 기존 사회질서와 '몸'의 상하 위계를 '전복'하는 것, 그리고 역사적, 우주적 공포를 '민중의 웃음'으로 극복하는 것 등의 다양한 특성을 포함한다.[2] 다시 말하

1 대표적 예로 워즈워스 시의 실험적 서술양식과 워즈워스 비평의 다양한 흐름을 논한 비알로스토스키(Don H. Bialostosky)의 두 저서와 〈틴턴사원〉("Tintern Abbey")의 대화적 양상을 논한 마코브스키(Michael S. Macovski)의 논문을 들 수 있다. 반면에, 워즈워스 시의 "도시수사학"에 주목하는 주혁규의 논문은 바흐친을 주된 접근 방식으로 원용하지는 않지만 〈서곡〉 7권의 런던 묘사가 함축하는 "카니발적 효과"에 대해 간략히 언급한다(202).

2 이 글은 바흐친의 축제 이론에 대해 이미 충분한 배경적 지식을 지닌 독자들을 대상으로 한다. 축제의 특성과 관련하여 바흐친이 사용하는 여러 가지 용어에 대해서는 인용문헌의 영역본 이외에 국역본으로 〈프랑수아 라블레의 작품과 중세 및 르네상스의 민중문화〉, 이

여, 민중축제가 '축제'가 될 수 있는 것은 그 속에 '축제적' 의미와 성격이 내포되어 있기 때문이다. 따라서 '축제적'이라는 용어는 좁은 의미에서 '축제' 행사에 내포된 '축제적' 성격뿐만 아니라 다른 문화현상(예컨대 18-19세기 소설양식)에서 발견되는 '카니발적' 요소와 성격까지 두루 포괄한다. 바흐친은 중세 민중축제의 '카니발적' 전통이 라블레와 도스토예프스키 소설에서 볼 수 있듯이 르네상스 이후 근대에 이르러 '문학적'으로 내재화되었다고 보았다("문학의 카니발화"[the carnivalization of literature], *Problems of Dostoevsky's Poetics* 122). 이 글에서 워즈워스 상상력의 '카니발적' 성격[3]에 주목하는 것도 바로 이러한 문학적으로 내재화된 카니발의 의미이다. 따라서 이 용어는 워즈워스 텍스트에서 명시적으로 사용된 '축제'의 이미지는 물론, 기타 중요한 구절들에서 발견되는 포괄적 의미에서 다양한 '축제적' 특성에 두루 적용된다. 이하 본론에서는 이러한 폭넓은 의미에서 《서곡》에 나타난 시인의 상상력의 '카니발적' 특성에 대해 살펴볼 것이다.

II

어린 시절 워즈워스는 영국 호반 지역의 아름다운 자연 속에서 자유롭게 뛰어놀고 자랐으며, 이러한 자유분방한 방랑의 기질은 영국 여타 지역과 유럽대륙의 도보여행으로까지 이어졌다. 이른바 "도보시"[4]로 분류될 수 있는 〈수선화〉("The Daffodils")와 〈틴턴사원〉과 같은 작품들은 산책이나 도보여행을 하는 도중에 씌어졌거나 그때의 경험에 바탕을 두고 있다. 워즈워스가 평생을 쓰고 고친 《서곡》의 1850년판 서두에 나오는 자연 속에서 자유롭게 거니는 시인의 모티프는, 이 장편시

덕형 · 최건영 옮김(서울: 아카넷, 2001)을 참고할 것.

3 〈서정담시집〉의 몇 편의 시에 나타난 대화주의와 '카니발'의 모티프에 대해서는 앞 장의 논의를 참고.

4 해리슨(Gary Harrison)과 랭건(Celeste Langan)은 워즈워스 시에서 "산책"(walking)과 "방랑"(vagrancy)의 모티프를 집중적으로 탐구한다.

전체를 관류하는 지배적 목소리로서, 고된 노동의 일상을 벗어나 오랜만에 '휴일'을 맞이한 해방감과 즐거움의 주제적 어조를 도입한다는 측면에서 이 시 전체 해석에 있어 중요성을 지닌다.

> 아, 이 부드러운 미풍에는 축복이 있어
> 이 방문자는 녹색 들판과 푸른 하늘로부터
> 불어와 나의 뺨에 부채질을 하며,
> 자신이 주는 기쁨을 반쯤 아는 듯하네.
> [……] 나는
> 오랫동안 불만스레 거주하던
> 거대한 도시에서 탈출하여, 이제 자유롭게,
> 새처럼 자유롭게 내가 원하는 곳에 정착할 수 있다. (I. 1-9행)[5]

> Oh there is blessing in this gentle breeze,
> A visitant that while he fans my cheek
> Doth seem half-conscious of the joy he brings
> From the green fields, and from yon azure sky.
> [...] [E]scaped
> From the vast city, where I long had pined
> A discontented sojourner; now free,
> Free as a bird to settle where I will.

어린 시절에 부모를 일찍 여의고 도로시(Dorothy)와 함께 고아로 친척집에 의탁해서 자란 워즈워스가 성장한 후 별다른 재정적 후원을 얻지 못한 채 '전업'시인으로 살아가기 위해서는, 〈결의와 독립〉("Resolution and Independence") 같은 시에서 엿볼 수 있듯이, 생활상 재정 문제로 인해 심각한 현실적 고민과 어려움(Harrison 132-34; Friedman 37)을 겪을 수

5 〈서곡〉의 인용은 William Wordsworth, *The Prelude*, 1799, 1805, 1850, eds. Jonathan Wordsworth, M. H. Abrams, and Stephen Gill(New York: Norton, 1979)의 1850년판을 기준으로 하여 본문에 권 · 행수로 표기함. 다른 작품은 *William Wordsworth*, ed. Stephen Gill(Oxford: Oxford UP, 1984)을 사용하여 행수로 표기함.

밖에 없었다. 이러한 문제 때문에 한때 런던에 머물렀던 워즈워스에게 "거대한 도시"(8행)에서의 일상적 삶은 "부자연스런 자아의 짐"(21행)이자 "피곤한 나날의 육중한 무게"(22행)로 다가올 수밖에 없었다. 친구 콜리지(S. T. Coleridge)가 〈한밤의 서리〉("Frost at Midnight")에서 어린 시절 학교 "담"에 대해 묘사하듯이, 한동안 대도시의 높은 담에 둘러싸여 지내야 했던 워즈워스는《서곡》의 서두 부분에서 오랜만에 한가로운 시골길을 산책하며 언뜻 불어오는 "미풍"을 맞이하는 가운데, 그동안 도시에서 겪어야 했던 일상적 삶의 무게와 노동의 속박으로부터 벗어나 마치 시골 축제의 휴일을 맞이한 듯 자유로운 해방감과 환희를 만끽한다. 대표적 낭만주의 비평가 에이브럼즈(M. H. Abrams)가 지적하듯이, 하늘이 내린 "축복"으로서의 "미풍"은 자유롭고 창조적인 낭만적 상상력의 전형적 상징이다(28-29). 화자는 "하늘의 달콤한 숨결"(the sweet breath of Heaven, I. 41행)이 불어오는 동안 그에 "상응하는 부드러운 창조적 미풍"(A corresponding mild creative breeze, I. 43행)을 자신의 내부에 느낀다. 〈틴턴사원〉과 〈불멸송가〉("Immortality Ode")에서처럼 대도시와 대조되는 시골 '자연'의 전망은 "이 모든 이해할 수 없는 세상의 무겁고 지친 무게"(the heavy and weary weight / Of all this unintelligible world, "Tintern Abbey," I. 39-40행)에 짓눌린 시인에게 정신적 위안과 구원의 희망을 제공한다.

워즈워스에게 삶의 활력을 되찾게 해주는 시골의 한가로운 자연풍경과 부드럽게 불어오는 바람은 바흐친의 라블레론에 비추어 볼 때, 중세 민중축제의 전복적·해방적 정신에 견줄 수 있는 반면에, 런던이라는 공리주의적 정치경제체제가 지배하는 거대한 근대도시에서 그가 겪었던 '소외'된 삶("피곤한 나날의 육중한 무게," 22행)은 중세 민중문화가 전복하고자 하는 봉건주의의 서열적, 억압적 지배체제에 비교할 수 있겠다. 그러나 연중행사로서의 축제가 경우에 따라 순식간에 주체할 수 없는 폭력과 무정부적 혼란 또는 격렬한 사회적 항거로 뒤바뀔 수 있듯이, 화자에게 삶의 활력을 소생시켜주는 "부드러운 창조적 미풍"은 콜리지의 〈절망송가〉("Dejection: An Ode")에서처럼 순식간에 "자신의 창조를 혼란시키는 / 불필요한 에너지인 폭풍"(A tempest, a redundant energy / Vexing its own creation, 46-7행)으로 변화할 수 있다. 그렇지만 바로 다음 시행에서 화자는 마치 셸리의 〈서풍부〉("Ode to the West Wind")에서처럼 잠재적으로 파괴적인 힘을 지닌 '폭풍'이 실상은 대지에 '봄'의 재생을 가져다주는 전령사의 역할을 할 것이라고 언급한다. "그것은 어떤 힘이며 …… 오랫동안 지속된 서리를 녹여내어 신록의 약속을 가져다주는 폭풍이다"(Tis a power ... a storm,/ Which, breaking up a long-continued frost/ Brings with it vernal promises, I. 47-49행). 일상적 서열과 규율이 잠시 정지된 축제의 해방적 시공간(chronotope)은 일상적 세계의 질서를 무너뜨릴 수 있는 혁명적 폭력과 혼돈의 자기 파괴적 에너지를 내포한다.

서두에서 "미풍"의 상징적 이미지가 함축하는 '카니발적 양가성'은 이른바 '시점'으로 불리는 《서곡》의 다른 다양한 경험들과 연관된다. 주로 1권에 나오는 어린 시절의 '시점'의 경험들은 일상적 서열의 전복과 회복, 질서와 무질서, 파괴와 창조의 카니발적 양가성 사이의 미묘한 변증법적 역학을 보여준다. 새알 훔치기와 덫으로 새잡기, 보트 훔쳐 타기, 스케이트 타기 등의 어린 시절의 경험들은 모두 공통된 패턴을 지닌다. 어린 워즈워스가 암벽을 기어 올라가서 새둥지에서 알을 꺼내려고 할 때, 그는 마치 지상을 떠나 중력의 법칙을 초월하여 공중에 거꾸로 매달린 듯이 느낀다. 바람은 사방에서 불어오거나 오히려 밑에서 위로 불어닥친다(I. 326-39행). 겨울철에 스케이트를 타면서 제자리 돌기를 하다가 갑자기 멈추었을 때 세상은 거꾸로 뱅뱅 돌아가는 듯 보인다(I. 425-89행). 남이 쳐놓은 덫에 걸린 새를 몰래 훔칠 때와 보트 훔쳐 타기의 일화(I. 357-400행)에서 두려운 자연의 모습은 마치 라블레 소설(*Gargantua and Pantagruel*)에 등장하는 거대한 '거인'과 같은 존재로 다가온다. 물론 그것은 '도둑질'하는 어린애의 양심의 투사이거나, 단순히 어린애다운 공포심에 따른 동화적 상상력의 산물로 볼 수 있다. 실제로 워즈워스는 7권에서 어린 시절 자연 속에서 겪었던 경험을 다시금 회상하면서 그때 공포로 다가왔던 자연의 형상을 동화 〈잭과 콩나무 줄기〉("Jack and the Bean Stalk")에 나오는 "거인 살인자 잭"(Jack the Giant-killer, VII. 280행)에 비유한다. 또한 워즈워스는 어린 시절에 목격한 익사한 시체의 모습에 대해 "나의 내면의 눈은 / 이전에 그 광경을, 요정나라의 빛나는 시내에서, / 설화의 숲에서 보았다"(my inner eye had seen / Such sights before, among the shining streams / Of faëry land, the forest of romance, V. 453-55행)고 술회한다. 이처럼 워즈워스가 어린 시절에 겪은, 일상성이 탈친숙화되는 다양한 시점의 경험들은 공통적으로 자연과 인간의 상호작용을 매개하는 원시적 상상력의 근본적으로 전복적이며 넓은 의미에서 카니발적 성격을 암시하는 것으로 보인다.

어린 시절 전도된 '시점'의 경험처럼, 나중에 케임브리지 재학시에 알프스를 여행할 때 유명한 심플론(Simplon) 고개 장면(VI. 624-35행)에서, 폭포는 하늘에서 거꾸로 내리꽂히고, 바람은 사방에서 불어오고 바위는 웅웅거리며 말을 한다. 여기에서 워즈워스는 특히 모순어법(oxymoron)의 반복적 구사("썩고 있지만, 썩지 않을 / 잴 수 없이 높이 솟은 숲, / 내리 쏟아지는 정지된 폭포"[The immeasuarable height / Of woods decaying, never to be decayed / The stationary blasts of waterfalls, VI. 624-26행])를 통해, 쇠락과 영생, 정과 동, 혼란과 무질서, 자연의 소음과 인간의 분절화된 언어, 구속과 자유, 혼란과 평화, 빛과 어둠의 공존을 강조한다. 바흐친의 라블레론과 연관지어 볼 때, 이것은 마치 아기를 배고 죽은 노파의 고대 테라코타 상(*Rabelais and His World* 25)이나 중세 민중축제에서 사용되는 "욕설이자 축복의 말"(billingsgate, 165)처럼 죽음과 생명, 저주와 축복이 공존하는, 카니발적 양가성을 전형적으로 보여준다. 축제에서 광대의 연속적 공중제비 넘기나 회전바퀴 구르기에서처럼 (일종의 착시현상을 통해서) 일상적 상하 위치는 전복되고 중력과 물리 법칙, 생물과 무생물의 구분은 잠정적으로 폐기된다.

일상성의 세계를 축제적으로 전복하는 상상력의 파괴적인 동시에

창조적인 힘은 워즈워스의 프랑스혁명에 대한 서술에서 잘 드러난다. 셸리(P. B. Shelley)의 〈서풍부〉("Ode to the West Wind")에서 볼 수 있듯이, 시적, 미학적 차원에서 상상력의 전복적, 재생적 힘은 사회적, 정치적인 차원에서 역사적 혁명이 인간사회에 작용하는 방식에 유추될 수 있으며 그것과 평행 관계를 이룬다. 초기 단계에 구 체제를 파괴하고 지상에 신세계를 이룩하는 것처럼 보였던 프랑스혁명은 젊은 워즈워스에게 있어서 과거 인류 역사의 신화적 황금기를 현재 지상에 구현하는 전인류적 '축제'와 같은 거대한 역사적 사건으로 받아들여졌다. "그 당시 유럽은 환희로 들떠 있었으며, / 프랑스는 황금시대 정상에 서 있고, / 인간성은 다시 태어나는 듯했다"(Europe at that time was thrilled with joy, / France standing on the top of golden hours / And human nature seeming born again, VI. 339-41행). 케임브리지 재학 시 혁명 직후 프랑스를 여행하면서, 워즈워스는 처음 상륙한 깔레로부터 남부 시골마을에 이르기까지 "기쁨"과 "밝은 얼굴"이 넘치고 "관대함과 축복이 향기처럼 사방에 퍼져 있음을 발견했다"(found benevolence and blessedness / Spread like a fragrance everywhere, VI. 357-8행)고 술회한다. 론강을 보트로 여행하고 샤르트뢰즈 수도회를 방문하고 알프스 최고봉 몽블랑을 바라보면서 워즈워스는 프랑스 풍경과 사적(史跡)이 제시하는 "우리 눈앞에/ 펼쳐진 책에서"(With such a book/ Before our eyes, VI. 544-5행), 혁명에 의해 이루어진 "진정한 형제애의 교훈과/ 명백하고 보편적인 인류의 이성을 우리는 읽지 않을 수 없었다"(we could not choose but read/ Lessons of genuine brotherhood, the plain/ And universal reason of mankind, VI. 544-6행)고 술회한다. 젊은 워즈워스에게 혁명 직후 프랑스 사회와 자연풍경은 마치 온 나라가 과거 황금시대의 도래를 소망하고 경축하는, 바흐친이 소설과 카니발 이론에서 중요하게 거론하는 민중축제 전통인 "농신제"(農神際, the Saturnalia, *Dialogic Imagination* 26, 58)를 벌이고 있는 듯이 느껴진다.

그러나 축제의 무정부적 체제 전복성이 경우에 따라 자기 파괴적 폭력으로 치달을 수 있듯이, 혁명 초기 단계에서 봄의 재생과 같은 축제적 환희는 로베스피에르에 이르러 일 년 내내도록 벌어지는 "국내적 학살"(Domestic carnage, X. 356행)의 공포스런 "축제일"(feast-days, X. 357행)로 바뀐다. 단두대는 끊임없이 식욕을 채워주어야 하는 거인이나 괴물과 같다. 공포정치 시대의 무분별한 처형의 탐욕스럽고 도를 넘어선 축제적 "환희"(joy, X. 363행)를 워즈워스는 마치 바람개비를 돌리기 위해서 멈추지 않고 앞으로 계속 달려 나가야만 하는 어린애의 정신없는 놀이에 비유한다(X. 364-71행). 걷잡을 수 없이 진행되어 가는 혁명의 혼란스런 소용돌이는 어린 시절의 스케이트 타기의 일화에서처럼 혁명의 주체세력과 관찰자 모두에게 혼란과 현기증을 일으키는 주체할 수 없는 '회전운동'(*revolution*의 어원적 의미)으로 재현된다.

어린 시절에 겪은 여러 '시점'의 경험과 프랑스혁명의 역사적 숭고성에는 모두 축제적 전복성의 양가적 힘이 내재한다. 그것은 친숙하고 일상적인 낡은 세계를 낯설게 하고 전복하고 파괴함으로써 새로운 세계를 창조할 수 있는 가능성을 열어주지만, 동시에 '혁명적 축제' 혹은 '축제적 혁명'의 걷잡을 수 없는 혼돈은 인간사회를 통제할 수 없는 무질서 상태에 빠뜨릴 수 있다. 한편으로 프랑스혁명을 열렬히 지지하면서도 다른 한편으로 워즈워스가 혁명적 폭력과 무정부주의적 '폭도' 혹은 무질서한 '군중'에 대해 느꼈던 복합적 감정은 그가 런던에 거주할 때 목격한 성 바돌로메(St. Bartholomew) 축제[6]에 대한 묘사에서도 드러난다. 7권의 런던 축제 묘사는 이후 9-11권에서 프랑스혁명에 대한 워즈워스의 미묘하고 복합적인 태도를 예견하는 것처럼 보인다.

그렇다면 이런 시대에 대한
그대의 견해는 어떤가, 모든 시민들이
한 가지 열정, 복수, 분노, 혹은 두려움에 차서
거리로 뛰쳐나올 때? 처형 장면이나 불타는 거리로,
폭도, 폭동, 혹은 축하 인파가? 이런 광경의 예를

6 그리스도의 12사도 중 한 사람인 바돌로메를 기리기 위해 8월 24일에 개최됨.

하나 들자면 순교자들이 과거에 고통을 겪었던 곳에서
개최되는, 그 고대의 제식, 축제,
이름하여 성 바돌로메 축제가 있다; 거기서 볼 수
있는 것은 우리 손에 이미 완성되어 주어지니, 지상의
어떤 장관이 그럴 수 있다면,
인간의 모든 창조력을 잠재운다…….(VII. 671-81행)

What say you, then,
To times, when half the city shall break out
Full of one passion, vengeance, rage, or fear?
To executions, to a street on fire,
Mobs, riots, or rejoicings? From these sights
Take one,—that ancient festival, the Fair,
Holden where martyrs suffered in past time,
And named of St. Bartholomew; there, see
A work completed to our hands, that lays,
If any spectacle on earth can do,
The whole creative powers of man asleep...

혁명의 폭도와 축제의 무질서한 군중은 모두 상상력을 무력화하는, 그래서 그것의 부활을 요구하는, 수사학적 의미에서의 '숭고한' 시적 대상이다. 혁명과 축제는 시인의 시적 재현을 필요로 하지 않는, 그 자체로 완성된 역사의 "작품"이다. 그러나 워즈워스는 이를 상상력으로 재식민화하기 위해 "시신"(the Muse)의 힘을 빌어서 "군중"(the crowd) 위로 날아오르고자 한다(VII. 682-85행).[7]

혁명과 축제의 역사적 숭고성 앞에 잠시 잠들었던 상상력은 다시 깨

7 이와 같이 시인이 축제 군중 중에 하나로 합류하기보다 시적, 객관적 전망을 위해 "비평적 거리"(주혁규 206) 두기를 하는 것을 워즈워스 상상력의 개인주의적 주관성으로 비판할 수도 있다. 그러나 뒤에 살펴보듯이, 시적 화자는 런던 축제의 기괴한 군상을 통합된 보편적 인간성의 표상으로 재긍정한다는 측면에서, 이 구절을 단순히 시인 자신의 "정체성 확립"(주혁규 204) 과정으로만 보기는 어렵다. 주혁규의 논문도 결론에서는 화자와 도시 대상과의 관계에서 워즈워스 텍스트의 열린 비결정성에 주목한다(206).

어나 혁명과 축제의 무정부적 혼란을 바흐친이 라블레론에서 강조하는 것과 같은 카니발의 "기괴한 리얼리즘"(the grotesque realism, *Rabelais and His World* 18)의 이미지로 재현한다. 워즈워스가 런던 축제를 묘사하는 다음 구절은 본 장의 주제와 관련된 핵심 부분으로, 여기에 다소 길게 인용하고자 한다.

> 야만적이고 지옥 같은
> 무질서와 소음—환영의
> 기괴한 색채, 동작, 형태, 광경, 소리!
> 아래 열린 공간에, 구석마다
> 넓은 지역에, 번쩍이고 살아 있는
> 머리들; 중간 지역과 상부에는,
> 노려보는 그림과 거대한 두루마리로 붐비며,
> 기이한 물건이나 사람을 말없이 포고한다;
> 원숭이는 장대에 매달려 재잘거리고,
> 어린애들은 회전목마에서 빙빙 돌아간다;
> 목을 쭉 뻗고 눈으로 주시하는 사람들은,
> 서로 경쟁적으로 소리를 지르며, 군중을
> 끌어들인다; 광대들은 서로에게
> 상을 찡그리고, 몸을 꿈틀거리고, 소리를 지른다…….
> 백색증인(白色症人), 채색한 인디언, 난장이,
> 지식이 많은 말, 학식이 높은 돼지,
> 돌 먹는 사람, 불 삼키는 사람,
> 거인, 복화술사, 투명한 소녀,
> 말을 하고 보호경 낀 눈을 움직이는 흉상,
> 밀랍 작품, 시계, 현대 마술사의
> 모든 놀라운 기술, 야생동물, 인형극,
> 모든 기이하고, 과장되고, 왜곡된 것들,
> 자연의 모든 괴짜들, 인간의 프로메테우스적
> 사고, 우둔함, 광기, 그들의 공적이
> 모두 함께 뒤죽박죽이 되어서, 괴물 의회를

이룬다. (VII. 686-718행)

What anarchy and din,
Barbarian and infernal,—a phantasma,
Monstrous in colour, motion, shape, sight, sound!
Below, the open space, through every nook
Of the wide area, twinkles, is alive
With heads; the midway region, and above,
Is thronged with staring pictures and huge scrolls,
Dumb proclamations of the Prodigies;
With chattering monkeys dangling from their poles,
And children whirling in their roundabouts;
With those that stretch the neck and strain the eyes,
And cracks the voice in rivalship, the crowd
Inviting; with buffoons against buffoons
Grimacing, writhing, screaming ...
Albinos, painted Indians, Dwarfs,
The Horse of knowledge, and the learned Pig,
The Stone-eater, the man that swallows fire,
Giants, Ventriloquists, the Invisible Girl,
The Bust that speaks and moves its goggling eyes,
The Wax-work, Clock-work, all the marvellous craft
Of modern Merlins, Wild Beasts, Puppet-shows,
All out-o'-the-way, far-fetched, perverted things,
All freaks of nature, all Promethean thoughts
Of man, his dullness, madness, and their feats
All jumbled together, to compose
A Parliament of Monsters.

성 바돌로메 축제에 대한 워즈워스의 묘사에서 인간과 무생물이나 물건, 인간과 동물 사이의 구분은 축제적으로 전복되고 그들 사이의 상호 역할은 전도된다. 그림은 사람을 노려보고 거대한 두루마리는 말 없는 선언서를 낭독하고, 원숭이가 말을 하고, 각종 물건과 악기는 각자의 시끄러운 소리를 내고, 말과 돼지는 학식 있는 현자가 되고……. 성 바돌로메 축제에서 언어의 혼란상은 혁명기 젊은 시절 워즈워스 자신이 참여하였던 토론 클럽과 같은 당시 프랑스 시민사회에서의 바벨적 방언의 창궐을 연상시키기도 한다.

무질서하게 보이는 온갖 잡동사니의 사실적 세부사항으로 가득찬 런던 축제에 대한 워즈워스의 묘사는 어느 정도 풍자적 어조가 깃들어 있는 것이 사실이다. 그러나 동시에 바흐친의 "유쾌한 괴물들"(gay monsters, *Rabelais and His World* 325)을 연상시키는, 워즈워스가 위의 인용문 중에서 "괴물 의회"라고 부르는, "하나의 정체성으로 녹아서 뭉쳐진"(melted and reduced/ one identity, VIII. 726-7행) 축제 군중의 모습은 복잡다기하고 기괴한 인간 군상에 대한 그의 따뜻한 해학과 공감과 애정을 담고 있기도 하다. 워즈워스는 성 바돌로메 축제의 혼란스런 모습이 "최고의 정신을 지닌 자"(highest mind, VIII. 729행)에게도 "압박감"(oppression, VIII. 729행)을 주며, "눈을 피로하게 하는"(weary out the eye, VIII. 731행) "제어할 수 없는 광경"(an unmanageable sight, VIII. 732행)임을 인정하지만, "햇볕에 그을린 아랍인의 눈"(the sun-burnt Arab's eye, VIII. 749행)과 같은 눈으로 "차분히 살펴보는 이에게는"(to him / Who looks in steadiness, VIII. 734-5행), 자연과 하나가 된 고귀한 야만인으로서 황야를 "배회하는 인디언"(The roving Indian, VIII. 747행)처럼, 영원한 자연풍경의 "단순함과 힘"(simplicity and power, VIII.744행)을 지니고 있음이 드러난다고 말한다. 따라서 8권의 끝에서 워즈워스는 런던 축제가 언뜻 보기에 "공허한 혼란"(blank confusion, VIII. 722행)처럼 보일 수 있지만, 실제로는 "차분함과 고상한 조화"(Composure and ennobling Harmony, VIII. 771행)의 "자연 정신"(The Spirit of Nature, VIII. 766행)을 대변하는 "위대한 도시 자체의 진정한 총화"([the] true epitome / Of what the mighty City is herself, VIII. 723-4행)임을 강조한다. 프랑스혁명과 런던 축제에서 재현된 인간상은 라블레 소설에 등장하는 거인처럼 하나의 거대하고 "기괴한 몸의 이미지"(the grotesque image of the body, *Rabelais and His World* 303)로 표상된다.

호반지역에서 성장하여 도시보다는 시골과 자연풍경을 좋아했던 워즈워스가 다소 양가적 어조에도 불구하고 런던 축제를 기본적으로 자연 정신을 구현하는 소박한 인간성의 총화로 그리는 것은 그의 독자들에게는 어쩌면 의외로 받아들여질 수 있다. 그러나 전체적으로 《서곡》 7권에 나타나는 워즈워스의 "도시수사학"(주혁규 189)은 서두의 자연풍경 속에서 한가로이 산책하는 워즈워스의 자유분방한 낙관적 정신과 일맥상통하는 것으로 읽혀진다. 프랑스혁명의 추이에 따라 시인의 상상력과 심미안은 상당히 손상되었지만, 워즈워스는 12권에서 물동이 이고 가는 소녀와 주변의 자연풍경이 부여하는 "환영적 황량함"(the visionary dreariness, XII. 256행)의 지극히 일상적이고 평범한 시점의 경험을 통해서, "신세계"([the] new world, XIII. 370행)에 대한 믿음과 함께 자연과 정신 사이 내외부의 균형잡힌 상호작용["A balance, an ennobling interchange / Of action from without and rom within," XIII. 375-6행]으로서의 "자연의 선물"(Nature's gift, XIII. 2행)인 상상력을 회복하게 된다. 마지막 14권에서 스노우든(Snowdon) 산 정상에서 최후 시점 경험에서 하늘에서 내리 비치는 달빛과 대조적으로 발 아래 구름의 터진 틈새로부터 올라오는 물소리와 바람 소리들의 합창(XIV. 56-61행)은 새알 훔치기와 알프스 정상에서의 경험처럼 축제에서와 같은 소란과 소음, 그리고 상하가 전도된 무질서와 혼돈의 세계를 연상케 한다.

알프스 정상에서의 환영적 경험과 같이, 스노우든 정상에서 바라본 자연의 모습은 인간 "정신" 혹은 상상력이 작용하는 과정을 보여주는 상징적 "표상"(the emblem, XIV. 70행)이다. 구름 위에 창창히 비치는 '아폴로적인'(Apollonian) 달빛은 저 아래 구름 사이에 터진 무한한 심연과 같은 곳으로부터 올라오는 '디오니소스적'(Dionysian) 소리들과 상호작용한다. 스노우든 정상의 전망(XIV. 70-74행)에서 인간 정신 혹은 상상력을 상징하는 달빛은 창세기 신화에서 혼돈 위에 운행하거나 그것을 품고 있는 성령에 해당하고, 구름의 터진 사이로 올라오는 소리들은 성령의 창조의 질료로서의 혼돈에 해당한다. 그러나 성서의 창세기에서는 태초에 하나님의 말씀이 있었고 그의 목소리가 빛을 처음 창조했음에 비해, 위의 구절에서는 저 밑으로부터 올라오는 혼돈의 목소리가 오히려 빛을 먹여 살린다. 다시 말하여 워즈워스 시에서 창조의 근원은 위에서 내리 비치는 달빛이라기보다 역설적으로 밑에서 솟아 올라오는 디오니소스 축제에서와 같은 '합창'(chorus)의 목소리이다.

이러한 맥락에서, 워즈워스는 이 장편시의 최종 결말에서 자신의 이상적 청자인 콜리지에게 다시 말을 걸면서, "대지"와 "인간의 정신"을 비교하는 가운데, 비록 괄호 안에 삽입된 구절이기는 하지만, 역사적으로 변화하는 인간 정신의 표상으로서 '혁명'의 가치를 재긍정한다.

인간의 정신은 그가 거주하는
대지보다 천 배 더 아름답게 되니, 이 사물의 틀을 넘어서
(대지는 인간의 희망과 두려움이 얽힌
모든 혁명 가운데서 여전히 변치 않고 남아 있으니)
아름다움에 기뻐하는 것은 그 자체의
품격과 구성에 있어 더욱 신성하기 때문이다. (XIV. 451-6행)

[T]he mind of man becomes
A thousand times more beautiful than the earth
On which he dwells, above this frame of things
(Which, amid all revolutions in the hopes
And fears of men, doth still remain unchanged)
In beauty exalted, as it is itself
Of quality and fabric more divine.

III

본장에서는 '시점'의 경험들을 포함하여 《서곡》의 중요 구절들이 암시하는 워즈워스의 희극적 목소리를 바흐친의 카니발 이론에 비추어 살펴보았다. 워즈워스 시의 핵심은 결국 자연과 인간, 그리고 양자 사이의 관계에 편재하는 어떤 신비한 우주적 힘의 정체를 다루는 데 있다. 워즈워스에게 그것은 특히 자연과 인간 삶의 일상적 규율과 관행을 전복하는 축제적 혼돈 및 무질서와 연관되는 것으로 보인다. 시점 경험에서 자연의 물리법칙은 전도되고 자연의 무정물은 인간처럼 말을 하거나 감정을 지닌 듯한 유정물로 형상화된다.여러 시점 경험에서 길을 잃고 헤매든가 상하가 전복된 혼란 상태, 그리고 걷잡을 수 없는 소용돌이와 같은 회전운동은 중세 민중축제의 전복적이고 무정부주의적 특성과 연관될 수 있다. 특히 워즈워스가 프랑스혁명의 혼돈을 런던의 성 바돌로메 축제에 비유하면서, 양자를 모두 다양하면서도 단결된 인간성의 총화로 긍정하는 것은 깊이 있게 음미해볼 만하다. 워즈워스에게 있어 자연과 인간의 역사와 사회, 그리고 시인의 상상력 자체를 추동하는 것은 결국 일상성의 세계를 전복하는 축제적 혼돈과 무질서의 힘이다. 프랑스혁명의 추이는 워즈워스에게 크나큰 정신적 좌절을 안겨주고 상상력의 상실을 초래하였지만, '자연' 속에서 회복된 상상력은 인간성과 혁명에 대한 믿음을 다시금 일깨워주었다. 이 장편시의 서두와 결말에서 공통적으로 발견되는 자유분방하고 낙관적인 희극성의 어조는 이를 잘 대변한다.

바흐친에 의하면, 중세 민중 축제에서 "민중의 해학"(folk humor)과 "웃음"(laughter, *Rabelais and His World* 12-13)은 존재론적으로 인간이 처한 사회와 역사와 우주의 '공포'를 극복할 수 있게 해주는 해방적 역할을 했다(*Rabelais and His World* 90-91). 워즈워스의 진지한 철학적 시에 덧씌워진 희극적 '큰 서술'(a master narrative)은 시인이 체험한 자연과 역사의 공포를 극복할 수 있게 해주는 상상력의 "축제적 웃음"(the carnival laughter, *Rabelais and His World* 11)을 형상화한다. 축제적 혼돈과 무질서는 창조적인 동시에 파괴적인 숭고성의 양가성을 지닌다. 개인적 시점의 경험과 프랑스혁명의 역사적 숭고성을 어떻게 상상력으로 재현할 수 있는가 하는 것은 시인으로서의 워즈워스에게 주어진 도전적 과제였다. 젊은 시절 워즈워스에게 프랑스혁명의 초기 단계는 마치 농신제의 황금기가 인류사에 실현되는 것처럼 보였지만, 혁명이 공포정치로 치닫고 혁명과 반혁명이 반복된 긴 역사적 과정은 부정적 의미에서 축제적 혁명의 폭력과 혼란상을 드러냈다. 그럼에도 불구하고 궁극적으로 혁명 군중과 런던 축제의 기괴한 인간 군상의 비유적 등치는 프랑스혁명과 런던 축제를 통해 통합된 미래 '인류 공동체'의 희망적 이미지를 암시한다. 바흐친의 카니발 이론에 비추어 볼 때, 평생을 통해 쓰고 개작했던 《서곡》에서 워즈워스는 자연과 인간세계에 공통적으로 내재하는 보편적, 우주적 정신의 '축제적', 해방적, 생성적 힘에 대한 신념과 희망을 끝까지 잃지 않았음을 되새겨 볼 수 있다.

인용문헌

여홍상. 〈워즈워스 시의 대화주의와 카니발적 상상력: 《서정담시집》의 몇 편의 시를 중심으로〉. 《비평과 이론》 14.2 (2009): 123-54.

주혁규. 〈워즈워스의 도시수사학: 〈서시〉 7권의 런던 읽기〉. 《신영어영문학》 47 (2010): 189-210.

Abrams, M. H. *The Correspondent Breeze: Essays on English Romanticism*. New York: Norton, 1984.

Bakhtin, Mikhail M. *Rabelais and His World*. Trans. Helene Iswolsky. Bloomington: Indiana UP, 1984.

———. *The Dialogic Imagination: Four Essays by M. M. Bakhtin*. Ed. Michael Holquist. Trans. Caryl Emerson and Michael Holquist. Austin: U of Texas P, 1981.

———. *Problems of Dostoevsky's Poetics*. Ed. & Trans. Caryl Emerson. Minneapolis: U of Minnesota P, 1984.

Bialostosky, Don. H. *Making Tales: The Poetics of Wordsworth's Narrative Experiment*. Chicago: U of Chicago P, 1984.

———. *Wordsworth, Dialogics and the Practice of Criticism*. Cambridge: Cambridge UP, 1992.

Danby. J. F. "'Simon Lee' and 'The Idiot Boy'." *Wordsworth: Lyrical Ballads*. Ed. Alun R. jones and William Tydeman. London: Macmillan, 1972.194-214.

Friedman, Michael H. *The Making of a Tory Humanist: William Wordsworth and the Idea of Community*. New York: Columbia UP, 1979.

Harrison, Gary. *Wordsworth's Vagrant Muse: Poetry, Poverty and Power*. Detroit: Wayne State U, 1994.

Langan, Celeste. *Romantic Vagrancy: Wordsworth and the Simulation of Freedom*. Cambridge: Cambridge UP, 1995.

3. 워즈워스의 〈수사슴이 뛰어내린 샘〉에 나타난 내재적 대화주의

I

윌리엄 워즈워스는 1799년 12월 17일에 누이동생 도로시(Dorothy)와 함께 요크셔의 리치먼드 인근을 여행하던 중에, 중세시대 그 지역 귀족의 전설적인 사냥 모험을 기리는 "유적"(the monuments)의 잔해를 발견하였다.[1] 그 유적은 사냥과 관련된 전설적 '샘'(the Well)을 표시하는 "잔 모양의 돌"(a cup of stone, 82행)과 "일렬로 서 있는 세 석주"(three pillars standing in a line, 107행)로 이루어져 있었다. 나중에 그 지역 농부로부터 그 샘의 유적과 관련된 수사슴 사냥 이야기를 전해들은[2] 워즈워스는 이를 시로 써서 1800년에 나온 《서정담시집》(*Lyrical Ballads*) 2판의 첫 작품으로 수록하였다. 워즈워스가 쓴 〈수사슴이 뛰어내린 샘〉("The Hart-Leap Well")은 샘과 관련된 중세시대 사냥 이야기를 1-2부에 걸쳐 반복적으로 기술한다는 점에서 그의 다른 시에서 찾아보기 힘든 독특한 서술적 특징을 지니고 있다.

이 작품에 대한 지금까지의 비평적 해석은 대체로 이를 동물권리

---

1 워즈워스의 〈수사슴이 뛰어내린 샘〉으로부터의 인용은 William Wordsworth and Samuel Taylor Coleridge, *Lyrical Ballads*, 2nd ed., Michael Mason, ed. (Harlow, UK: Pearson Education, 2007)를 사용한다. 기타 작품은 Stephen Gill, ed., *William Wordsworth* (Oxford & New York: Oxford UP, 1984)를 사용하며, 모두 본문 중에 행수로 표기한다.

2 이것은 워즈워스가 40년 후 친구 이사벨라 펜위크(Isabella Fenwick)에게 직접 언급한 말에서 확인된다(Chandler, "Hart-Leap Well" 10).

및 사냥 반대 등의 당대 사회적 문제나 생태학적 문제를 다룬 것으로 보거나(Perkins 421-45; Mortensen 296-311), 독일작가 뷔르거(Gottfried August Bürger)의 고딕 민요(Primeau 89-96)나 〈그래스미어의 집〉("Home at Grasmere")과 같은 워즈워스의 다른 작품과 비교하면서(Kenneth 500; Perkins 444), 워즈워스 시의 '자연적' 특성이나 그의 시적 변모 과정을 '우의적'으로 드러내는 것으로 해석하였다(Hartman 57; Chandler, "The Politics of 'Hart-Leap Well'" 112; McLane 168; 주혁규 203). 그런데 이러한 비평적 해석들은 같은 이야기를 두 번 반복하는 이 시 특유의 복잡하고 미묘한 서술방식에 대한 자세한 텍스트 내재적 분석에 있어서는 공통적으로 미흡한 측면이 있다. 예컨대, 비알로스토스키(Don H. Bialostosky)와 퍼킨스(David Perkins)는 1부 서술자가 월터 경에 동정적이거나 그와 동일시한다고 보며(90; 426), 하트만(Geoffrey Hartman)과 매클레인(Maureen M. McLane)은 1부가 중세 기사 로맨스와 같은 균질적 장르를 표방한다고 해석한다(67; 168). 그러나 자세히 살펴보면, 1부에는 본장의 본론에서 분석하고 있는 바와 같이, 월터 경의 시각과 대조되는 말, 개, 수사슴 같은 동물의 다른 시각들이 있다. 또한 비평가들은 주로 1-2부 사이의 서술 방식이나 문학적 장르의 '차이'만을 강조하였지만, 오히려 텍스트 여기저기에 제시되어 있는 그들 사이의 미묘한 상호 관련성에는 충분한 주의를 기울이지 못했던 것으로 보인다.[3] 따라서 이 시가 제시하는 독특한 서술 방식은 지금까지 워즈워스 비평가들이 다룬 것보다는 좀더 세밀하고 심층적인 비평적 해석이 요구된다고 할 수 있다.

이 글에서는 두주(頭註)로부터 1-2부에 걸쳐 이 시의 반복적 서술이 내포하는 다양한 초점자와 다성적 목소리들을 포함하여 텍스트 내의 각 부분들이 긴밀하게 상호작용하는 양상을 러시아의 비평가 미하일 바흐친(Mikhail M. Bakhtin)의 '대화주의'(Dialogism) 이론 및 서술자 '목소

3 물론 퍼킨스와 챈들러는 1-2부 서술의 "양가성"(ambivalence)을 강조하기도 하지만, 그것을 이 글에서처럼 시 전체의 자세한 서술학적 독해로까지 연결짓지는 않는다(422; "The Politics" 118).

리'(voice)와 '초점자'(focalizer)를 구분하는 현대 서술이론의 시각에서 새롭게 조명해보고자 한다. 바흐친은 주로 소설담론의 대화성을 분석하는데 대부분의 비평적 논의를 집중하고 있지만, 서정시와 같은 시 장르의 담론도 기본적으로 청자를 전제로 한다는 점에서 "내적 대화"(internal dialogism)를 포함한다는 것을 부정하지 않았다(278). 워즈워스의 시 해석에 바흐친의 대화이론을 적용시킨 대표적인 경우로 비알로스토스키(Don H. Bialostosky)의 저서를 들 수 있지만, 〈수사슴이 뛰어내린 샘〉에 대한 해석에 있어서는 필자와 입장이 사뭇 다르다. 마코브스키(Michael Macovsky)는 본 시에 대해 "시적 목소리의 **다성적** 재현"(the *polyphonic* representations of poetic voices, 강조 첨가)이라고 논평하지만, 시 자체에 대한 자세한 분석은 제시하지 않는다(44). 이들의 견해에서 한 걸음 더 나아가서, 워즈워스의 시는 흔히 1인칭과 3인칭 서술을 뒤섞고, 서술자와 등장인물 사이의 대화를 활용하며, 서술자의 목소리와 작중인물의 초점 사이의 상호작용을 전경화한다는 점에서, 폭넓은 의미에서 '대화주의'적 전략을 구사한다고 말할 수 있다(여홍상 124-25 주석 2).

서술에 있어 목소리와 초점의 두 요소는 부분적으로 겹칠 수 있고, 한쪽이 다른 쪽을 포괄할 수도 있다(Wales 478, 179; Abrams 156-57; Bal 100-14). 초점자(focalizer)라는 용어는 프랑스 비평가 제라르 제넷(Gérard Genette)이 처음 사용하였으며, 전통적인 '관점'(perspective)이나 '시각'(angle of vision)에 해당한다. 물론 서술자(narrator)는 주 초점자이지만, 서술자의 목소리와 작중인물의 초점이 구분되는 경우도 있다(Myers & Simms 179). 제넷의 서술이론이 '초점' 중심이라면, 바흐친의 담론이론에서는 '이중 목소리'(double voice)의 경우처럼, '목소리'의 개념이 중요하다(Myerrs & Simms 478). 두 용어의 정의와 적용 범위에 대해서는 논란이 있지만, 여기에서는 간단히, '목소리'는 누가 말하고 있는가 하는 문제(speaker)로, '초점'은 누구의 눈을 통해 보고 있는가 하는 문제로 각각 정의하고자 한다. 서술의 목소리와 초점의 두 가지 요소를 중심으로 볼 때, 〈수사슴이 뛰어내린 샘〉의 두주와 1-2부는 다양한 초점자와 서술자의 목소리를 활용하면서, 뷔르거의 고딕 민요에 대한 간접적 논평을 포함하여 여러 가지 상호 지시적 초논평(cross-referential metacommentary)[4]들을 통해서 마치 뫼비우스의 띠처럼 긴밀하게 상호 연결되는 독특한 텍스트 내재적 대화주의를 구현한다고 볼 수 있다.

II

〈수사슴이 뛰어내린 샘〉을 읽는 독자들은 본 시에 들어가기 전에 먼저 시 제목 아래에 주어진 비교적 긴 '두주'에서, 서론에서 잠깐 인용한 바와 같이 시인의 전기적 입장에서 시작(詩作)의 유래와 배경에 대한 상당히 자세한 설명에 접하게 된다. 제목과 본 시 사이에 위치하는 두주는 물론 시 텍스트의 일부이지만 본 시 자체는 아니며 본 시 서술의 바깥에서 그것과 일종의 상호텍스트적 관계를 형성한다. 워즈워스의 다른 지형학적 시들(topographical poems)의 긴 제목(〈틴턴사원〉["Tintern Abbey"])이나 서두 부분(〈마이클〉["Michael"])이 그러하듯이, 〈수사슴이 뛰어내린 샘〉의 두주는 시작의 소재나 배경이 되는, 시인이 목격한 특정한 자연풍경 혹은 역사적 유적의 '시공간'(時空間, chronotope)에 대한 구체적 정보를 제공한다.

> 수사슴이 뛰어내린 샘은 요크셔의 리치몬드에서 약 5마일 떨어진 곳에 있는 조그만 샘으로, 리치몬드에서 애스크릭(Askrigg)으로 가는 길 옆 부근에 있다. 그 이름은 괄목할 만한 사냥감 추격에서 유래했는데, 다음 시의 2부에서 언급되는 유적이 그것을 기념하는 보존물이며, 그 유적은 내가 여기 묘사한 바대로 현존한다. (168)

4 여기에서는 이 용어를 '텍스트 내의 다른 부분을 지칭하는(cross-referential) 이야기 전개보다 서술방식 자체에 대한 언급(metacommentary)'이라는 의미로 사용한다. 워즈워스는 자신의 '실험적 시'에 대한 독자의 공감적 이해를 구하기 위해 때때로 이러한 자기반조적 초논평을 사용하였으며, 〈수사슴이 뛰어내린 샘〉은 바로 그런 예라 할 수 있다.

> Hart-Leap Well is a small spring of water, about five miles from Richmond in Yorkshire, and near the side of the road which leads from Richmond to Askrigg. Its name is derived from a remarkable chase, the memory of which is preserved by the monuments spoken of in the second part of the following poem, which monuments do now exist as I have there described them.

두주에서 전기적 존재로서의 시인은 요크셔 지역 '여행자'이자 일종의 향토 '역사가'의 목소리를 빌어 독자에게 직접 말을 건다. 시인은 두주의 첫 문장에서 문제의 샘의 정확한 지리적 위치를 독자에게 알려줌으로써 그의 시가 단순히 시인이 만들어낸 허구가 아니라 실제 사실에 근거하고 있음을 강조한다. 뒤이어 두 번째 문장은 이 샘의 이름이 2부에 나오는 사냥 이야기에서 유래했음을 밝힌다. 두주는 본 시에 대한 주해와 초논평을 제공하는 동시에 본문 텍스트에 대한 명시적 지시를 통해 상호텍스트성을 수립한다. 두주는 본 시의 이해를 돕기 위한 도입부로서 제목과 본 시 사이에 위치하지만, 거꾸로 두주 내용을 제대로 이해하기 위해서 독자는 2부 이야기의 내용을 이미 알고 있어야 하는 역설적 상황이 벌어진다. 두주의 후반부 설명은 2부의 내용을 읽어본 후에야 제대로 이해될 수 있다는 뜻이다. 워즈워스의 시는 출발점에서부터 두주와 본 시 사이의 상호 지시성을 통해 서술적 시간을 뒤집어서 앞뒤가 맞물려서 거꾸로 이어지는 뫼비우스의 띠와 같은 특이한 서술방식을 구현한다.

두주의 화자가 자신의 지형학적 시학을 위해 일종의 지방 여행자 혹은 향토 역사가의 마스크를 취했다면, 샘 이름의 유래와 관련하여 중세 시대 한 귀족의 사냥 이야기를 본격적으로 다루는 본 시의 1부는 일종의 중세 기사 로맨스의 서술양식을 취한다. 1부는 3인칭 서술을 사용하여 마치 서사시의 시작 부분처럼, 월터 경이 사냥 도중에 지친 말을 갈아타기 위해 신하에게 돌아오는 이야기의 중간으로부터 시작한다. 서술자는 이야기 밖에 있는 제3의 객관적 관찰자이며 초점자는 이야기 속의 주인공 월터 경이다. "기사는 웬슬리 황야로부터 말을 타고 내려왔다 / 여름날 구름처럼 느릿느릿하게"(The Knight had ridden down from Wensley moor / With the slow motion of a summer's cloud, 1-2행). 1부 초반에서 서술자는 월터 경을 주 초점자로 활용한다는 점에서 서술자의 목소리는 일단 주인공의 시각 / 입장과 공감하거나 동일시한다고 볼 수 있다(Bialostosky 90). 월터 경이 세 번째 갈아탄 말과 세 마리 사냥개들도 처음에는 오로지 사냥감 추격에만 매진하는 주인의 활기와 정열과 흥분과 부산스러움을 함께 나누며 사냥에 기꺼이 동참한다(9-10행; 17-22행). 이와 같이 1부 초반부에서 월터 경은 활력과 용기와 인내심과 통솔력을 지닌 매력적 인물로 그려진다. 그러나 사냥개와 다른 일행은 이윽고 긴 추격에 지쳐서 뒤처지게 되고 결국 추격자 월터와 수사슴 단둘이만 남게 된다.

> 무리는 어디 있나, 추격의 소동은?
> 그렇게 즐겁게 불어대던 나팔은? —
> 이 추격은 이 세상의 것처럼 보이지 않는다;
> 월터 경과 수사슴만 홀로 남았다. (25-28행)
>
> Where is the throng, the tumult of the chase?
> The bugles that so joyfully were blown? —
> This race it looks not like an earthly race;
> Sir Walter and the Hart are left alone.

1부의 서술이 진행되어 감에 따라, 서술자는 소란과 정적, 운동과 정지, 무리와 고독, 현전과 사라짐 사이의 지속적 대조를 통해 월터 경의 "그 영광스런 날"(that glorious day, 8행)의 영웅적 모험담을 암암리에 전복한다. 이러한 대조는 서술자가 1부 초반부에서 "그러나"(But)로 시작되는 역접 구문을 반복적으로 사용하는 것과 연관된다(11, 15, 23, 32행). 시작 부분에서 "다른 말을 대령하라"(Bring another horse!, 4행)는 월터 경의 외침, 홀을 떠날 때의 "소동"(A rout, 13행)과 말발굽의 으르렁거리는 듯한 "반향"(the echoes, 14행), 사냥개들을 꾸짖고 격려하는 그의 목소리(21-22행)와 요란한 "나팔소리"(The bugles, 26행), 그리고 "새매처럼 날아가며"(like a falcon flies, 11행) "방향을 바꾸는 바람처럼 쉴 새 없이 움직이고"(restless as a veering wind, 19행), 마지막으로 쓰러진 수사슴 "주위를 북남서 사방으로 걸어서 맴도는"(walked all around, north, south and west, 47행) 월터 경의 소란스런 움직임과 대조적으로, 처음부터 홀의 "분위기에는 침울한 정적이 감돌고"(There is doleful silence in the air, 12행), "말과 사람은 몽땅 사라지며"(horse and man are vanished, one and all, 15행), 힘들게 따라오던 "개들은 산 고사리 사이에서 뻗어버리고"(The dogs are stretched among the mountain ferns, 24행), 마지막 동반자인 말은 긴 추격에 지쳐 "말없이"(dumb, 38행) 서 있으며, 죽어가는 수사슴 곁에서 "샘물은 고요히 떨고 있었다"(The waters of the spring were trembling still, 44행)고 묘사된다. 1부의 서술자는 인간-주인공과 동물-조연들의 상이하며 대조적인 '양가적'(주석 3 참고) 시각을 통해 월터 경의 영웅적 사냥 모험담의 장르적 헤게모니를 문제화하며, 수사슴과 단둘이 남겨진 월터 경의 사회적 소외를 강조한다. "그를 따르는 추종자, 개, 사람, 머슴애, 아무도 없었다(He had no follower, dog, nor man, nor boy, 34행).

"그는 자신의 전리품을 조용히 즐기며 지켜보았다([H]e gazed upon his spoil with silent joy, 36행)라는 구절이 암시하듯이, 실신한 여인처럼 옆으로 누워 "마지막 깊은 신음소리"(the last deep groan, 43행)를 내며 죽어가는 수사슴의 모습을 "너무나 행복하게"(too happy, 45행) "지켜보고 또 지켜보는"(gazed,and gazed, 48행) 월터 경의 "그렇게 기쁨에 찬 경우"(such a joyful case, 46행)는 가학적인 엿보기를 즐기는 그의 변태적인 유사성적 욕망을 잘 보여준다(Perkins 439). 반면에, 수사슴이 세 번의 큰 도약을 시작한 벼랑 위의 "새싹이 돋는 땅"(the verdant ground, 53행)과 최후의 죽음의 장소로 선택한 절벽 아래 '샘'은 (나중에 2부의 목동의 이야기와 연관시켜 볼 때) 자연의 원초적 생명 혹은 재생의 원형적 상징(archetypal symbol)으로 볼 수 있다. 월터 경의 영웅적 모험담과 대조되는 수사슴을 포함한 다른 동물들의 희생자 내지 수동적 피해자로서의 시각은 동물 사냥의 잔혹함에 대한 독자들의 공감적 이해를 일깨운다.

1부 후반은 월터 경 자신의 말을 상당히 길게 직접 인용한 후 이에 대해 서술자가 후기를 덧붙이는 형식으로 되어있다(53-76행; 77-96행). 그는 마치 콜리지(S. T. Coleridge)의 시 〈쿠블라 칸〉("Kubla Khan")의 몽고 황제처럼 자신의 영지에 "환락관"(a Pleasure-house, 57행)과 더불어 연인들을 위한 "조그만 정자"(a small Arbour, 58행)를 짓고, 수사슴이 최후를 맞이한 샘에는 돌 "수반"(A bason, 62행)을 놓고 그곳을 "수사슴이 뛰어내린 샘"(64)이라 명명하고, 수사슴이 도약을 시작한 절벽 위에는 "각각 거칠게 다듬은 세 줄의 여러 돌기둥"(Three several pillars, each a rough hewn stone, 67행)을 놓아 기념하고, 여름날이면 연인과 유희들과 음유시인과 함께 즐길 것이며, "산의 기반이 허물어질 때까지 / 정자가 있는 나의 저택은 굳건할 것이다"(Till the foundations of the mountains fail / My mansion with its arbour shall endure, 73-74행)라고 예언한다. 뒤이은 서술자의 후기는 월터 경이 그의 계획을 실행에 옮겨서 자신이 바라던 대로 그렇게 즐기면서 살다가 자연스레 죽었음을 확인한다.

그러나 월터 경 자신의 말과 서술자가 반복하는 후기의 내용에는 부분적으로 중요한 차이가 있다. 예컨대, 후기의 첫 부분에서 월터 경이 그의 말을 마치고 죽은 수사슴을 그대로 두고 떠나는 장면은 희생당한 동물에 대한 일말의 동정심이나 양심의 가책마저 결여된 비인간성을 잘 드러내어 준다. "그리고 꼼짝없이 죽은 수사슴은 뒤에 남겨둔 채, 그는 집으로 돌아갔고, / 숨이 끊어진 수사슴의 콧잔등은 샘 위에 놓여 있었다(Then home he went, and left the Hart, stone-dead, / With breathless nostrils stretched above the spring, 77-78행). 그렇게 힘들게 사냥한 사냥감을 그대로 두고 떠나는 것은 중세시대 이래 지배계층의 동물 사냥이 고대 원시인처럼 식량을 마련하기 위한 실용적 목적을 위한 것이라기보다, 여우 사냥에서 볼 수 있듯이 동물–사냥감을 일방적 희생물로 삼는 사회지배층의 가학적 여흥을 위한 것이었음을 상징적으로 드러낸다.[5] 워즈워스 시에서 시골 하층민인 목동이 과거 시골 지배계급의 잔혹한 여흥의 희생물인 동물의 입장에 공감하는 것은 퍼킨스가 지적하는 워즈워스 당시 영국 사회에서 사냥의 사회적 쟁점과 관련된 계급적 문제(433)를 반영하는 것이라 볼 수 있다.

1부 후반부에서 서술자는 월터 경 자신의 말을 직접 길게 인용함으로써, 다시금 그의 시각에 공감하는 듯 그의 서술을 끌고가지만, 곧 이어지는 객관적 서술의 시각을 통해서 독자들에게 월터 경의 잔혹성과 비인간성을 은근히 암시하고자 한다. 1부 전반부의 3인칭 서술이 월터 경과 수사슴을 포함한 동물들의 이중적 초점을 대조적으로 사용하며 인간-주인공의 영웅적 모험담을 동물–희생자의 입장에서 전복하고자 한다면, 후반부는 월터 경 자신의 말과 서술자의 객관적 후기를 병치시킴으로써 월터 경의 헛된 자만심과 명예욕, 동물에 대한 동정심의 결여, 그리고 자연물을 희생으로 삼아서 지배층의 예술과 문화를 특권화·우선화하는 그의 비인간성을 암암리에 고발한다. 사실 1부에서 서술자가 수사슴을 포함한 여러 동물들과 그 자신의 객관적 시각을 통해 월터 경을 주인공으로 하는 '영웅적' 모험담을 문제화하는 것은 월터 경과 서술자가 후기에서 공통적으로 언급하는 "음유시인의 노래"(the minstrel's song, 71, 91행)에 대한 '희화'(parody)라고 할 수 있다. 비록 워즈워스 시에서 그 내용이 소개되지는 않지만, '음유시인의 노래'는 아마도 월터 경의 수사슴 사냥의 '위업'을 칭송하는 것이 아니었을까 짐작해볼 수 있다. 워즈워스의 시는 텍스트 속의 텍스트, 시 속의 시라고 할 수 있는 '음유시인의 노래'를 한편으로 모방하는 척하면서, 오히려 이를 대안적 시각을 통해 문제화하고 있다고 볼 수 있다. 바꾸어 말해서,

5 워즈워스의 시는 사냥꾼과 사냥감의 관계에만 집중하는 반면에, 뷔르거의 〈야생의 사냥꾼〉은 귀족 사냥꾼이 사냥하는 과정에서 인근 하층민들에게 끼치는 경제적, 인적 피해를 고발하는 사회 항거적 주제를 중요하게 다룬다고 모텐슨(Peter Mortensen)은 지적한다(301).

워즈워스의 시는 텍스트 내의 텍스트에 대한 희화적 자기-지시성(self-referentiality)을 통해서 일종의 텍스트 내재적 대화성을 구현한다고 말할 수 있다. 1부의 종결 부분에서 서술자가 월터 경의 죽음과 장례를 언급한 뒤에, "그러나 두 번째 시의 소재가 있으니, 나는 여기에 다른 이야기를 덧붙이겠다"(But there is matter of a second rhyme,/ And I to this tale would add another tale, 95-96행)고 말하면서 2부 이야기로의 연결을 시도하는 것도 (서술적 위상에 있어 조금 다른 차원이기는 하지만) 역시 텍스트 내의 상호 지시적 초논평을 통해 내적 대화주의를 구현하는 예라고 볼 수 있다.

III

2부는 서술자의 또 다른 흥미 있는 초논평으로 시작한다.

> 감동적인 사건은 나의 전문(專門)이 아니며,
> 피를 얼어붙게 하는 것은 나의 능기(能技)가 아니다;
> 내가 좋아하는 것은, 여름날 그늘에서 홀로,
> 사려 깊은 심성을 지닌 이를 위해 피리로 소박한 곡을 부는 것이다. (97-100행)

> The moving accident is not my trade,
> To curl the blood I have no ready arts;
> Tis my delight, alone in summer shade,
> To pipe a simple song to thinking hearts.

서술자가 시 텍스트 안에서 자신의 시의 특성에 관해 논의하는 이러한 초논평적 구절은 워즈워스의 〈늙은 사냥꾼, 사이먼 리〉("Simon Lee, the Old Huntsman")[6]와 같은 다른 시에서도 발견된다. 위에 인용된 구절은 프

6 이 시의 서술자는 늙은 사냥꾼이 나무 등걸을 패는 것을 도와준 하찮은 이야기를 독자들이 그래도 "친절하게"(kindly) 하나의 "이야기"(A tale)로 받아주기를 간청한다(69-80행).

리모(John Primeau)가 지적하듯이 당시 영국에서 대중적 인기를 누렸던 뷔르거의 초현실적인 고딕 민요에 대한 풍자적, 비판적 논평으로 해석될 수 있다(89-90). 영역되어 소개된 뷔르거의 초자연적인 공포 민요 〈르노르〉("Lenore")와 〈야생의 사냥꾼〉("The Wild Huntsman")은 당시 영국 독자들에게 큰 인기를 끌었는데, 워즈워스 자신은 그러한 "헛되고 터무니없는 전도된 이야기들의 홍수와 …… 격렬한 자극에 대한 천박한 욕구"(the deluges of idle and extravagant stories inverse ... and the degrading thirst after outrageous stimulation, Primeau 89 재인용)에 대해 매우 거부감을 느꼈다고 한다(Primeau 90).

뷔르거의 〈야생의 사냥꾼〉에서 귀족 주인공은 결국 어두운 숲속의 초자연적인 힘에 의해 징벌을 받게 되는 반면에, 월터 경은 아무런 재난을 당하지 않고 그가 바라던 향락적 삶을 끝까지 누리다가 생을 마감한다. 1부의 서술에서 볼 수 있듯이. 워즈워스의 시는 뷔르거의 민요처럼 초자연적 공포를 불러일으키는 대중적 취향에 호소하기보다, 지극히 일상적이고 사실주의적 차원에서 사냥하는 인간의 '도덕적'·'심리적' 문제(가혹한 폭력적, 변태적 욕망과 자만심, 헛된 명예욕)를 제기하는 데 관심을 집중한다. 따라서 2부 시작 부분의 위 인용문과 관련하여, 앞서 1부 8연의 또 다른 부분적 초논평(아래 인용문의 강조된 부분)에서 서술자는 수사슴을 추적하는 중간 과정의 외면적 사건 전개에 대한 이야기는 모두 생략하겠다고 선언하면서, 수사슴이 죽기 직전 월터 경이 그를 계속 지켜보는 상징적 장면을 묘사하는 데 이하 모든 서술의 초점을 맞춘다.

> 가련한 수사슴은 산허리를 따라 힘겹게 나아간다;
> **나는 여기에서 멈춰서 그 녀석이 얼마나 멀리 달아났는지 말하지 않을 것이며,**
> **그녀석이 어떻게 죽었는지도 언급하지 않겠다;**
> 그러나 이제 기사는 그 녀석이 죽어가는 것을 지켜보고 있다. (29-32행, 강조 첨가)

The poor Hart toils along the mountain side;
I will not stop to tell how far he fled,
Nor will I mention by what death he died;
But now the Knight beholds him lying dead.

말하자면, 워즈워스의 서술자는 1-2부의 초논평적 구절들의 상호지시성을 통해서, 뷔르거 텍스트와의 '외적 대화성'(external dialogism) 또는 '상호텍스트성'(intertextuality)을 그 자신의 텍스트 내의 '내적 대화성'(internal dialogism)으로 변용시키고 있다고 하겠다.

워즈워스 시의 2부는 물론 1부 다음에 나오지만, 사실 1부의 서술의 연원을 밝혀준다는 측면에서, 시 창작과정에서는 1부보다 앞선다고 할 수 있다. 위에 인용한 첫 연에 이어서, 전기적 측면에서 시인 자신을 대변한다고 볼 수 있는 서술자는 2연 이하에서 두주에서 밝힌 바와 같이 호즈(Hawes)에서 리치먼드로 여행 중에 어떤 골짜기에서 오랜 샘의 유적("세 열주"[three pillars standing in a line, 107행]와 "사시나무들"[aspens, 103행])을 만나게 된다. 이 황량한 풍경에 의아해 하던 서술자는 우연히 그곳을 지나가던 목동으로부터 그 유적의 역사적 연원을 듣게 된다.

목동은 멈춰서, 이야기를 들려주었는데,
그것은 바로 내가 앞 시에서 재연한 것이었다. (121-22행)

The Shepherd stopped, and that same story told
Which in my former rhyme I have rehearsed.

1-2부 사이의 이러한 또 다른 상호 지시적 초논평의 예에서 흥미로운 것은 서술자가 목동의 이야기를 '재연했다'(rehearsed)라는 표현이다. 일단 이 말은, 사실 목동 자신이 워즈워스처럼 운율이 있는 시로 이야기했을 리는 없으므로, 목동이 한 이야기 내용을 워즈워스가 그의 세련된 시로 다시 썼다고 해석할 수 있겠다. 사실 목동이 정확하게 어떤 식

으로 월터 경의 이야기를 했는지 독자들은 직접 알지 못하며, 다만 서술자가 1부에서 하는 이야기를 통해 간접적으로 유추해볼 수 있을 따름이다. 위의 인용 구절 이후에, 목동은 시골사람 특유의 미신적 상상력에 의해, 현재 그곳의 자연풍경이 영원한 겨울철처럼 그렇게 을씨년스럽고 동물들이 그곳 샘에 와서 물을 마시려 하지 않는 것은 아마 월터 경의 잔혹한 사냥의 결과로 그 샘과 "그 지역이 저주를 받았기"(the spot is cursed, 124행) 때문일 것이라 추측한다(138-40행).

워즈워스 시의 서술자는 목동의 '미신적' 이야기를 그대로 따르지는 않지만, 앞의 논의에서 살펴보았듯이, 월터 경의 음유시인이 읊었을 법한 영웅적 기사 모험담을 동물의 입장에 공감하는 대안적 시각을 통해 근본적으로 문제화한다는 측면에서, 양자는 기본적으로 과거 지배층의 역사적 유물에 대해 공통된 입장을 취한다고 할 것이다. 따라서 1부의 서술은 수사슴–희생자에 동정적인 목동의 시각을 적극 반영하는 시적 '재연'이라고 해석할 수 있겠다. 이렇게 볼 때, 1부 서술의 의미는 2부 이야기와의 내재적 대화성 혹은 내재적 상호텍스트성을 통해서만 제대로 이해될 수 있다. 독자들은 2부를 읽은 후 다시 1부로 돌아가서 워즈워스 시의 미묘한 서술 전략을 꼼꼼히 되짚어볼 필요가 있다. 거듭해서 1-2부는 마치 뫼비우스의 띠처럼 순환하는 구조로 상호 연결되어 있다.

1부 후반부가 월터 경의 말을 길게 인용한 후 서술자의 후기로 이어졌다면, 2부의 후반부는 이와 대칭되게 목동의 말을 길게 인용한 후 서술자의 보충적 후기로 결말을 짓는다. 2부는 객관적 서술형식을 유지하지만, 서술자가 이야기 속의 인물이 되어 목동의 이야기를 듣고 응답하는 두 사람 사이의 '대화' 형식으로 되어 있다는 점이 중요하게 다르다. 1부의 서술자가 과거 중세시대로 돌아가서 이야기의 바깥에서 월터 경의 사냥 장면을 목격하고 있는 객관적 관찰자의 입장을 취했다면, 2부의 서술자는 두주에서와 같이 현재(19세기)로 돌아와, 월터 경이 살고 사냥했던 지역을 여행하면서 그곳의 지리 · 역사에 대해 관찰하고 보고하는 전기적 시인으로서, 자신이 전개하는 이야기 속에 존재하는 1인칭 화자이다. 목동은 2부 서술자가 인용하는 그의 이야기의 후반부에서, 수사슴이 구태여 그 샘까지 도약해서 죽음을 맞이한 것은 아마도 거기가 수사슴이 원래 태어나고 성장한 곳이기 때문이 아닐까 생각한다. 지금도 수사슴의 '마지막 깊은 신음소리'에 동조하듯이 "이 샘물은 구슬픈 신음을 내뱉는다"(This water doth send forth a dolorous groan, 136행). 수사슴에게 어미와 같은 존재인 샘물은 만물을 낳고 길러주는 대자연의 원초적 생명력의 상징이다. 수사슴을 죽임으로써 그 샘과 인근 자연을 황폐하게 만든 월터 경의 사냥 모험과 그의 환락관이 대변하는 자연 파괴적인 인간 문명은 기나긴 세월의 흐름 속에서 역시 폐허로 변해 버렸다.

목동은 1부에서 희생자–대상으로만 비쳐졌던 수사슴의 이야기를 그의 "소박한"(simple, 146행) 공감적 상상력을 통해 수사슴 자신의 입장이 되어 수사슴의 삶과 최후의 순간을 추적해보고자 한다. 목동은 도대체 "무슨 생각이 그 녀석의 머리를 스쳤을까!"(What thoughts must through the creature's brain passed!, 142행) 하고 궁금해 한다. 물론 목동의 이야기에서도 수사슴은 3인칭 대명사 "그"(he)로 지칭되지만, 1부의 객관적 서술과 달리 그는 수사슴 자신을 주 초점자로 삼음으로써 수사슴의 입장에서 그의 마지막 '도약'의 신비를 이해해보려 애쓴다(141-56행). 샘 곁에서 태어나 그 물로 목을 축이고 그곳 나무와 풀과 새와 더불어 살아온, 그가 그리는 수사슴의 모습(149-56행)은 타락 이전 낙원에서 자연과 합일되어 살아가는 '고귀한 야만인'이자 순진무구한 '어린이'의 신화적 표상이다. 1부의 월터 경이 자신의 환락관이 영원할 것이라는 일종의 예언으로 그의 말을 끝냈다면, 2부의 목동은 반대로 사냥의 저주로 황폐화된 이곳 자연이 영구히 회복되지 못할 것이라는 미래에 대한 어두운 전망으로 끝맺는다(157-60행).

목동의 이야기를 경청한 서술자는 그의 말에 기본적으로 동의하지만, 수사슴과 자연의 관계 및 그곳 자연풍경의 먼 앞날에 대해서는 조금 생각을 달리한다. 지식인–시인인 서술자는 목동보다는 좀더 낙관적이고 긍정적인 입장에서 수사슴이 쓰러질 때, 자연이 무관심하지 않았으며, "성스런 **공감**으로 그의 죽음을 슬퍼했다"(His death was mourned by *sympathy* divine, 164행, 강조 첨가)고 믿는다. 그 '성스런 공감'은 바로 워즈워스의 〈틴턴사원〉이나 콜리지의 〈풍금〉("An Aeolian Harp")에서와 같은 '범신론적'(pantheistic) 자연관에서 유래하는 것이다.[7] 그리하여 시인–여행자는 장구한 세월이 지나면 자연은 스스로 아름다움을 회복하여, 이 쇠락하도록 내버려둔 인간문명의 흔적을 모두 '뒤덮을' 것이라고 예상한다.

> 그러나 자연은 적당한 시간이 지나면, 또다시
> 여기에 아름다움과 꽃피움으로 치장할 것이다.
>
> 그녀가 이 사물들을 쇠락하도록 내버려두는 것은,
> 우리의 현재와 과거를 알리기 위함이니,
> 그러나 좀더 온화한 시절이 오면,
> 이 기념물들은 모두 뒤덮일 것이다. (171-76행)
>
> But Nature, in due course of time, once more
> Shall here put on her beauty and her bloom.
>
> She leaves these objects to a slow decay,
> That what we are, and have been, may be known;
> But, at the coming of a milder day,
> These monuments shall be all overgrown.

과거 월터 경의 사냥 모험과 그의 연회적 삶이 영원한 '여름'을 구

7 "구름과 대기에 있는 그 **존재**는 …… 그가 사랑하는 조용한 피조물들에 대한 / 깊은 존중심을 유지한다"(The *Being*, that is in the clouds and air / ... Maintains a deep and reverential care/ For them the quiet creatures whom he loves, 165-68행, 강조 첨가).

가하는 것이었다면, 현재 목동이 목격하는 황량한 자연풍경은 영원한 '가을'이나 '겨울'에 머물러 있으며, 반면에 서술자는 먼 앞날 새로운 '봄'의 도래를 예견한다. 이 시의 결말은 콜리지의 〈노수부의 노래〉("The Rime of the Ancient Mariner")와 같이, 어떤 미물이라도 자연세계의 생명을 해치면 안 된다는 "하나의 교훈"(One lesson, 177행)으로 끝맺는다(177-80행).

1-2부를 통틀어 독자는 월터 경, 목동, 시인–여행자의 세 가지[8] 예언을 접한다. 1부에서 과거 월터 경의 예언은 그대로 실행되었지만, 현재 목동이 관측하듯이 그의 기념 건축물들은 모두 폐허가 되고 말았다. 2부 서술자는 먼 미래에 '자연'이 역사의 흔적을 '뒤덮고' 모든 것을 회복시켜 줄 것이라 믿는다. 이 시의 결말에서 '자연'의 재생적 힘에 대한 믿음은 워즈워스가 '역사'를 '자연'으로 "치환"(displacement, McGann 84)하는 '보수화'의 전환점을 보여주는 것이라고 아마 맥간(Jerome J. McGann) 같은 역사주의 비평가는 비판할 것이다. 퍼킨스(David Perkins)는 이 시와 사냥의 사회적 문제를 결부 짓는 중요한 논문에서, "좀더 온화한 시절이 오면"(175행)이라는 구절을 뒤에 워즈워스와 도로시가 그래스미어(Grasmere)의 안락한 집[9]에 정착한 삶을 예견하는 '유토피아적' 인류 공동체의 꿈을 나타낸다고 해석하였다(444). 그런데 퍼킨스는 논문의 말미에서 의외로, 자연이 인간 문명과 역사의 자취를 '뒤덮을' 것이라는 이 시의 결론에 대해, 이를 워즈워스의 "인간혐오주의"(misanthropy, 445)의 표현으로 읽는 극단적 해석을 제시한다. 이 시의 결론을 워즈워스의 정치적 보수화나 인간혐오주의로 읽는 해석들은 2부의 서술에서 서술자의 후기가 앞선 목동 이야기를 대체하거나 그것

8 이 시에서 '3'이라는 숫자는 매우 중요하다. 세 마리 사냥개가 등장하고, 수사슴은 샘을 향해 세 번의 도약을 했으며, 월터 경이 세운 석주는 세 줄로 서 있고, 사시나무 세 그루가 함께 서 있다. 그리고 서술자, 월터 경, 목동의 세 화자가 등장한다. 그러나 워즈워스가 왜 이처럼 3이라는 숫자를 반복적으로 사용하고 있는지는 분명치 않다.

9 워즈워스가 나중에 쓴 〈그래스미어의 집〉("Home at Grasmere")에는, '수사슴이 뛰어내린 샘'을 방문했을 때 겪은 "몽환"(the trance, 236행)과 같은 경험의 철학적, 초월적 의미에 대해 길게 명상하는 구절이 나온다(236-56행).

보다 우월한 위치에 있다는 전제에서 출발한다. 그러나 애초에 목동에게 들은 이야기가 없었다면 워즈워스의 시는 쓰이지도 않았을 것이다. 이미 언급하였듯이, 이 시의 1부 서술은 동물에 동정적인 목동의 시각을 시인 입장에서 적극 수용하고 '재연'한 것이라고 할 수 있다. 물론 목동이 시인-여행자를 "나리"(master, 144행)라고 부르는 데서 알 수 있듯이, 두 사람의 사회적 신분에는 차이가 있지만, 실제로 서술자는 목동의 말을 매우 존중하며 그를 동등한 인간으로 대하고 있음이 분명하다. 이 시는 서술자의 철학적, 교훈적 언급으로 끝맺지만, 그렇다고 해서 앞에 나오는 목동의 이야기가 결코 중요하지 않은 것은 아니다. '목동'은 밀턴(John Milton)의 〈리시더스〉("Lycidas")와 스펜서(Edmund Spenser)의 《목동월력》(*The Shepherdes Calendar*), 그리고 워즈워스의 《서곡》(*The Prelude*)과 다른 낭만주의 시들에서 볼 수 있듯이, 소박한 전원시인의 표상으로서 영시문학의 전통에서 하나의 중요한 위치를 차지한다. 자연에 대한 목동과 시인의 전망들은 "조그만 차이"(Small difference, 162행)가 있지만, 마지막 연 첫 줄에서 "목동이여, 한 가지 교훈을 서로 나누자"(One lesson, shepherd, let us divide, 177행)는 시인의 제안이 암시하듯이, 오히려 그렇기 때문에 더욱 진정으로 '대화적'인 "윤리적 공동체"(Mortensen 308)를 이룬다고 보는 것이 타당할 것이다.

IV

〈수사슴이 뛰어내린 샘〉에서 두주와 1-2부의 반복적 서술은 여러 가지 상호 지시적 초논평을 통해 내재적 대화구조를 형성한다. 두주는 여행자나 지방 역사가의 입장에서 시 창작의 배경과 현실적 근거를 제시하며 2부의 내용과 연결짓는다. 1-2부에서 서술자의 목소리와 다양한 초점자들 사이의 다성적 상호작용은 다양한 방식의 내적 대화를 가능하게 한다. 1부에서 주 초점자 월터 경의 영웅적 모험담과 동물들 사이의 시각차는 아이러니한 내적 대화를 형성하며, 동물사냥의 도덕성에 의문을 제기한다. 2부에서 시인-여행자와 목동이 나누는 친밀한 '대화'는 상보적이고 공동체적인 자연과 역사의 전망을 보여준다. 1-2부는 각각 상호 지시적 초논평으로 연결되며, 2부에서 뷔르거의 민요에 대한 간접적 논평은 외적 상호텍스트성을 내적 대화주의로 변용시킨다. 월터 경의 영웅적 사냥 모험담, 목동의 소박한 미신적 이야기, 시인의 초월적 자연의 전망 등은 단순히 워즈워스의 시인으로서의 변모과정을 반영한다기보다, 워즈워스의 시 텍스트 내에서 뫼비우스의 띠처럼 긴밀하게 상호 연관된 다성적이며 내재적인 대화구조를 형성한다는 데 보다 중요한 의의가 있다고 하겠다. 이러한 측면에서 바흐친의 대화이론 및 목소리와 초점의 서술학적 개념은 〈수사슴이 뛰어내린 샘〉에 대한 보다 정밀하고 미묘한 텍스트의 내재적 읽기의 가능성을 보여준다.

인용문헌

여홍상. 〈워즈워스 시의 대화주의와 카니발적 상상력 —《서정담시집》의 몇 편의 시를 중심으로〉. 《비평과 이론》14.2 (2009 가을/겨울): 124-54.

주혁규. 〈1800년판 《서정담시집》과 워즈워스의 직업의식〉. 《19세기영어권문학》 10.2 (2006): 195-223.

Abrams, ed. *A Glossary of Literary Terms*. 6th Ed. Orlando: Harcourt Brace Jovanovich, 1993.

Bakhtin, Mikhail M. *The Dialogic Imagination: Four Essays by M. M. Bakhtin*. Trans. Michael Holquist and Caryl Emerson. Austin: U of Texas P, 1981.

Bal, Mieke. *Narratology: Introduction to the Theory of Narrative*. Trans. Christine van Boheemen.Toronto: U of Toronto P, 1985.

Bialostosky, Don H. *Making Tales: The Poetics of Wordsworth's Narrative Experiments*. Chicago & London: Chicago UP, 1984. 89-92.

Chandler, David. "The Politics of 'Hart-Leap Well'." *The Charles Lamb Bulletin* 111 (2000): 109-11.

———. "Hart-Leap Well: A History of the Site of Wordsworth's Poem." *Notes and*

Queries 49.1 (Mar. 2002): 19-25.

Hartman, Geoffrey. *The Unremarkable Wordsworth*. London: Methuen, 1987.

Macovsky, Michael. "'The Language of My Former Heart': Wordsworth, Bakhtin, and the Diachronic Dialogue." *Dialogue and Literature: Apostrophe, Auditors, and the Collapse of Romantic Discourse*. New York & Oxford: Oxford UP, 1994. 41-66.

McLane, Mauree M. *Balladeering, Minstrelsy, and the Making of British Romantic Poetry*. Cambridge: Cambridge UP, 2008.

Mortensen, Peter. "Taking Animals Seriously: William Wordsworth and the Claims of Ecological Romanticism." *Orbis Litterarum* 55(2000): 296-311.

Perkins, David. "Wordsworth and the Polemic against Hunting: 'Hart-Leap Well'." *Nineteenth-Century Literature* 52-4 (Mar. 1998): 421-45.

Primeau, John."The Influence of Gottfried August Bürger on the *Lyrical Ballads* of William Wordsworth: The Supernatural vs. the Natural." *Germanic Review* 58.3(Summer 1983): 89-96.

Wales, Kate. *A Dictionary of Stylistics*. London and New York: Longman, 1989.

Wordsworth, William. *William Wordsworth*. Ed. Stephen Gill. Oxford & New York: Oxford UP, 1984.

——— and Coleridge, Samuel Taylor. *Lyrical Ballads*. 2nd Ed. Ed. Michael Mason. Harlow, UK: Pearson Education, 2007.

4. 워즈워스 시의 역사적 상상력
—〈허물어진 농가〉와 기타 시를 중심으로

I

워즈워스(William Wordsworth)가 콜리지(S. T. Coleridge)와 함께 1798년에 출판한 《서정담시집》(*Lyrical Ballads*)[1]에서 새로운 언어와 소재를 통해 시도한 "시적 실험"(poetic experiment)은 영문학사가들 사이에서 흔히 '프랑스혁명'에 비견될 수 있는 획기적 사건으로 간주되었다. 2판 서문에서 밝힌 바와 같이 워즈워스는 실제 시골 사람들이 말하는 것과 같은 단순 소박한 시어를 사용하여, 미친 어머니, 바보 어린이, 떠돌이 거지, 몰락한 농부, 제대 군인 등과 같이 주로 당대 사회에서 주변화되고 소외된 기층민중의 삶의 애환을 공감적 시각에서 그렸다. 워즈워스가 시도한 새로운 시어와 소재는 흔히 프랑스혁명을 적극 지지했던 젊은 시절 워즈워스의 급진적이고 민주적인 사상과 깊은 관련이 있는 것으로 생각되었다. 그러나 근래에 맥간(Jerome J. McGann)과 챈들러(James K. Chandler) 같은 소위 '역사주의'(historicist) 비평가들은 그의 초기 시에 이미 후기의 정치적 보수주의나 '낭만적 이데올로기'의 맹아가 배태되어 있다고 주장한다(Janowitz 37-38). 예컨대, 워즈워스의 〈허물어진 농가〉("The Ruined Cottage")와 〈틴턴사원〉("Tinter Abbey"), 그리고 〈불멸송

1 워즈워스 작품은 Stephen Gill, ed. *William Wordsworth* (Oxford: Oxford UP, 1984)에서 인용하며, 본문 중에 행, 절, 쪽수로 표시함.

가〉("Immortality Ode") 같은 "시는 그 전기적, 사회사적 역사를 모두 폐기하고, 이러한 구체성을 순수한 의식의 기록으로 대체하며"(The poem annihilates its history, biographical and socio-historical alike, and replaces these particulars with a record of pure consciousness), "사실을 관념으로, 체험을 이데올로기로 변용"(the transformation of fact into idea, and of experience into ideology)하는 것으로 간주된다(McGann 90). 또한 1793년 이후 5년 만에 틴턴사원을 재방문하면서 쓴 〈틴턴사원〉은 루소의 혁명적 '자연'을 버크의 보수적인 '제2의 자연'(the second nature)으로 변용시킨 초기 시의 사례로 손꼽힌다(Chandler xvii-xviii). 낭만주의 비평가 에이브럼즈(M. H. Abrams)가 인본주의적 입장에서 워즈워스와 영국 낭만시를 해석한 것(*The Correspondent Breeze*)이 그의 작품을 영문학사상 중요한 정전의 하나로 만드는 데 기여했다면, 맥간과 챈들러의 '신역사주의적'(new historicist) 접근은 워즈워스의 자연관과 상상력을 새로운 비평 시각에서 비판적으로 재해석하는 데 일조했다고 할 수 있다. 그러나 후자들의 워즈워스 읽기에는 후기 워즈워스의 정치적 입장을 초기 시에 시대착오적으로 적용하든가, 시 작품을 지나치게 전기적 배경에 맞추어 해석하거나 재단하려는 경향이 없지 않다.

이와 대조적으로, 다른 비평가들은 워즈워스의 시는 토지귀족의 이해에 기초한 전통적 봉건사회를 이상화한다기보다, 고대 영국의 토속적 공동체주의가 영국 시골 벽지의 삶에 잔존함을 보여준다고 주장한다. 예컨대, 톰슨(E. P. Thompson)은 "토지귀족을 지지하는"(in favour of the landed aristocracy, Sales 53) 버크(Edmund Burke)식 "보수적 낭만주의"(Conservative Romanticism, Sayre and Löwy 43)를 넘어서, 워즈워스 시는 긍정적 의미에서 "퇴행적 자코뱅주의"(Jacobinism-in-recoil)를 지향한다고 평가한다(152; Janowitz 37 재인용). 나아가서 해리슨(Gary Harrison)은 이를 미래 "유토피아"(utopia) 사회의 예견적 전망을 암시하는 것으로 해석한다(21, 23). 시인 자신이 주장하듯이, 시골 민중이 말하는 언어와 그들의 삶에서 시적 언어와 소재를 취하는 워즈워스의 시들은 단순히 문학사적 차원이 아니라 역사적 측면에서 1794년에 처형된 툭(John Horne Tooke)과 같은 토속적 공화주의자의 정치적 "급진성"(radicalism)을 함축하는 것(Fulford 161)으로 간주된다.[2] 맥간과 챈들러 같은 '역사주의' 비평가들이 다분히 이데올로기적 환원주의에서 자유롭지 못한 반면에, 톰슨과 해리슨 같은 '역사적'(historical) 비평가들은 구체적, 경험적, 사실적 역사의 맥락에 비추어 워즈워스 텍스트의 진정한 '역사적' 의미를 되짚어내려 노력한다고 평가할 수 있다.

본 장의 논의는 후자의 '역사적' 접근에 좀더 공감하는 입장에서, 초기 워즈워스의 중요한 몇 편의 시들을 꼼꼼히 재검토해보려는 시도이다. 이러한 시각에서 여기에서 논의하고자 하는 작품들은 〈허물어진 농가〉("The Ruined Cottage"), 〈구디 블레이크와 해리 길〉("Goody Blake and Harry Gill"), 〈마지막 양 한 마리〉("The Last of the Flock"), 〈마이클 — 전원시〉("Michael: A Pastoral Poem") 등이다. 특히 이러한 작품들을 다루고자 하는 것은, 이들이 18세기 말 영국 시골 기층민중의 구체적 삶의 이야기를 통해서 당시 산업혁명과 농업혁명으로 인해 일대 역사적 전환기에 처한 영국 사회의 체제적 모순을 전형적, 사실적으로 재현하고 있다고 믿어지기 때문이다. 워즈워스 시에 나타난 이러한 '역사적 상상력'은 역사소설에서와 같은 거시적 서술보다는, 사회적으로 소외된 한 개인이나 가족의 일상적 삶의 일화를 평범한 민중생활사의 '미시적' 관점에서 서술함으로써 당대 영국 사회의 역사적 모순에 대한 더욱 깊이 있는 통찰력을 제시하는 것으로 생각된다. 워즈워스의 시가 주로 개인적 일화 중심의 미시적 관점을 취하는 것은 일부 '역사주의' 비평가들이 주장하듯이 역사적 문제를 '자연'의 초월적 전망이나 일개인의 '도덕' 문제로 '치환'하기 위함이라기보다, 개인이나 한 가정이 겪는 "감정적, 심리적 경험"(emotional and psychological experience, Roe 32)을 통해서

2 이런 측면에서, 《서정담시집》 출판 당시 가장 혹평을 가했던 보수적 비평가 제프리(Francis Jeffrey)가 워즈워스 시집을 페인(Thomas Paine)의 《인간 권리》(*Rights of Man*)와 연관시켰다는 점은 음미해볼 만하다(Butler 62).

당대 역사의 보편적, 사회경제적 문제를 구체적, 사실적으로 드러내기 위한 서술 전략으로 해석할 수 있다.

II

18세기 말 영국의 한 시골 직조공 가정의 몰락 과정을 그린 〈허물어진 농가〉는 〈도붓장수〉("The Pedlar")로 불리기도 하였는데, 나중에 워즈워스가 기획한 미완의 장편시 《전망》(*Prospectus*)의 일부로 포함되었다. 흥미롭게도 이 시는 '역사주의' 비평가들이 즐겨 거론하는 작품 중의 하나이다. 예컨대, 맥간은 이 작품이 1793-94년 사이 급진적 워즈워스의 사회경제적 비판과 항거의 목소리가 레이스다운에 정착한 1797-98년에 이르러 고통받는 인간에 대한 동정심과 사랑이라는 감상적 인본주의의 목소리로 "치환"(displacement)되거나 "변용"(transformation)되는 결정적 시점을 예시해준다고 본다(84). 그렇게 볼 수 있는 근거로 맥간은 이 시에서 "워즈워스 자신이 시적 서술자가 되며"(Wordsworth himself becomes a poetic narrator) 마가렛이 겪는 고통은 1793-94년과 같은 "분노에 찬 심판"(angry judgment)보다는 "동정과 사랑"(sympathy and love)의 감정을 환기한다고 지적한다(85). 그러나 막상 시 텍스트를 자세히 살펴보면, 1인칭 서술자는 워즈워스 자신이라기보다 시 속에서 '극화'된(Parrish 148) 객관적 인물의 "가면"(mask, Danby 196)으로 보는 것이 적절할 것으로 보인다. 실제로 이 시에서 마가렛과 로버트에 대한 이야기를 전개해나가는 이는 1인칭 서술자가 아니라 그의 서술 속에 등장하는 도붓장수이다. 〈허물어진 농가〉의 서술자는 맥간이 주장하듯이 워즈워스 자신이라기보다, 〈사이먼 리〉("Simon Lee"), 〈가시나무〉("The Thorn"), 〈수사슴이 뛰어내린 샘〉("The Hart-Leap Well"), 〈결의와 독립〉("Resolution and Independence")의 경우처럼, 독자나 다른 이야기꾼에 대해 겸양이나 자기성찰의 태도를 취하는, 워즈워스가 창조한 '자의식적 서술자'(a self-conscious narrator)의 가면으로 보는 것이 타당할 것이다.

이것은 〈허물어진 농가〉의 도입 부분에서 화자가 도붓장수를 만나기 이전에 주변 풍경과 자신이 처한 상황을 묘사하는 데서 잘 드러난다. 시의 서두에서 한 여름 낮 산과 골짜기에 내리쬐는 "맑고 명랑한 햇살"(clear and pleasant sunshine, 9행)과 군데군데 짙은 구름으로 얼룩진 지상의 "많은 그늘들"(many shadows, 7행) 사이의 대조[3]에 주목하는 화자는, 이런 풍경은 거대한 너도밤나무 뿌리 옆에서 시원한 이끼 위에 사지를 뻗고 방울새 노래를 들으며 편히 쉬고 있을 이에게나 "유쾌할"(Pleasant, 10행) 것이라고 볼멘소리를 한다(10-14행). 여름 한낮에 여행으로 더위와 갈증에 지친 화자는 메마른 "갈색 땅바닥"(the brown earth, 22행) 위에 사지를 펴보지만, 날벌레 떼만 귀찮게 달려든다(19-26행). 화자가 처한 우스꽝스럽고 고통스런 상황에 대한 사실적 묘사는 자연풍경의 아름다움을 이상화하는 전원시의 전통 혹은 18세기 미학에서 "아취"(雅趣, the picturesque, Fulford 167)의 범주를 희화화하고 전복한다. 화자에게는 육체적 · 정신적으로 더위를 피할 시원한 그늘과 갈증을 해소해줄 마실 물이 절실히 필요하다. 서두에서 화자의 희극적 자기반조 과정은 곧이어 나올 도붓장수와의 재회 장면을 더욱 극적으로 만든다. 인근의 허물어진 농가 터 '그늘'에서 먼저 와 쉬고 있던 도붓장수는 화자에게 우물 위치를 가리켜 주고 허물어진 농가 터에 얽힌 사연을 들려줌으로써 후자가 시달리고 있던 더위와 갈증 문제를 모두 해소해준다. 두 사람 사이에서 '저자(著者)의 목소리'의 권위를 지닌 이는 문맹자이자 하층민인 도붓장수이다("당신이 볼 수 없는 것을 / 난 이 주위에서 볼 수 있소"[I see around me here / Things which you cannot see, 67-68행]). 도붓장수는 비록 문맹자이지만 폐허가 된 농가의 잔해가 지닌 인간적 의미를 '볼' 수 있는 문화적 해독능력을 지녔으며, 그 이야기를 구두로 전달할 수 있다. 마치 콜리지의 노수부처럼 갈증에 시달리는 1인칭 화

---

3 화자가 서두에서 묘사하는 자연풍경에서 '햇빛'과 '그늘' 사이의 대조는 당시 산업혁명으로 진보와 번영을 이룩한 유한계급의 '즐거운' 삶과 대조되는 마가렛 집안의 '암울한' 이야기의 상징적 전조로 읽힐 수 있다.

자에게 "모자 챙으로 흐르는 시냇물을 방금 떠 담은 듯이 / 모자에 / 물방울이 이슬처럼 맺혀 있는"(his hat / Bedewed with water-drops, as if the brim / Had newly scooped a running stream, 47-51행) 도붓장수의 모습은 구원의 화신으로 비친다. 후대 콘래드(Joseph Conrad)의 《어둠의 핵심》(*The Heart of Darkness*)을 연상시키는 복잡한 이중격자 서술구조 속에서, 1인칭 서술자는 주로 도붓장수의 이야기를 듣고 이를 영국 독자들에게 전달해줌으로써, 매클레인(Maureen N. McLane)이 《서정담시집》 일반에 대해 지적하는 바(*Romanticism and the Human Sciences* 81)와 같이, 구두소통과 문자소통 사이에 매개자 역할을 한다.

이채롭게도 도붓장수가 마가렛 이야기를 시작하기 앞서 언급하는 일종의 '자연 시'(nature poetry) 이론은 워즈워스 자신의 시론을 반영하는 것으로 볼 수 있다. 도붓장수의 말에 따르면, 시인들이 "애가와 노래"(elegies and songs, 73행)로 고인을 애도할 때, 창조력의 강력한 원천으로 환기하는 숲, 언덕, 시내, 바위와 같은 자연물이 느끼는 "공감은 거기에서 / 더 고요하면서도, 아마 친근한 태생이어서, / 명상적 정신에 스며들어 / 사고와 함께 자란다"(Sympathies there are / More tranquil, yet perhaps of kindred birth, / That steal upon the meditative mind / And grow with thought, 79-82행). 도붓장수의 이러한 자연 시학은 철학자의 추상적 미학 이론보다는 예전에 마가렛의 농가를 방문했을 때의 구체적인 경험과 관련된 현재의 주변 사물들, 예컨대 거미줄 쳐진 우물(89행)이나 깨어진 목기 조각(91행) 등과의 공감적 교감과 더불어 마가렛 가족에게 일어난 일들에 대한 생생한 개인적 기억에서 기원한다. 도붓장수는 외롭게 이곳저곳을 떠도는 자신을 언제나 친절하게 맞이해주는 마가렛을 마치 딸처럼 여겼고, 마가렛 가족과 긴밀한 개인적 친분을 유지했다. 따라서 그는 마가렛의 가족이 몰락해가는 과정을 직접 목격하고 진실한 증언해줄 수 있는 적절한 인물이며, 몇 년의 간격을 두고 그들 가정을 수차례 방문함으로써 그들 집안의 변화를 뚜렷이 간파하고 묘사할 수 있는 효과적 서술자의 역할을 한다.

1-2부에 걸쳐 도붓장수가 하는 마가렛 집안 이야기의 시작 부분에 의하면, 마가렛은 처음에 시골 농가에서 직조공으로 일하는 남편 로버트와 함께 조그만 텃밭을 일구며 어린 자식들과 같이 행복하게 살았다고 한다(119-32행). 산업혁명 이전 영국 직조산업은 로버트의 경우에 볼 수 있듯이 시골 지역 곳곳에 흩어진 소규모의 독립적인 가내수공업자들에 의존했다. 그런데 10년 정도 행복한 세월이 지난 후, 이태 동안 연이은 흉작으로 기근이 든 데다 전쟁까지 일어나고(134-36행), 무엇보다 가내 수공업과 텃밭 경작으로 자급자족하던 로버트와 마가렛의 가정 경제는 산업혁명에 의한 공장제 생산방식의 도입으로 인해 커다란 타격을 입게 되었다. 새로운 공장제 기계공업의 도래로 생계수단을 잃게 된 전통적 직조 장인과 그 가족들은 워즈워스가 비판한 '구빈원'의 도움을 받을 수밖에 없었고(153-56행) 그들의 대량 실업사태는 기계파괴운동으로까지 이어졌다. 도붓장수는 전국 각지를 방랑하면서 빈부계층이 함께 고통을 겪은 "비탄과 고난의 슬픈 시대"(a sad time of sorrow and distress, 138행)를 직접 목격했다. 이태 동안의 기근으로 "고통스런 시기"(A time of trouble, 154행)를 보낸 로버트는 열병을 앓은 후 여기저기 닥치는 대로 잡일을 해보지만 벌이는 신통치 않으며, 로버트와 마가렛 부부는 이전의 명랑함과 삶의 활기를 점차 잃어간다. 그러던 어느 날 마가렛은 로버트가 "금화 주머니 하나"(A purse of gold, 264행)를 남겨둔 채 몰래 집을 떠나서 외국 원정대에 입대했다는 풍문을 듣게 된다. 로버트는 아이러니컬하게 당대 지배체제의 희생자인 동시에 하수인의 역할을 떠맡을 수밖에 없었다. 이후 마가렛은 도붓장수를 비롯해 집을 찾아오는 모든 손님들에게 매번 남편 소식을 물어보지만 모두가 허사이다. 가장이 없는 농가는 점점 피폐해지고 마가렛은 실성한 사람처럼 밖을 해매 다니며, 두 아이는 차례로 병들거나 굶어서 죽고 그녀도 마침내 절망 속에 죽게 된다는 것이 도붓장수가 화자에게 들려주는 마가렛 집안 이야기의 줄거리다. 워즈워스는 도붓장수의 입을 빌어 마가렛 집안의 사적 이야기를 전개해나가는 가운데, 특히 1부 중간

부분(133-60행)에서 당대 영국 사회의 역사적 배경에 대한 긴요한 정보를 제공함으로써 당시 영국의 거시적 문제와 마가렛 집안의 미시적 문제를 유기적으로 관련짓는다.

챈들러 같은 역사주의 비평가는 도붓장수가 마가렛 이야기를 끝낸 후 덧붙인 일종의 후기("그녀는 조용한 대지에서 잠자고, 평화가 여기 있다"[She sleeps in the calm earth, and peace is here], 512행)에서 "정적의 이미지"(an image of tranquility, 517행)라고 부르는 '자연'의 평화로운 복원력과 차분한 마음을 돌이켜주는 "명상"(meditation, 524행)의 효과를 강조하는 데 대해 이를 특히 후기 워즈워스에서 두드러지는 초월적 전망의 예시로 간주하였다(138). 사실 앞의 사실적, 비극적 이야기에 비추어, 이러한 후기는 독자들에게 다소 의아하게 받아들여질 수도 있다. 그러나 여름날 뜨거운 해가 저문 뒤 밤의 안식처를 찾아가는 도붓장수와 화자가 공유하는 이러한 '보충적'(supplementary) 전망은 당대 현실에 대한 역설적 비판을 내포하는 것으로 해석할 수 있다. 예컨대, 〈그녀는 발길이 닿지 않는 길에서 살았다〉("She Dwelt among the Untrodden Ways")와 〈선잠이 내 영혼을 봉인했네〉("A Slumber did My Spirit Seal")와 같은 '루시 시'들의 결말이 주인공의 죽음과 자연으로의 회귀로 끝나지만 평화와 정적 뒤에 숨겨진 화자의 억제된 슬픔과 상실감을 더욱 부각시키듯이, 마가렛 일가가 오로지 죽어서 자연의 일부로 회귀해서만 역사적 현실의 고통에서 벗어날 수 있었다는 것은 그만큼 현실적으로 벗어나기 힘들었던 당대 역사의 비극적 모순을 역설적으로 강조하는 효과가 있다.

워즈워스는 근면하고 친절하고 행복했던 로버트 일가의 비극적 파탄 과정을 통해, 산업혁명기 빈곤층의 문제가 유한계급들이 그렇게 믿듯이 기층민중들 자신의 게으름과 도덕적 타락에서 기인하는 것이 아니라, 산업사회를 지배하는 자유방임의 정치경제와 잘못된 구빈법에서 유래함을 고발하고자 한다(Harrison 111). 워즈워스는 당시 유한계급이 빈곤층을 경건하고 근면하며 복종적인 "성스런 빈자"(the holy poor, Himmelfarb 3)와 불경스럽고 게으르며 반항적이고 타락한 하층민으로 나눈 상투적인 이분법적 이미지를 차용하여 로버트와 마가렛 일가를 전자의 전형으로 묘사함으로써, 중산층 독자들이 그들의 몰락의 이야기를 동정심과 공감을 갖고 인간적으로 이해할 수 있도록 서술한다. 도붓장수는 이들 부부의 삶을 직접 목격하고 그들에 관한 이야기를 마치 눈앞에 "현존하는"(present, 212행) 것처럼 시적 화자에게 생생하게 전달한다.

이미 언급하였듯이 이 시는 복잡한 이중격자 서술구조를 가지고 있지만, 워즈워스 시의 독자는 아마도 도붓장수의 이야기를 직접 듣고 있는 1인칭 화자와 자신을 동일시하여, 자신이 도붓장수의 이야기를 함께 엿듣고 있는 것처럼 이 시를 읽어 나갈 것이라 짐작된다. 도붓장수는 콘래드의 말로 선장(Captain Marlow)과 같은 이야기꾼의 역할을, 1인칭 화자는 그의 이야기를 듣고 있는 청자의 역할을 각각 수행한다. 즉 1인칭 화자는 단순한 외면적 서술자의 역할을 넘어서서 워즈워스 시를 읽는 독자의 상을 그의 시 텍스트 속에 극적으로 구현한다고 볼 수 있다. 유식한 부르주아 계급의 시인-여행자는 문맹자이자 하층민인 도붓장수의 이야기를 겸허하게 듣고, 마치 워즈워스의 중산층 독자와 같이, 자연과 인생에 대해 숨겨진 도리를 배울 기회를 갖는다. 도붓장수가 멘토(mentor)라면 1인칭 서술자는 멘티(mentee)이다. 워즈워스는 마가렛 집안의 변화과정을 직접 소상하게 목격한 도붓장수를 격자구조 내의 실질적 서술자로 활용하여, 계급영역의 지리적, 물리적 구분으로 인해 기층민중의 삶을 직접 목격하기 힘들었던 당시 영국 중산층 독자들에게 마가렛 가정의 인물들과 그들의 삶의 이야기를 마치 눈앞에 현존하는 것처럼 재현할 수 있었다. 워즈워스의 시는 일차적으로 19세기 말 역사적 전환기에 처한 영국 사회에서 한 시골 가정이 몰락해가는 과정을 다룬 시사적 일화이자, 나아가서 한 무명 시골 가정의 이야기를 당대 독자들이 어떻게 경청하고 받아들여야 할 것인가에 대한, 이야기하는 행위의 윤리적 의미에 대한 초(超)이야기이기도 하다.

〈마이클〉의 경우와 유사하게, 자신이 경작하는 조그만 땅에 대한 로버트의 애착은 소부르주아지의 사적 소유권에 대한 집착이라기보다, 수공업을 겸한 소농가가 자급자족적인 가내경제를 꾸려가기 위해 필요한 최소한의 생산수단을 확보하려는 기층민중의 정당한 생존권의 주장으로 봐야 할 것이다. 역사적 시련이 도래하기 전, 로버트 가정이 누리는 단란한 행복은, '물레'라는 생산수단을 소유한 독립된 직조장인으로서의 그의 직업적 자율성과 더불어 여분의 수입을 올릴 수 있는 수공예품 제작, 그리고 무엇보다 농가 인근의 텃밭 경작에 의존하였다. 마가렛의 시골 농가가 대변하는 소규모의 자율적, 자급적 생산 방식은 산업화의 역사적 전환기에 쇠퇴할 수밖에 없는 전근대적 가내생산 방식이었다. 그러나 윌리엄즈(Raymond Williams)의 용어를 빌릴 때, 그러한 구시대의 '잔존 문화'(residual culture)는 바로 당대 '지배 문화'(dominant culture)에 대해 취하는 비판적 '거리' 때문에 당시 산업자본주의 체제에 대해 '대립'하고 갈등하는 사회적 실천이 될 수 있었다 (*Problems in Materialism and Culture* 43-44). 워즈워스의 시가 장인중심의 전근대적 생산양식을 동정적으로 그린다고 해서 그의 시가 반드시 산업화 이전 토지귀족이 지배하던 중세봉건주의 사회경제 체제를 이상화한다고 보는 것은 지나치게 단순하고 소박한 해석이다. 가세가 기울기 전에 마가렛과 로버트가 주위 지역민들과 유지하는 조화로운 관계, 그리고 도붓장수와 다른 방문객을 대하는 마가렛의 친절함에는 중세봉건주의가 도래하기 훨씬 이전부터 근대에 이르기까지 영국의 낙후된 시골 지역에서 면면히 이어져온 고대 앵글로색슨 시대 지역 공동체주의의 문화적 흔적이 깃들어 있다. 전통적 가내수공업과 텃밭 경작에 의존하는 로버트와 마가렛 가정의 독립적 가내경제는 소유와 노동이 분리된 산업자본주의의 비인간적이고 자유방임적인 정치경제 체제를 넘어서, 노동자 자신이 생산수단과 생산결과물을 소유하고 향유하며 주위 사람들과 조화로운 관계를 유지하는 소규모 지역 공동체의 유토피아적 전망을 함축한다.

직조공 로버트와 마가렛 부부의 이야기가 비극적이라면 가난한 독신녀 직조공과 부유한 가축상의 관계를 다룬 〈구디 블레이크와 해리 길〉은 서술 어조와 결말에 있어 "희극적"(여홍상 144)이다. 두 시는 모두 공장제 기계공업의 도래로 인해 가내 수공업이 몰락해가는 역사적 전환기를 배경으로 하고 있다는 점에서 공통적이다. 그러나 후자의 시에서는 실직한 직조공 문제와 더불어 '토지병합운동'(enclosure movement)에 의해 사라져 가는 공유지 문제가 빈부계층 간에 갈등의 초점이 된다. 18세기 이전 전통적 공유지에서 시골 기층 민중들은 가축을 먹이고 땔감과 사냥감을 구하고, 텃밭을 일굴 수 있었다. 그러나 18세기에 일어난 인클로저 운동에 의해 공유지에 울타리가 둘러쳐지고 대규모 사유지로 전환함에 따라 지역 하층민들은 오랫동안 관행적으로 행사해온 공유지 권리를 상실하게 되었다. 〈구디 블레이크와 해리 길〉에서 해리는 토지병합 시대에 시골지역에 대규모로 '울타리'친 땅주인[4]이자 부유한 가축 상인이다. 반면에, 기계공업의 도래로 실직자가 된 노처녀 직조공 구디는 입고 덮을 코트와 담요가 없고, 공유지가 사라진 시대에 겨울철 땔감을 구할 길이 없다. 이웃의 미신적 "농부들"(farmers, 128행) 중 한 사람의 입을 빌어 희극적 어조로 서술되는 이 시의 서두(17-24행)에서 건장하고 목소리가 우렁찬 해리와 늙고 초라한 구디의 모습 사이의 대조는 산업화의 과정에서 '빈부'의 두 나라로 갈라진 당대 영국사회의 첨예한 계급문제를 대변한다. 실직한 직조공으로 겨울철 땔감을 구할 수 없는 구디는 밤중에 몰래 해리의 나무울타리를 조금씩 빼내어 땔감으로 삼는다. 그의 개인 소유지를 표시하는 '울타리'에 병적으로 집착하는 해리는 차가운 겨울밤에 잠복경계를 하다가 드디어 구디의 '범행'현장을 포착한다. 현장을 들킨 구디는 자선을 베풀 줄 모르고 동정심이라고는 전혀 없는 해리에게 일 년 내내 '추위'에 떨도록 저주의 기도를 한다. 그 이후 해리는 정말 계절을 막

4 존스톤(Kenneth R. Johnston)에 의하면, 1797년 중반에 워즈워스 오누이는 도셋셔(Dorsetshire)로 이주하여 길(Joseph Gill)이라는 친구와 집 정원을 만들고 나무울타리를 둘러쌓았는데, 지나가는 주민들이 나무를 빼가는 일이 있었다고 한다. 워즈워스는 이 시에서 자신의 경험을 부분적으로 '길'의 경우로 우스꽝스럽게 극화했다고 한다(346-47).

론하고 항상 추위에 떨게 되었다는 전설적 이야기로 시는 끝맺는다.

구디의 저주로 해리가 추위에 떨게 되었다는 결말은 현실적 계급차별을 넘어서는 시적 정의를 실현하는 것이지만, 과학적 견지에서 "심인성 질병"(Bewell 154)의 징후로 간주할 수 있다. 워즈워스는 실제 다윈(Erasmus Darwin)이 기록한 의학사례(*Zoögnomia*)에 이 시를 기초했다고 한다(Bewell 154; Jacobus 234-35; McLane, *Balladeering, Minstrelsy, and the Making of British Romantic Poetry* 229). 그렇지만 워즈워스의 시는 단순히 자선과 동정심을 결여한 해리에 대한 중산층의 도덕적 교훈이나 해리의 병적 상상력에 대한 심리적 탐구를 넘어서, 산업혁명과 농업혁명이 초래한 당대 영국사회의 보편적, 역사적 문제를 구디와 해리 사이의 개인적 갈등을 통해 구체적으로 형상화한다고 볼 수 있다. 직조공 노동자인 구디가 겨울철에 필요한 코트와 담요가 없다는 것은 자본주의 체제에서 노동 산물로부터 노동자의 소외현상을 드러낸다(Langan 114). 반면에, 해리는 따뜻한 옷과 집을 가지고 있지만 재산을 지키려는 지나친 욕심 때문에 추위에 떨게 된다(여홍상 142). 워즈워스의 시는 노동과 자본이 분리되고 빈부 계급차별이 지배하는 산업자본주의 체제에서 인간의 편집적 소유욕이 어떻게 정신을 병들게 하는지를 과학적, 역사적 사실에 바탕을 둔 전설적 이야기를 통해 해학적으로 재현한다. 남의 울타리에서 장작을 빼내간 구디의 행위는 해리 입장에서 볼 때 분명히 실정법에 반하는 범죄행위이다. 그러나 구디의 입장에서 그것은 시골 하층민이 역사적으로 행사해온 전통적 '공유지' 권리로 생각할 수 있으며, 토지병합에 의해 공유지를 사유화한 부르주아 계급이 오히려 전통적 지역 공동체의 이익에 반하는 역사적 '범죄'를 저질렀다고 주장할 수 있다. 해리가 잘못된 인간의 법에 집착한다면, 구디는 이를 바로 잡아 줄 천상의 정의에 호소한다. 워즈워스의 시는 시적 정의를 구현하는 해학적 결말을 통해, 18세기 말 영국사회에서 산업화와 토지합병이 초래한 비인간화와 인간소외의 문제를 신랄하게 고발하고 비판한다.

〈마지막 양 한 마리〉는 화자가 길에서 우연히 만난 한 노인의 이야기를 통해 역시 농업혁명의 역사적 전환기에 처한 한 소규모 자영농의 몰락 과정을 그린다. 〈허물어진 농가〉의 로버트와 마가렛과 같이 노인은 성실하고 근면한 소규모 자영 농업가다. 그는 서두 2연에서 묘사되는 바와 같이, 자신의 고통을 인내하고 슬픔을 남에게 드러내지 않으려 애쓰는 금욕주의적 인물이다. 이 시에서 워즈워스가 다루는 중요한 사회경제적 문제는 두 가지로 요약된다. 하나는 맬더스(Thomas Robert Malthus)가 강조하는 기하급수적으로 증가하는 인구와 산술급수적으로 증가하는 식량 사이의 모순적 관계이며, 다른 하나는 전통적인 지역 공동체의 자선에 의존했던 교구제를 폐지하고 노동력의 자유로운 이동과 전국적 구빈원을 중심으로 한, 당시 평자들 사이에 논란 많았던 '신 구빈법'(The New Poor Law) 문제이다.[5] 노인은 처음에 양 한 마리를 사서 번식시켜 여러 마리를 시장에 내다 팔고 다시 양을 번식시키는 일을 반복하면서 나름대로 풍족한 가정생활을 꾸려갈 수 있었다. 그러나 부양할 가족 수가 점점 늘자, 아이들을 먹여 살리기 위해 노인은 소중한 양을 점점 팔아 치우게 되고 마침내 마지막 양 한 마리마저 팔아야 하는 지경에 이르렀다. 〈허물어진 농가〉와 달리, 번성하던 노인의 목축업이 갑자기 쇠퇴하게 된 역사적 배경은 이 시에서는 뚜렷이 제시되지 않으며, 후반부에서 "사악한 시대"(an evil time, 85행)라는 짤막한 표현만 나온다. 그러나 당시 농업혁명에 의해 대규모 농장이 조성되고 상업적 목축이 행해지게 되면서, 노인이 경영하던 방식의 전통적 소규모 자영 목축업은 당연히 생산능력과 시장가격에 있어 경쟁력을 상실할 수밖에 없었을 터이며, 이러한 역사적 변화를 몸소 겪고 있던 영국 독자들에게는 당시 시대 배경에 대한 부연설명이 구태여 필요치 않았을 것이다.

이 시 자체에서 제시되는 노인의 가업이 기울게 된 좀더 직접적인

5 맬더스의 정치경제 이론과 신 구빈법의 관계에 대한 논의는 박혜영의 논문 참조(71-96).

원인은 첫째는 식구가 점점 불어나면서 50마리 양으로는 아이 여섯을 먹여 살리기 힘들게 되었고, 둘째는 노인 가정은 양이라는 재산이 있기 때문에 구빈법의 구제 대상이 되지 못한다는 것이다. 마치 "Catch 22"와 같은 모순된 상황에 처한 노인은 할 수 없이 "내 친자식같이 / 내게 소중한 양떼"(a precious flock to me, / As dear as my own children, 81-82행)를 시장에 한 마리씩 내다 팔 수밖에 없는 처지가 되었다. 노인이 처한 부조리한 상황은 겉보기에 인구와 식량 간의 모순적 관계를 강조한 맬서스의 정치경제 논리를 따르는 것처럼 보인다. 맬서스의 이론에 의하면, 인구가 식량 공급 이상으로 늘어나면 기근, 질병, 전쟁 등으로 인해 인구가 감소되는 과정을 되밟을 수밖에 없다. 그러나 맬서스식 정치경제 이론에 대한 아이러니컬한 반향을 넘어서, 워즈워스는 이 시에서 자식새끼 같은 마지막 양 한 마리를 차마 시장에 내다 팔기 힘들어서 대로에서 남몰래 울고 있는, 혹은 울음을 참고 있는 노인의 모습을 통해서, 가족이든 양이든 간에 모두가 통계 숫자나 시장가격의 효용성으로 환원할 수 없는 개별적 생명의 무한한 가치를 지니고 있음을 강조하려 한다.

맬서스를 포함한 자유방임의 정치경제학자들은 일반적으로 빈곤층이 가난한 이유는 태만과 불성실과 방종과 같은 그들 계층의 도덕적 악에서 기인한다고 믿었다. 따라서 그들은 빈곤층을 계속 게으르고 의존적이며, 자식을 많이 낳아서 빈곤의 악순환에 빠지게 만드는 교구 중심의 옛 구빈제도를 개혁하여, 빈민들이 교구를 벗어나 다른 지역으로 자유롭게 이동할 수 있게 하고 건강한 빈민은 이른바 '노역소'(the work house)에서 생산적 일에 종사하게 하는 '신 구빈법'을 제정하고자 했다. 노역소에서는 식구가 불어나는 것을 막기 위해 부부가 함께 생활하는 것을 금했다. '신 구빈법'은 나름대로 빈민층을 효과적으로 구제하고자 하는 선의에도 불구하고 많은 찬반 논란을 불러일으켰다. 신 구빈법이 도래하기 이전 영국 지역사회에서 빈민층은 그 지역의 전통적인 유기적 사회관계 속에서 나름대로 필요한 사회적 역할을 하였다.

그러나 새로운 구빈제도는 이들을 전통적 지역 공동체로부터 추방하여, 산업사회에 필요한 잉여노동을 제공하는 숫자의 하나로 만들었으며 따라서 그들의 기본적 가족관계까지 해체하게 되었다. 이 모든 것은, 인간을 통계적 분석의 대상으로 삼고 빈곤의 원인은 하층민의 나태와 방종에 있다고 본 정치경제학자들의 잘못된 인간관·경제관에서 비롯되었다고 할 수 있다. 이와 대조적으로, 워즈워스는 〈허물어진 농가〉(171-80행)와 〈마지막 양 한 마리〉(71-78행)에서 역사적 전환기에 처한 자립적 하층민들이 역사적 변화에 의해 강요된 경제적 궁핍화로 인해, 근면, 성실, 친절, 쾌활함, 애정, 관대함과 같은 도덕적 품성과 자질을 상실해가는 비극적 과정을 구체적, 사실적으로 보여준다. 빈곤 문제에 있어 도덕적 상부구조가 경제적 하부구조를 결정한다고 믿었던 당시 영국 정치경제학자들의 부르주아 '이데올로기'를 뒤집는 워즈워스 시의 역사적 사실주의는 마르크스(Karl Marx)가 《독일 이데올로기》(*German Ideology*)에서 19세기 독일 관념론을 전복한 것에 비교할 수 있다.

여기에서 논의하는 워즈워스 작품들 중 가장 나중에 씌어진 〈마이클 — 전원시〉는 시인으로서 워즈워스의 가장 성숙하고 자신감 있는 직접적 목소리를 대변한다. 〈허물어진 농가〉에서 1인칭 화자는 다른 이야기꾼의 수동적 청자이었음에 비해, 워즈워스 자신과 동일시할 수 있는 〈마이클〉의 시적 화자는 그 자신이 서술자가 되어 마이클 집안에 관한 이야기를 독자들에게 직접 들려준다. 그는 더 이상 하층민 이야기꾼에게 한 수 배우는 맨티가 아니라, 서두에서 "그대"라고 부르는 독자들을 일련의 상상적 여행 과정을 통해 그래스미어(Grasmere) 골짜기의 그린헤드 길(Green-Head Gill)이라 불리는 외진 숲 지역으로 직접 안내하여, 그곳에서 지나치기 쉬운 어떤 "허물어져 가는 다듬지 않은 돌 더미"(a straggling heap of unhewn stones, 17행)에 얽힌 "소박하고 거친 이야기"(a history / Homely and rude, 34-35행)를 후대 "젊은 시인들"(youthful Poets, 38행)에게 들려줌으로써, 그들에게 "즐거움"(the delight, 36행)을 선사하려는 유능한 여행 안내자이자 능동적 선배 시인의 역할을 떠맡는다. 다시 말하여, 〈허물어진 농가〉에서 1인칭 화자와 도붓장수 사이의 멘토-멘티 관계는 〈마이클〉에서 시적 화자와 독자 혹은 후배 시인 사이의 관계로 치환된다.

이 시의 주인공 마이클은 80세를 넘은 목동이며, 아내 이사벨(Isabel)은 집에서 물레를 돌려 양모를 짜는 일을 하고, 늦둥이 아들 루크(Luke)는 아버지를 도우면서 모두 함께 "열심히 근면한 삶을 살아가는"(Living a life of eager industry, 124행) 성실한 시골 벽지 가족이다. 그들의 자급자족적 가정경제는 산업사회의 공장제 노동과 달리 "자유롭고 소외되지 않은"(free and unalienated, Friedman 187) "비분업적 노동의 모형"(a model of nonspecialized labor, Levinson 63)이며, 여주인 이사벨이 밤마다 굴뚝 모퉁이에 걸어놓는 "등불"(a lamp, 116행)은 이웃에게 이들 가정의 변함없는 단란함을 보여주는 "공적 상징"(a public Symbol, 137행)이다. 평생을 그래스미어 지역의 자연물과 친밀한 교감을 나누며 살아온 '목동' 마이클은, 워즈워스가 〈불멸송가〉("Immortality Ode")에서 노래한 이상적 '어린 시절'과 같이 '고상한 야만인'(the noble savage)이자 '소박한 시인'(the naive poet)의 전형이다. 워즈워스는 앞 시들에서와 같이, 그의 이야기에 등장하는 시골 하층민들이 지닌 도덕적 덕성을 강조함으로써, 나중에 그들이 겪는 경제적 궁핍화의 부당성에 대한 강한 사회적 항거의 메시지를 독자들에게 전달하고자 한다.

늙은 목동 마이클에게는 늦게 본 외동아들 루크가 이 세상 무엇보다 소중한 존재이며, 아들의 성장을 기대하고, 그를 키우는 데 온갖 정성을 다한다. 마이클이 또한 루크에게 큰 기대를 거는 이유는, 40세에 재정적 "부담을 안고"(burthen'd, 384행) 물려받은 "반에 못 미치는"(not more / Than half, 385-86행) 권리만 지닌 현 경작지의 재정 조건[6]을 개선하

6 마이클이 애초에 상당한 재정적 '부담'을 안고 경작지를 물려받았다는 것은, 일부 비평가들의 주장과는 달리, 워즈워스가 결코 산업화 이전 토지귀족이 지배하던 중세사회를 이상화하지 않음을 암시한다.

기 위해, 장래 아들의 도움이 절실히 필요하기 때문이다. 마이클 집안의 소박한 행복을 결정적으로 깨트리는 것은 그가 땅과 관련하여 물려받은 재정적 '부담'에 덧붙여 조카에게 서준 빚보증 때문에 그가 금쪽같이 아끼는 땅의 일부를 매각해야 하는 일에서 비롯된다. 자영농으로서 부분적 소유지인지 물려받은 소작지인지 분명치 않지만(Simpson 141), 땅에 대한 마이클의 애착은 〈허물어진 농가〉에서 로버트의 경우와 마찬가지로 소규모 자립적 영농인이 자신의 생산수단을 확보하기 위한 생존권의 문제로 간주하여야 하며,[7] 자본주의 체제에서 부르주아의 사적 소유권과는 구분되어야 한다. 경작하는 땅의 소유권 혹은 경작권과 맞물려 있는 조카에 대한 빚보증 문제는 미시적 차원에서는 물론 마이클 집안의 개인적, 사적 문제이지만, 거시적 사회경제 체제의 관점에서, 땅을 실제로 경작하는 노동자와 금융자본 사이의 불균형한 권력 관계로 볼 수 있다. 마르크스가 지적하듯이, '돈' 자체가 사물에 작용하여 잉여가치를 생산해낼 수 있는 노동력을 지니는 것은 아니나, 자본주의 체제에서는 자본이 물신화되어 스스로 가치창출을 하는 것처럼 믿어진다. 워즈워스 시에서 근면하고 성실한 소규모 영농가인 마이클 일가가 아무리 애쓰더라도 결국 빚보증 때문에 농장을 잃고 몰락을 맞이하게 되는 것은, 앞의 시들에서처럼, 노동자를 생산수단과 생산 결과물로부터 소외시키는 근대 자본주의 체제의 역사적 모순에 대한 암묵적이지만 근본적인 비판을 함축한다.

마이클은 매각한 일부 땅을 되찾기 위해 루크를 부유한 친척의 도제로 내보내기 전에, "양 울타리 초석"(the first stone of the Sheep-fold, 430행)을 놓게 하고, 아들에 대한 영원한 사랑의 "언약"(a covenant, 424행)의

---

7 워즈워스는 1801년 폭스(Charles James Fox)에게 보낸 편지에서, 고용 노동자나 제조업 빈민과 달리 〈형제들〉("The Brothers")과 〈마이클〉에서 다루는 "스테이츠멘"(statesmen)이라고 부르는 "소규모 자립적 대지 **소유권자들**"(small independent *proprietors* of land)의 경우, "그들의 조그만 땅 뙈기는 가정적 감정을 영구히 북돋아 주는 일종의 기반 구실을 한다"(Their little tract of land serves as a kind of permanent rallying point for their domestic affections)고 강조하였다(Sales 53 재인용).

징표로 삼을 것임을 약속한다. 그러나 시골을 떠나 "방종한 도시"(the dissolute city, 453행)로 나간 아들은 점점 "의무를 게을리하고"(slacken in his duty, 452행) "나쁜 길로 빠져들었으며"(gave himself / To evil courses, 453-54행), 결국 선원이 되어 해외로 도망간다. 실의에 빠진 마이클은 양 울타리를 완성치 못한 채 세상을 하직하고, 3년 후 이사벨도 죽은 후, 농장은 외지인에게 팔리고 사라진 옛집 터 옆에는 오크나무와 개울 옆 미완의 양 울타리만 남게 된다. 워즈워스는 "방종한 도시"의 어떤 면이 루크를 도덕적으로 타락시키게 되었는지 구체적으로 서술하지는 않는다. 윌리엄즈와 심슨(David Simpson) 같은 비평가들은 이러한 워즈워스 시의 결말을 비역사적 과거로의 퇴행(Williams, *The Country and the City* 130; Simpson 145)으로 해석한다. 그러나 워즈워스의 시의 결말은 오히려 역설적으로 마이클 집안의 몰락의 '흔적' 혹은 그것의 '부재'를 통해서, 산업화와 농업혁명의 역사적 변화가 초래한 사회적 문제를 웅변적으로 고발한다고 할 수 있다.

> 저녁별이라 불렸던 농가는
> 사라지고, 쟁기는 서 있던 곳에서
> 땅 속에 묻혀 버렸고; 큰 변화가 모든 인근 지역에
> 일어났지만, 그들 현관 곁에서 자라던
> 오크나무는 남아 있다; 그리고 마무리짓지 못한
> 양 울타리 흔적을 볼 수 있는 곳은
> 조잘대는 그린헤드 길 개울 곁이다. (485-91행)

> The Cottage which was named The Evening Star
> Is gone, the ploughshare has been through the ground
> On which it stood; great changes have been wrought
> In all the neighbourhood, yet the Oak is left
> That grew beside their Door; and the remains
> Of the unfinished Sheep-fold may be seen
> Beside the boisterous brook of Green-head Gill.

III

본 장에서는 산업혁명과 농업혁명의 역사적 전환기에 가내 수공업이나 소규모 농업에 종사하는 시골 기층민중이 처한 사회적 문제를 다룬 워즈워스의 몇 편의 시들을 중점적으로 살펴보았다. 워즈워스의 시들은 18세기 후반 영국에서 일어난 역사적 변화가 그가 어릴 때부터 개인적으로 잘 알고 있었던 시골 가정이나 개인들에게 어떠한 사회경제적, 도덕적, 심리적 영향을 초래했는지를 극화된 서술자나 시인-화자의 시각을 통해 구체적, 사실적으로 서술한다. 워즈워스는 시골 지역의 소규모 수공업자나 자영농이 산업혁명과 농업혁명의 전환기에 겪는 개인적, 가정적 고통을 사실적으로 재현함으로써 당대 영국사회에서 지배적 생산양식이 된 자유방임의 정치경제와 신 구빈법의 비인간적 측면을 신랄하게 고발하고 비판한다. 18세기 후반 시골 벽지에 잔존하던 가내 수공업과 소규모 자립농가는 당대의 거대한 역사적 변화 속에서 필연적으로 쇠퇴하고 사라질 수밖에 없는 과거의 '잔여적' 생산양식이었다. 그러나 주위 지역민들 및 자연과 조화로운 삶을 유지하던 이들의 유기적 삶의 방식은 토지귀족이 지배하던 과거 봉건주의 사회경제 체제에 대한 토리(Tory)적 향수에 기초한 것이라기보다, 고대 영국사회에서부터 면면히 이어져온 시골 지역의 공동체적 문화전통에서 유래하는 것으로 믿어진다. 특히 〈허물어진 농가〉와 〈마이클〉의 시작 부분에서 로버트와 마이클 가족들이 단란하고 행복하게 살아가는 모습은 18세기 말 영국 오지에 잔존하는 전통적 지역공동체의 '유토피아적' 이미지를 제시한다. 워즈워스의 시가 일부 '역사주의' 비평가가 불평하듯이 상대적으로 역사적 배경 자체에 대한 소상한 묘사를 덧붙이지 않는 것은 그의 시의 흠결이 될 수 없다. 오히려 그의 시가 제시하는 평범한 민중생활사의 일화는 당대의 구체적 역사적 정황을 인간적 차원에서 더욱 사실적, 효과적으로 서술하는 방편이라고 하겠다. 따라서 워즈워스의 시는 산문으로 기록된 역사서술과 다른 측면에서 문학 텍스트로서 당대 역사에 대한 훌륭한 '사료'를 제공한다. 이러한 의미에서 워즈워스 시가 제시하는 시골 기층민중의 소박한 삶의 이야기는 거대한 역사적 사건에 대한 산문적 역사서술이나 방대한 스케일의 역사소설과는 다르지만, 미시적 민중생활사의 구체적 일화를 통해서 당대 사회의 거시적 문제를 사실적으로 제시하는 독특한 '역사적 상상력'의 결정체라 할 수 있을 것이다.

인용문헌

박혜영. 〈워즈워스와 맬서스, '빈곤'과 '자립'을 바라보는 두 가지 경제학〉. 《19세기 영어권 문학》 15.2 (2011): 71-96.

Abrams, M. H. *The Correspondent Breeze: Essays on English Romanticism*. New York: Norton, 1984.

Bewell, Alan. *Wordsworth and the Enlightenment: Nature, Man, and Society in the Experimental Poetry*. New Haven: Yale UP, 1989.

Butler, Marilyn. *Romantics, Rebels, and Reactionaries.: English Literature and Its Background 1760-1830*. New York: Oxford UP, 1981.

Chandler, James K. *Wordsworth's Second Nature: A Study of the Poetry and Politics*. Chicago: U of Chicago P, 1984.

Danby, J. F. "'Simon Lee' and 'The Idiot Boy'". *Wordsworth: Lyrical Ballads*. Eds. Alun Jones and William Tydeman. London: Macmillan, 1972.194-214.

Friedman, Michael H. *William Wordsworth and the Idea of Community*. New York: Columbia UP, 1979.

Fulford, Tim. *Landscape, Liberty and Authority: Poetry, Criticism and Politics from Thomson to Wordsworth*. Cambridge: Cambridge UP, 1996.

Harrison, Gary. *Wordsworth's Vagrant Muse: Poetry, Poverty and Power*. Detroit: Wayne State UP, 1994.

Himmelfarb, Gertrude. *The Idea of Poverty: England in the Early Industrial Age*. London: Faber, 1984.

Jacobus, Mary. *Tradition and Experiments in Wordsworth's 'Lyrical Ballads'*. Oxford: Oxford UP, 1976.

Janowitz, Anne. *Lyric and Labour in the Romantic Tradition*. Cambridge: Cambridge UP, 1998.

Johnston, Kenneth R. *The Hidden Wordsworth*. New York: Norton, 2000.

Langan, Celeste. *Romantic Vagrancy: Wordsworth and the Simulation of Freedom*. Cambridge: Cambridge UP, 1995.

Levinson, Majorie. *Wordsworth's Great Period Poems: Four Essays*. Cambridge: Cambridge UP, 1986.

Malthus, Thomas R. *An Essay on the Principle of Population*. Ed. Geoffrey Gilbert. Oxford: Oxford UP, 1999.

McGann, Jerome. *The Romantic Ideology: A Critical Investigation*. Chicago: U of Chicago P, 1983.

McLane, Maureen N. *Romanticism and the Human Sciences: Poetry, Population, and the Discourse of Species*. Cambridge: Cambridge UP, 2000.

———. *Balladeering, Minstrelsy, and the Making of British Romantic Poetry*. Cambridge: Cambridge UP, 2008.

Parrish, Stephen Maxfield. "Dramatic Technique in *The Lyrical Ballads*." *Wordsworth: Lyrical Ballads*. Eds. Alun Jones and William Tydeman. London: Macmillan, 1972.127-56.

Roe, Nicholas. *The Politics of Nature: William Wordsworth and Some Contemporaries*. 2nd Ed.New York: Palgrave, 2002.

Sales, Roger. *English Literature in History 1780-1830: Pastoral and Politics*. New York: St. Martin's, 1983.

Sayre, Robert and Löwy, Michael. "Figures of Romantic Anticapitalism." *Spirits of Fire: English Romantic Writers and Contemporary Historical Methods*. Eds. G. A. Rosso and Daniel P. Watkins. Rutherford: Fairleigh Dickinson UP, 1990. 23-68.

Simpson, David. *Wordsworth's Historical Imagination: The Poetry of Displacement*. New York: Methuen, 1987.

Thompson, E. P. "Disenchantment or Default?: A Lay Sermon." *Power and Consciousness*. Eds. Conor Cruise O'Brien and William Dean Vanech. New York: New York UP, 1969. 152.

Williams, Raymond. *The Country and the City*. Oxford: Oxford UP, 1973.

———. *Problems in Materialism and Culture*: Selected Essays.London: Verso, 1980.

Wordsworth, William. *William Wordsworth*. Ed. Stephen Gill. Oxford: Oxford UP, 1984.

5. 워즈워스 시에 나타난 모성애와 공감적 상상력
— 〈가시나무〉, 〈백치소년〉, 〈선원의 어머니〉, 〈미친 어머니〉를 중심으로

I

윌리엄 워즈워스는 영국 낭만주의 문학의 선언문으로 간주되는 《서정담시집》(*Lyrical Ballads*)[1] 1802년판 서문에서, 그의 "실험적 시"(experimental poems)의 "목적"(the purpose)은 "정신이 우리 본성의 위대하고 단순한 감정에 의해 흥분하게 될 때, 그 흐름과 역 흐름을 추적하는 데"(to follow the fluxes and refluxes of the mind when agitated by the great and simple affections of our nature) 있으며, "모성적 정열의 수많은 미묘한 굴곡을 추적하는 것"(tracing the maternal passion through many of its more subtle windings)은 그러한 시적 목적을 달성하는 하나의 방편이 될 수 있다고 언급한 바 있다(598). 사실 워즈워스 자신의 언급이 아니더라도, 인간의 모든 감정 중에서 '모성애'만큼 강렬한 것은 없을 것이라고 일반

---

1 워즈워스 작품 인용은 기본적으로 Stephen Gill, ed. *William Wordsworth* (Oxford: Oxford UP, 1984)를 사용하며, 시는 행수로, 산문은 쪽수로 본문 중에 표기한다. 다만 〈미친 어머니〉와 워즈워스의 노트는 William Wordsworth and S. T. Coleridge, *Lyrical Ballads: Second Edition*, ed. Michael Mason (Harlow: Pearson, 2007, 이하 *LB*로 약칭)에서 인용한다. 《서곡》 2권 281-96행 이외에, 5권 246-90행에서도 워즈워스는 암탉과 병아리의 관계를 비유로 들면서, "일찍 돌아가셨다 / 나의 존경하는 어머니는; 그녀는 우리의 모든 배움과 사랑의 심장이자 돌쩌귀였다"(Early died / My honoured Mother; she who was the heart / And hinge of all our learnings and our loves, 256-58행)라고 술회하면서, 어머니가 어린 시절에 끼친 중요한 영향과 역할에 대해 길게 언급한다.

적으로 말할 수 있다. 워즈워스 개인의 경우에 있어서도, 《서곡》(*The Prelude*) 2권 249행에서 밝히고 있듯이, 8세의 어린 나이에 어머니를 일찍 잃은 경험("내 애정의 버팀목이 사라졌다"[The props of my affections were removed])은 이후 그의 삶에 커다란 영향을 준 하나의 외상적(外傷的) 사건이었다. 워즈워스 시에서 어린 시절이 늘 중요하게 다루어진다면, 그것은 이상적인 경우의 어린 시절에 어린이는 어머니의 절대적 사랑과 보호와 양육을 받을 수 있기 때문일 것이다. 일찍 어머니를 여읜 워즈워스에게 있어, 〈불멸송가〉("Immortality Ode")에서 볼 수 있듯이(77-84행), 그러한 양육자의 역할을 대신하는 자연은 바로 이상적 어머니상의 "상징적"(손현 105) 대체물로 간주될 수 있다.

지금까지 워즈워스 비평가들은 그의 시에서 어린 시절 혹은 성인과 어린이 사이의 관계에 대해서는 많이 논의했지만, 구체적으로 어린이와 어머니의 관계, 특히 자식에 대한 어머니의 사랑의 문제에 대해서는 별로 주목하지 않았다. 본장에서는 《서정담시집》에서 어머니와 아이 사이의 다양한 관계를 다루고 있는 〈가시나무〉("The Thorn"), 〈백치소년〉("The Idiot Boy"), 〈선원의 어머니〉("The Sailor's Mother"), 〈미친 어머니〉("The Mad Mother") 등의 작품들을 중심으로 하여, 어머니의 아이에 대한 다양한 형태의 사랑을 비교·분석해보고자 한다. 기존의 워즈워스 연구는 주로 자연과 인간의 관계, 혹은 상상력의 문제에만 집중하는 경향이 있었다. 그러나 어머니와 아이 사이의 관계와 같은 사람들 사이의 원초적 관계는 그의 시에서 반복적으로 다루어지는 중요주제이자 상상력의 원초적 작용과도 관계된다. 멜러(Anne K. Mellor) 같은 여성주의 비평가는 '남성' 시인으로서 워즈워스 시에 나타난 여성상에 대해 대체로 부정적 비판을 가하였다. 예컨대, 멜러는 '남성' 시인인 워즈워스 시에서 '여성'들은 거의 모두가 죽었거나 미쳐서, 그냥 침묵을 지키거나 남성 서술자의 입을 통해 간접적으로 자신의 이야기를 전할 수밖에 없다고 비판한다(19). 그러나 멜러의 일방적 주장과는 달리, 여기에서 다루는 워즈워스의 작품들에서 여성들은 모두 살아 있거나 (미친 경우에도) 자신의 입으로 이야기를 직접 전할 기회를 갖는다.

멜러의 다분히 "도식적인 페미니즘 논의"(손현 106)를 넘어서서,[2] 여기에서 다루고자 하는《서정담시집》의 몇 편의 시들은 사회의 기초 원리로서의 모성애(母性愛) 혹은 모성적 여성 원리를 다양한 여성 인물상들을 통해 '공감적'으로 재현하고 있다고 하겠다. 워즈워스 시에서 어머니와 자식의 관계는 주로 자식을 상실하거나 잃어버린 경우이다. 자식을 상실한 어머니의 경우처럼 인간의 가장 원초적이고 강렬한 감정을 드러내는 상황은 없을 것이다. 병적으로 왜곡되거나[3] 자식을 상실한 "극한 상황"(extreme situation, Storch 628)을 통해, 워즈워스는 비극이든 희극이든 간에, 편협한 가부장적 이데올로기를 넘어서서 시인과 독자를 잇는 보편적인 공감적 상상력을 추구하고자 한다. 본론에서는 각 시작품을 하나씩 검토해가면서 워즈워스가 재현하는 다양한 모성애의 모티프를 공감적 입장에서 살펴보고자 한다.

II

각 시에 대한 논의에 앞서, 네 편의 시에 등장하는 어머니와 자식 간의 관계는 미친 어머니 / 보통 어머니, 죽은 자식 / 산 자식의 각각 두 가지 유형에 따라 다음과 같은 도표로 표시해 볼 수 있다.

---

2 멜러에 대해 비판적인 입장을 취한다는 측면에서 필자의 글은 손현의 논문(105-36)과 맥을 같이한다. 그러나 손현은 '어머니'의 상징기표에 대한 라캉식의 정신분석적 읽기에 치중하고 있는 반면에, 필자는 자식에 대한 '모성애'의 문제를 주로 워즈워스의 시론과 결부지어 살펴보려 한다는 점에서 기본적으로 다르다.

3 뷰얼(Allan J. Bewell)은 이 시들에서 여성 인물들의 "여성적 상상력"(female imagination, 357)을 18세기 의학적 · 철학적 담론에서 여성 "히스테리"(hysteria) 및 "마술"(witchcraft)의 문제와 연관짓는다(357-90). 그러나 뷰얼과 달리, 필자의 이 글에서는 이 여성 인물들의 상상력을 그들의 아이에 대한 '모성애'라는 긍정적 관점에서 살펴보고자 한다.

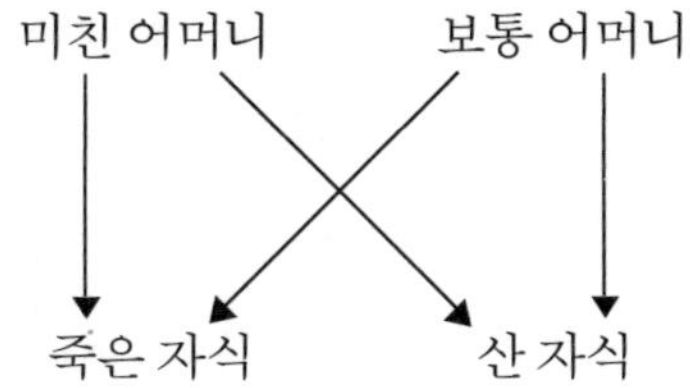

위의 도표에서 〈가시나무〉는 미친 어머니와 죽은 자식의 관계를, 〈미친 어머니〉는 미친 어머니와 산 자식의 관계를, 〈백치소년〉은 보통 어머니와 산 자식의 관계를, 〈선원의 어머니〉는 보통 어머니와 죽은 자식의 관계를 각각 다룬다. 우연인지 필연인지, 모자 관계를 다루는 워즈워스의 시들은 흥미롭게도 이처럼 사각형의 구조적 관계에서 파생될 수 있는 네 가지 경우를 모두 보여준다. 도표의 상호관계에서 미친 어머니와 죽은 자식 간의 관계를 다루는 〈가시나무〉가 가장 비극적일 것이며, 보통 어머니와 산 자식의 관계를 다루는 〈백치소년〉이 가작 희극적일 것이라고 유추해볼 수 있다. 이러한 구조적 관계를 통해서 우리는 네 편의 시들이 서로 긴밀하게 상호 연관됨을 알 수 있다. 여기에서는 가장 비극적인 〈가시나무〉를 우선 중점적으로 분석하면서, 이와 관련하여 다른 시들을 순차적으로 비교 · 고찰하는 방식으로 논의를 전개해가고자 한다.

〈가시나무〉는 워즈워스의 시 중에 가장 많이 논란이 된 작품 중의 하나이다. 콜리지는 《문학적 전기》(*Biographia Literaria*) 17장에서 워즈워스의 시론과 시어를 비판적으로 검토하는 가운데 〈가시나무〉를 가장 중요한 예의 하나로 인용한다(Christensen 168). 워즈워스는 1800년에 덧붙인 노트에서, 이 시의 화자는 시인 자신이 아니라 "말 많은 서술자의 성격"(the character of the loquacious narrator)을 지닌, 낯선 곳에 은퇴한 노선장으로, "게으름으로 인해 남을 잘 믿고 말수가 많아졌으며"(become credulous and talkative from indolence), "미신에 경도된"(prone to superstition) "상상력"(imagination)을 지닌 인물이라고 묘사하였다(*LB* 37). 패리쉬(Stephen

M. Parrish)는 워즈워스의 논평에 의거하여 이 시를 마사 레이(Martha Ray)에 관한 이야기라기보다 선장–화자의 "심리 연구"(psychological study)를 목적으로 하는 "극적독백"(a dramatic monologue)으로 해석하였다(155). 반면에, 하트만(Geoffrey Hartman)은"서술되는 행동과 서술자의 정신이 평행을 이룬다"(the action narrated and that of the narrator's mind run parallel)는 측면에서 (그 자신은 비록 마사의 이야기 자체에 대해서 자세한 분석을 제시하지 않지만) 이 시의 "이중구성"(a double-plot)을 인정하였다(148). 같은 맥락에서, 제이커버스(Mary Jacobus)가 지적하듯이, 이 시는 선장–화자의 미신적 상상력에 관한 탐구일 뿐만 아니라, 그를 사로잡는 한 미혼모의 기구한 운명에 관한 이야기이기도 하다는 사실을 간과해서는 안 될 것이다(248). 구체적으로, 선장의 눈을 통해 재현되는, 애인에게 버림받고 사생아를 살해할 수밖에 없었던, 마사의 일화는 한편으로 인륜을 저버린 비극적 사랑의 이야기이지만, 다른 한편으로 아기와 어머니 사이의 지울 수 없는 끈끈한 유대감과 원초적 사랑의 이야기이기도 하다.

워즈워스는 선장이 "남의 말을 쉽게 믿고 말수가 많은" 사람이라고 했지만, 사실, 막상 이 시를 자세히 읽어보면 그는 어떤 면에서는 마을 사람들의 추측이나 풍문을 쉽게 믿거나 수용하지 않는, 상당히 회의주의적이고 냉철한 이성주의자의 측면을 지니고 있기도 하다. 선장은 그의 이야기에서 마을 사람들의 다양한 추정적 견해들을 수차례 인용하지만, 그 자신이 반드시 거기에 동의하는 것은 아니며, 매번 자신은 "말할 수 없다"거나 "아무도 알지 못한다"[4]는 식의 중립적, 유보적 태도를 취한다. 예컨대, 선장은 마사가 밴 아기가 도대체 어떻게 되었는지(태어나기는 했는지, 사산인지, 혹은 죽임을 당했는지 등)에 대해서는, 아무도 확실히 알지 못함을 거듭 강조한다(155-62행). 그리고 심지어 자줏빛 이끼는 아기가 흘린 피로 그렇게 된 것이라고 주장하는 이도

4 오루어크(James O'Rourke)는 선장의 이러한 모호하고 발뺌하는 듯한 태도를 워즈워스 자신이 프랑스 여인 아넷 발롱(Annette Valon)과 그녀 사이에 낳은 아기를 '버린' 전기적 사실, 그리고 나아가서 당대 영국 사회에서 영아살해의 법적 문제와 연관짓는다(113-14; 117).

있지만, 선장은 그녀가 자신의 "신생아"(a new born-infant, 224행)를 죽였을 거라고는 결코 믿지 않는다(221-24행).

다만 선장이 제시하는 것 가운데 확실한 사실은, 마사 레이라는 처녀가 스티븐 힐(Stephen Hill)이라는 청년과 결혼할 예정이었지만, 그에게 버림받은 후 정신이 이상하게 되었고, 아기를 가져 배가 불러왔으며, 그 아기가 나중에 어떻게 되었는지는 모르겠지만, 날씨를 불문하고 자주 산정에 올라가서 "아 비참해! 아 비참해!(Oh misery! oh misery!, 66행)라고 울부짖는다는 것이다. 아마 마사가 임신 중에 겪었을 고통을 생각하면서 그녀를 버린 스티븐을 그 자신 극도로 저주하는 것(아! 수만 번을 원하건대 / 그가 죽어버렸으면, 그 잔인한 아버지가[Oh me! ten thousand times I'd rather / that he had died, that cruel father! 142-43행])으로 보아,[5] 선장은 서술자로서 여러 가지 유보적 태도에도 불구하고, 이 버림받은 미혼모의 "슬픈 경우"(Sad case, 149행)에 대해 매우 동정적인 입장을 취하고 있음이 분명하다.

선장–서술자는 시 전체를 통해서 2인칭 서술을 사용하여 독자들에게 직접 말을 거는 가운데, 그가 직접 관찰하거나 겪은 사건과 마을 사람들의 견해를 종합적으로 제시함으로써, '가시나무'를 둘러싼 신비한 자연풍경과 마사의 일화에 대해, 마치 〈사이먼 리〉("Simon Lee")의 화자처럼(73-80행), 독자 자신이 객관적 판단을 내리고 스스로 그럴 법한 '이야기'를 만들어 내도록 그들에게 적극적인 참여와 협동적 역할을 수행하기를 촉구한다.[6] 이렇게 볼 때, 선장은 마치〈마이클 — 전원시〉(Michael: A Pastoral Poem)의 서술자처럼 일종의 현지 '여행 안내자'의 입장에서, 지역 '유적'이나 자연풍경과 관련된 지역사(地域史)의 전설

5 선장의 이러한 과격한(?) 발언에는 아마도 발롱과 그녀의 아기를 버린 워즈워스 자신의 자책감이 반영되어 있는지도 모르겠다.

6 풀포드(Tim Fulford)는 이러한 측면에서, 〈가시나무〉와 〈미친 어머니〉의 두 시에서 워즈워스는 "현대적 서술자"(a contemporary narrator, 325)를 도입하여, "정신이 혼란된 어머니들의 혼란한 정신 상태를 **손쉬운 진단이나 단순한 결론을 내리지 않고** 제시하는 데 성공했다"([Wordworth] succeeded in presenting the disturbed mothers' distracted mental states *without making easy diagnoses or drawing simplistic conclusions*, 327, 강조 첨가)고 평가한다.

적 일화를 독자들에게 들려주는 역할을 한다(111-14행). 시인 자신의 '희극적' 해석과는 대조적으로, 선장이 제시하는, 약혼자에게 버림받고 자신의 아기를 살해한 한 '타락한 여성'의 이야기[7]는, 어떤 의미에서 워즈워스가 경멸했던 당시 대중적 인기를 누렸던 뷔르거(Gottfried August Bürger)의 독일 민요와 같은[8] '고딕적 공포'를 자아내는 추문적 일화이다. '가시나무'를 둘러싼 자연풍경과 연관되는 마사의 이야기는 약혼자에게 버림받음으로써 '미쳐'버린 한 여성과 사생아 사이의 관계, 그리고 나아가서 아무리 왜곡되었더라도 근본적으로 어머니가 자신의 자식에 대해 품을 수밖에 없는 '모정'을 강조한다.

이 시의 중심적 이미지로서 가시나무, 이끼 둔덕, 연못의 자연풍경은 애매하고 신비로운 "상징적 집단"(symbolic clusters, Gravil 118)을 형성한다. 첫 연에서부터 뒤틀어지고 키 작은 오래된 '가시나무'는 "두 살배기 어린애"(a two-years' child, 5행)에 비유된다는 점에서, 나중에 나오는 마사의 죽은 아기와 연관될 수 있다. 그럴 경우, 그 가시나무를 땅으로 끌어내려 파묻으려는 듯이 달라붙는 주변의 "이끼"(moss, 14행)는 죽은 아기의 기억을 묻고자 애쓰는 어머니의 상징으로 읽을 수 있다. 혹은 반대로, 선장의 눈에 다채롭고 아름답게 보이는 "이끼 둔덕"(a hill of moss, 36행)이, 그가 반복적으로 연상하듯이, 과연 죽은 "아기의 무덤"(an infant's grave, 52, 61, 93행)이라면, 죽은 아기의 상징인 "이끼"가 살아 있는 어머니-가시나무를 자꾸만 죽음의 땅으로 함께 끌어내리려

7 펜윅(Fenwick) 노트에 의하면, 이 시는 "조용하고 밝은 날에는 그냥 지나쳤던 한 가시나무를, 어느 폭풍우가 치는 날, 콴톡 힐즈(Quantock Hills)의 산마루에서 관찰한 데서 연유했다"(Arose out of my observing, on the ridge of Quantock Hills, on a stormy day, a thorn which I had often passed in calm and bright weather without noticing it, *LB* 380)고 한다. 따라서 가시나무와 연관된 마사의 이야기는 워즈워스가 상상으로 지어낸 문학적 허구이다. 그러나 폴포드와 오루어크가 지적하듯이 18세기 말 영국 사회에서 미혼모와 고아들은 중요한 사회적·법적 문제였다는 측면에서(313-15; 113), 워즈워스가 가시나무와 연관하여 문학적으로 재현한 마사의 이야기는 역사적으로 당대의 영국 사회에 대한 실제적인 사회 비평적 의미를 함축한다고 봐야 할 것이다.

8 뷔르거의 독일 고딕 민요와 《서정담시집》의 시들의 비교분석은 프리모(John Primeau)의 논문 참고(89-96).

하는 집요한 몸짓으로 볼 수도 있다.

이 이끼들은 땅에서 기어올라,
이 가련한 가시나무를 바짝 휘감아서,
마치 명백한 의도로, 작정을 하고서,
나무를 땅으로 끌어내리려는 듯했어;
그래서 모두가 전심전력으로
이 가시나무를 땅에 묻으려는 듯했지. (16-22행)

Up from the earth these mosses creep,
And this poor thorn they clasp it round
So close, you'd say that they were bent
With plain and manifest intent,
To drag it to the ground;
And all had joined in one endeavour
To bury this poor thorn forever.

어쨌든 이끼 둔덕과 거기에 뒤엉킨 가시나무는 죽음과 삶의 경계를 초월하여 떼려야 뗄 수 없는 어머니와 자식 사이의 원초적 사랑의 결속을 상징한다고 봐도 무방할 것이다.

비록 사생아지만 마사가 아기를 가진 것은 그녀에게 잠시나마 일말의 삶의 희망을 되찾게 해준다. 한 농부가 전하는 바에 의하면, 아기가 태중에서 자라날 때, 마사는 아기와의 "나눔"(Communion, 145행)을 통해 일시적으로 제정신을 되찾았다고 한다.

[……] 뱃속의 아기가 엄마의 가슴에 작용해서,
정신을 차리게 했다:
그리고 마침내 때가 되었을 때,
그녀의 표정은 차분하고 정신은 말짱했다. (150-54행)

[...] [I]n her womb the infant wrought
About its mother's heart, and brought
Her senses back again:
And when at last her time drew near,
Her looks were calm, her senses clear.

사산했든 어머니가 죽였든 간에, 아기가 죽은 후, 날씨를 불문하고 미친 마사가 가시나무와 이끼 둔덕과 연못이 있는 산정에 매번 찾아가는 것은 어머니로서 아기에 대한 떨쳐버릴 수 없는 사랑에서 우러나온 행위라 할 수 있다. 은퇴한 선장의 미신적 상상력을 풍자적으로 보여주고자 하는 워즈워스의 희극적 서술은 어떻게 보면 선장의 입을 통해 재현되는, 차마 형언할 수 없고 시적 소재로 삼기도 어려운 마사의 비극적 이야기를 당대 독자들에게 전달하기 위한 일종의 당의정일지도 모른다. 워즈워스가 자신의 노트에서 노 선장의 이야기 내용보다 그의 미신적 상상력을 강조한 것은, 어쩌면 '시'의 소재로 받아들이기 어려운 극히 추문적인 한 '타락한 여인'의 이야기를, 당대 독자들이 스스로 판단하도록 하나의 당혹스런 '미스터리'로 제시하는 일종의 우회적인 수사적 전략일 수도 있다. 바꾸어 말해서, 워즈워스는 비록 남성 시인이지만 그의 공감적 상상력은 멜러가 주장하는 남녀의 이데올로기적 구분을 넘어서 사회적으로 버림받은 여인의 경우에까지 널리 확장되고 있다고 말할 수 있다.

〈가시나무〉가 버림받은 여인의 비극적 모성애를 그리고 있다면, 〈백치소년〉은 홀로 심부름 보낸 백치 아들에 대한 어머니의 걱정과 사랑을 희극적으로 그린다. 지금까지 이 시에 대한 해석은 주로 백치 소년이 한밤중에 길을 잃고 숲속을 헤매면서 겪는 신비한 체험과 상상력의 문제에 치중하였다. 그러나 조니(Johnny)의 모험 이야기는 사실 병든 이웃 아주머니 수전(Susan)을 위해 어머니 베티(Betty)가 조니에게 의사를 불러오도록 심부름을 보내는 데서 비롯되는 부차적 플롯이다. 어떻게 보면 시 중간에 나오는 조니의 모험 이야기보다 중요한 것은 베티의 수전에 대한 배려와 함께, 두 여인이 조니를 찾아 나서는 과정에서 수전의 병이 낫게 된다는 모성적 · 이타적 사랑의 기적적 이야기이다.

〈가시나무〉의 서술자가 워즈워스의 의도와는 무관하게 자신의 이야기의 대상에 대해 시종일관 진지한 태도를 유지한다면, 〈백치소년〉의 서술자는 댄비(J. F. Danby)가 지적하듯이 이야기 속의 인물인 소년과 어머니로부터 아이러니컬한 거리를 두면서도, 마치 그들의 사정을 잘 아는 다정한 이웃사람처럼 따뜻한 인간적 공감과 해학의 관점에서 그들의 이야기를 희극적으로 재현한다(206-8). 조니는 비록 백치 자식이지만 그의 어머니는 그를 누구보다 "사랑"(50행)할 뿐만 아니라, "버, 버"(Burr, bur, 107행)하는 뜻 모를 소리를 포함하여 그가 말하는 몇 개 안 되는 단어들까지 잘 이해할 수 있다(75-76행). 베티는 "그녀에게 최상의 기쁨을 주는 소년"(The boy who is her best delight, 62행)을 너무도 "대견하게 여긴"(proud of him, 99행)다. 수전에게 자랑하듯, 의사를 데리러 간 "조니의 재치와 조니의 영광"(Johnny's wit and Johnny's glory, 136행)에 대한 베티의 믿음은 과연 절대적이다. 조니에 대한 믿음과 더불어, 수전의 병석을 한시도 떠나지 않고 지키는 베티의 모습은 과연 이타적 사랑의 표상이라 할 만하다(142-46행).

뿐만 아니라, 심부름 보낸 아들이 제때 돌아오지 않자, 베티가 온갖 '상상'을 하면서 공포와 절망에 사로잡히게 되는 장면은, 희극적이면서도 인간의 원초적 감정으로서 어머니의 자식에 대한 절대적 애정을 잘 보여준다(232-41, 272-27, 302-8행).

> "아 성자님들! 개가 어떻게 되었나요?
> 아마 참나무로 기어 올라가서,
> 거기서 죽을 때까지 계속 있을지도 몰라;
> 혹은 슬프게도 길을 잘못 들어서,
> 떠돌이 집시족에 합류했는지도 몰라.

혹은 그놈의 나쁜 조랑말이 데려갔을지도 몰라,
어두운 동굴이나 도깨비 집으로,
혹은 성 안에서 쫓고 있을지도 몰라,
유령들 틈에서 자신의 파멸을;
혹은 폭포수와 놀고 있을까." (223-41행)

'Oh saints! what is become of him?
Perhaps he's climbed into an oak,
Where he will stay till he is dead;
Or sadly he has been misled,
And joined the wandering gypsy-folk.

Or him that wicked pony's carried
To the dark cave, the goblin's hall,
Or in the castle he's pursuing,
Among the ghosts, his own undoing;
Or playing with the waterfall.'

바보 자식에 대한 베티의 지극한 사랑은 모성애라는 이상적 여성원리의 한 전범을 보여준다. 반면에, 자식의 행방을 다급히 묻는 어머니에게 일말의 관심이나 동정심을 보여주지 않는 마을 남자 의사의 비인간적이고 냉랭한 태도는 공리주의적으로 왜곡된 남성원리를 풍자하고 있다고 하겠다.

조니에 대한 베티의 사랑은 그의 "조랑말"(the pony)에 대한 사랑 내지 믿음과 연관된다. 위 인용문에서 베티는 '나쁜 조랑말'을 잠시 원망해보기도 하지만, 그래도 극도의 절망에 빠진 그녀에게 마지막 남은 유일한 희망은, 평소에 잘 대해주었던 "온순하고 착한"(mild and good, 313행) 조랑말이 조니를 무사히 숲속으로 데려다주었을 것이라 믿는 것이다(311-15행). 사실 숲속 모험의 주인공은 조니가 아니라 그보다 더 똑똑한 조랑말이라고 할 수 있다. 이곳저곳을 헤매다니던 베티가 마침내 숲속에서 나오는 조니와 조랑말의 모습을 알아보고 그들과 재회하는 장면(374-411행)은 가히 잃어버린 아이를 되찾은 어머니의 더할 수 없는 감격과 감동을 잘 나타낸다. 다른 한편으로, 수전은 조니와 그를 찾아 떠난 베티가 모두 돌아오지 않자 그들에 대한 걱정 때문에 "의심과 두려움"(doubts and terrors, 428행)에 사로잡히지만, 역설적으로 자신의 병보다 타자에 대한 걱정이 앞섬으로써 "그녀의 몸은 훨씬 더 나아졌다"(Her body still grew better, 431행)고 서술자는 말한다. 조니가 숲속에서 겪은 신비한 체험과 더불어, 백치 자식에 대한 어머니의 믿음과 사랑은 이 시의 중심적 이야기를 구성한다. 아이를 잃었다가 되찾는 어머니의 모정의 이야기를 통해서 워즈워스는 그의 시론에서 피력하였듯이 인간의 강렬한 원초적 감정이 평범한 시골사람들의 일상적 삶에서 어떻게 작용하는지를 잘 그려내고 있다. 특히 이 시에서는 그러한 원초적 감정이 백치 자식에 대한 어머니의 지극한 모성애라는 형태로 제시되고 있다.

〈백치소년〉이 아들을 잃었다 되찾은 어머니의 걱정과 기쁨을 가볍게 희극적으로 다루었다면, 〈선원의 어머니〉는 배를 타다 죽은 아들의 유물인 '노래하는 새'를 품고 다니며 슬픔을 '금욕적'으로 감내해 나가는 한 어머니에 관한 진지한 이야기이다. 이 시는 워즈워스의 다른 '도보시'처럼 서술자가 여행 중 우연히 만난 한 인물에 관한 이야기를 들려준다.[9] 〈가시나무〉는 은퇴한 선장의 다분히 회의주의적이거나 유보적인 시각에도 불구하고 아이를 잃은 여인에 대한 상당히 감상적이고 비극적인 재현에 치우친 면이 없지 않다. 반면에, 짤막한 길이의 〈선원의 어머니〉는 마치 '루시 시들'(Lucy Poems)의 화자처럼, 가장 소중하게 사랑하는 사람의 죽음 혹은 그와 연관된 것에 대한 지극히 '과

---

9 펜윅 노트에 의하면, 이 시는 워즈워스가 그래스미어(Grasmere)에서 앰블사이드(Ambleside)로 가는 길에 만난 한 여인의 이야기에 기초한 것이며, 시에서 여인의 말은 그녀가 실제로 한 것을 거의 그대로 옮긴 것이라고 한다(McLane 202 재인용).

소법적'(過小法的) 언급을 통해서, 인간으로서 견디기 힘든 극도의 상실의 슬픔을 조용히 감내해 나가는 고귀하고 귀족적인 금욕주의적 태도를 보여준다. 그녀가 외투 아래 갖고 다니는 것이 무엇이냐는 서술자의 질문에 대해 부인은 그냥 "간단한 짐이에요, 조그만 노래하는 새입니다"(a simple burden, a little Singing-bird, 17)라고 간략하게 대답한다. 부인이 들려주는 죽은 아들의 사연에 대해 시인-서술자는 더 이상 아무런 논평을 덧붙이지 않음으로 해서, 독자들은 죽은 아들에 대한 어머니의 애틋한 사랑의 '여운'을 더욱 절실히 느낄 수 있다.

〈미친 어머니〉는 〈가시나무〉의 경우와 달리 결혼은 했지만, 역시 버림받은 여인과 아기 사이의 관계를 다룬다, 그러나 〈가시나무〉와는 대조적으로 이 시는 '미친' 어머니가 아기와의 사랑을 통해서 '자연' 속에서 나름대로 삶의 의미와 목적을 찾게 된다는 긍정적 결말을 보여준다. 이 시의 서술은 1연의 3인칭 서술을 제외하고는, 대부분 어머니를 화자로 하고 아기를 청자로 하는 일종의 '극적독백'으로 이루어져 있다. 주인공인 '미친 어머니'는 거지나 빈곤층, 여성, 어린이, 제대 군인, 소수인종처럼, 워즈워스 시에서 흔히 찾아볼 수 있는 사회적으로 주변화되고 소외된 인물들 중의 하나이다.[10] 워즈워스는 남편에게 버림받고 사회적으로 소외된 '미친' 여인의 이야기를 그녀 자신의 1인칭 시점을 통해 직접 들려줌으로써 독자로 하여금 "시적 동일시"(poetic identification, Hale 108), 혹은 "공감적 동일시"(sympathetic identification, Gonsalves 122)의 과정을 통해 그녀의 이야기에 공감하게 한다.

풀포드(Tim Fulford)에 의하면, 18세기 런던 거리에는 사람들의 동정을 사기 위해 아기를 안고, 자신과 같이 버림받은 여인을 소재로 하는

10 워즈워스는 이 시의 소재를 브리스톨(Bristol) 출신의 한 여성에게 전해 들었으며, 문학적 재현에 있어서는 퍼시(Percy)의 《유산》(*Reliques*)에 수록된 〈미친 어머니-앤 보스웰 부인의 한탄〉("The Mad Mother: Lady Anne Bothwell's Lament")과 릿슨(Joseph Ritson)의 《고대 노래》(*Ancient Songs*)에 수록된 〈어머니의 자장가〉("The Mother's Lullaby")로부터 영향을 받았다고 한다(*LB* 173 두주[頭註] 참조).

민요를 노래하며 구걸하는 여인들이 많았다고 한다(315). 서술자가 1연의 서두에서 묘사하는 여인의 용모와 행색(거친 눈빛에 머리에는 아무 것도 쓰지 않고, 햇볕에 그을린 검은 머리에다 눈썹에는 녹 쓴 색의 얼룩이 진[1-3행])은 그녀가 정신적으로 정상적 상태에 있지 않음을 암시한다. 아기를 안고 아마 '북미'(North America)와 같은 먼 해외에서 온 그녀는 놀랍게도 "영어"로[11] 숲속에서 자신의 이야기를 노래로 들려준다. 워즈워스는 이처럼 '타락한 여인'으로서의 런던 길거리의 상업적 하층 여성 민요가수의 이미지를 목가적 자연 속의 순수하고 소박한 '전원시인'의 이미지로 변용시킴으로써, 독자들이 미친 여인의 이야기의 진정성을 믿고 그녀의 이야기를 동정적으로 받아들이게 한다.

이 시의 여인-화자는 의외로 사람들이 자신의 정신 상태에 대해 어떻게 생각하고 있는지를 잘 알고 있다(11행). 마사의 경우처럼 자신의 머리 속에 이는 정신적 고통의 "불길"(fire, 21행)에도 불구하고, 여인은 자신의 슬픈 삶의 이야기를 노래로 승화시킴으로써 기쁨과 행복을 누릴 수 있다고 자부한다.

> "예쁜 아가! 사람들은 내가 미쳤다지만,
> 내 가슴은 너무나 기뻐;
> 그리고 난 노래할 때면 행복해,
> 정말 슬프고 가련한 것들에 대해……." (11-14행)
>
> 'Sweet Babe! they say that I am mad,
> But nay, my heart is too glad;
> And I am happy when I sing
> Full many a sad and doleful thing...'

그녀의 삶을 지탱하는 것은 어머니로서 아기에 대한 지극한 사랑(Bidlake 189)과 그것을 노래하는 기쁨이다.

---

11 워즈워스가 1836년 9월에 케년(John Kenyon)에게 보낸 편지 참조(*LB* 376).

마치 〈가시나무〉에서 뱃속에서 자라는 아기가 버림받은 어머니를 간혹 정신 들게 했듯이, 미친 어머니의 아기는 어머니의 젖을 빨고 가슴을 어루만짐으로써, 결혼은 했지만 그녀의 "가슴"(breast, 61행)에 별다른 관심을 가지지 않았던 남편과 대조적으로, 그녀의 "가슴"(chest, 36행)에 맺힌 한과 고통을 풀어주고 그녀의 "귀중한 영혼"(precious soul, 48행)을 구해주는 구원자의 역할을 한다.

"젖을 빨아라, 조그만 아가야, 또 젖을 빨아라!
그럼 내 피가 시원해지고, 내 머리가 시원해진다;
난 느낄 수 있다, 네 입술이
내 가슴의 아픔을 덜어줌을.
아! 네 조그만 손으로 날 만져주면;
그럼 내 가슴의 어떤 것이 풀려난다;
그 단단하고 치명적인 응어리 언저리에
네 작은 손가락이 닿음을 느낄 수 있구나." (31-38행)

'Suck, little Babe, oh suck again!
It cools my blood, it cools my brain;
Thy lips I feel them, Baby! they
Draw from my heart the pain away.
Oh! press me with thy little hand;
It loosens something at my chest;
About that tight and deadly band
I feel thy little fingers pressed.'

아기의 이러한 사랑에 대한 보답으로, 어머니는 아기를 이 세상의 온갖 '두려움'으로부터 굳게 지켜줄 것임을 거듭 약속하고 다짐한다(15-20, 51-56, 71, 97행). 이 시에서 아기와 어머니 사이의 사랑은 이처럼 일관되게 상호 구원적인 것으로 그려진다.

어머니-화자가 자신의 노래의 마지막에서, 자연 속에서 아기에게 노래하는 법을 가르치면서(81-82행), "정직하게"(in honesty, 74행), 그리고 영원히 즐겁게 살 것이라고 말하는 것(99-100행)은 루소(Jean Jacques Rousseau)의 《에밀》(*Emile*)과 같은 자연주의적 교육을 연상시킨다. 자연 속에서 미래 세대의 교육적 성장에 대한 믿음은 워즈워스의 〈틴턴사원〉과 콜리지의 〈한밤의 서리〉("Frost at Midnight")에서도 공통적으로 발견되는 모티프이다. 그러나 〈미친 어머니〉의 화자는 단순히 자연을 이상화하지만은 않으며, 삶의 역경을 통해서 "그늘진 곳의 독초"(the poisons of the shade, 95행)와 "대지의 먹을 수 있는 열매"(the earth-nuts fit for food, 96행)를 구분해내는 지혜를 얻게 되었다. 따라서 그녀가 숲 속에서 아기와 함께 찾고자 하는 대문자로 씌어진 "아버지"(Father)는 아기의 생부라기보다는, 〈틴턴사원〉이나 콜리지의 〈풍금〉("An Aeolian Harp")에서처럼 아마 자연 속에 내재하는 범신론적 존재로서의 관대하고 포용적인 '신'을 지칭하는 것으로 볼 수 있을 것이다.

III

워즈워스의 몇 편의 시들에 나타난 어머니와 자식 사이의 사랑이라는 주제는 인간의 보편적 감정 중에서도 가장 강렬한 것으로서, 평범한 사람들의 삶에서 상상력이 어떻게 작용하는 지를 잘 보여준다. 워즈워스는 특히 남성 배우자에게 버림받았거나 아들을 잃은 어머니의 극단적 경우를 시적 소재로 삼음으로써, 이러한 '극한 상황'에서 사람(어머니)들의 정신 혹은 감정과 상상력이 실제적으로 어떻게 작용하는지를 탐색한다. 그것은 〈가시나무〉의 경우, 주로 회한과 비극적 슬픔으로, 〈백치소년〉의 경우, 고딕적 공포와 희극적 환희로, 〈선원의 어머니〉의 경우, 고귀한 금욕적 인내로, 〈미친 어머니〉의 경우, 소박한 전원시인의 이미지와 상호 구원적 사랑으로 재현된다. 멜러의 편협한 여성주의적 주장과 달리, 이 장의 논의를 통해 우리는 워즈워스 시에서 여성인물들이 죽지 않고 생존하여 자신의 이야기를 직접적이든 간접적이든 충분히 들려줄 기회를 가진다는 것을 알 수 있었다.

워즈워스의 시에 나타난 어머니와 자식 간의 공감과 사랑, 혹은 '공감적 동일시'의 관계는 나아가서 서술자와 작중인물로서의 어머니, 그리고 서술자 / 시인과 독자 / 청자 사이의 관계에도 적용될 수 있을 것이다. 〈가시나무〉는 서술자의 회의적이면서도 공감적 시각을 통해서, 그가 "당신들"(you)이라고 일컫는 청자나 당대 독자들로 하여금, 영아를 살해한 미혼모라는 공포스런 타자의 미스터리를 직접 객관적으로 대면하도록 제시한다. 〈백치소년〉의 서술자는 어머니와 백치 아들, 그리고 이웃 여성 환자 사이의 공감적 동일시가 낳는 기적적 재회와 치유의 이야기를, 그들의 안위를 걱정하는 이웃사람처럼 따스한 인간미 넘치는 해학으로 청자–독자들에게 제시한다. 독자들은 〈선원의 어머니〉에서 아들을 잃은 어머니의 과소법적 사연을 어머니 자신의 입을 통해서 들을 수 있다. 〈미친 어머니〉의 극적독백은 이중적 의미에서 사회적으로 소외된 광인 여성이 자신의 이야기를 그 자신의 주체적 목소리로 서술자 및 독자에게 직접 들려준다.

이 시들에 나타난 어머니와 아이, 그리고 서술자 / 시인과 청자 / 독자 사이의 공감적 동일시의 관계를 통해서 볼 때, 워즈워스는 비록 남성 시인이지만 이들 시에서 어머니상을 재현함에 있어, 멜러가 비판하고자 하는 당대 가부장적 이데올로기를 넘어서서 '모성적 사랑'(maternal love)에 기초한 공감적 상상력의 양성적(兩性的, androgynous) 글쓰기를 보여준다고 말할 수 있을 것이다. 어릴 적 어머니를 잃은 워즈워스가 결국 자연에서 찾고자 한 것도 바로 이러한 어머니와 아기 사이의 사랑에 기초한 시적 동일시 혹은 공감적 상상력이 아닐까 유추해볼 수 있다. 워즈워스 시 중에는 물론 어머니와 아이 사이뿐만 아니라, 〈아버지들을 위한 일화〉("Anecdote for Fathers"), 〈사월의 두 번의 아침〉("The Two April Mornings"), 〈아이 잃은 아버지〉("The Childless Father"), 〈마이클〉처럼, 아버지와 아이 사이의 관계를 다루는 시들도 있다. 이들 중 〈아버지를 위한 일화〉를 제외하고, 세 편의 시들은 모두 아이를 잃어버린 아버지에 관한 이야기이다. 이 작품들 역시 부모와 아이 사이의 강렬한 원초적 감정을 다룬다는 측면에서, 워즈워스의 시론에 드러난 그의 시의 본질을 탐구해볼 수 있는 중요한 작품들이라고 여겨지며, 이들에 대한 검토는 다른 기회로 미룬다.

인용문헌

손현. 〈워즈워스와 어머니에 대한 욕망: 주체성의 전략으로 읽기〉. 《영미문학페미니즘》 10.1 (2002): 105-36.

Bewell, Allan J. "A 'Word Scarce Said': Hysteria and Witchcraft in Wordsworth's 'Experimental' Poetry of 1797-1798." *ELH* 53.2 (Summer, 1986): 357-90.

Bidlake, Stephen. "'Hidden Dialogue' in 'The Mad Mother' and 'The Complaint of a Forshaken Indian Woman'." *The Wordsworth Circle* 13 (1982): 188-93.

Christensen, Jerome. "Wordsworth's Misery, Coleridge's Woe: Reading 'The Thorn'." *Papers on Language and Literature* 16 (1980): 266-86.

Danby, J. F. "'Simon Lee' and 'The Idiot Boy'." Eds. Alun R. Jones and William Tydeman. *Wordsworth: Lyrical Ballads*. London: Macmillan, 1972.194-214.

Fulford, Tim. "Fallen Ladies and Cruel Mothers: Ballad Singers and Ballad Heroines in the Eighteenth Century." *Theory and Interpretation* 47.2/3 (Summer, 2006): 309-29.

Gonsalves, Joshua. "Reading Idiocy: Wordsworth's 'The Idiot Boy'." *Wordsworth Circle* 38.3 (Summer, 2007): 121-30.

Gravil, Richard. *Romantic Dialogues: Anglo-American Continuities, 1776-1862*. New York: St. Martin's, 2000.

Hale, Robert. "Wordsworth's 'The Mad Mother': The Poetics and Politics of Identification." *Wordsworth Circle* 39.3 (Summer, 2008): 108-14.

Hartman, Geoffrey. *Wordsworth's Poetry 1787-1814*. New Haven: Yale UP, 1964.

Jacobus, Mary. *Tradition and Experiment in Wordsworth's Lyrical Ballads (1798)*. Oxford: Oxford UP, 1976.

McLane, Maureen N. *Balladeering, Minstrelsy, and the Making of British Romantic Poetry*. Cambridge: Cambridge UP, 2008.

Mellor, Anne K. *Romanticism and Gender*. New York: Routledge, 1993.

O'Rourke, James. "'Goody Blake and Harry Gill', 'The Thorn' and the Failure of Philanthropy." *European Romantic Review* 9.1 (Winter, 1998): 103-23.

Parrish, Stephen M. "'The Thorn': Wordsworth's Dramatic Monologue." *ELH* 24.2 (June, 1987): 153-63.

Primeau, John. "The Influence of Gottfried August Bűrger on *The Lyrical Ballads* of William Wordsworth: The Supernatural vs. the Natural." *Germanic Review* 58.3 (Summer, 1983): 89-96.

Storch, R. F. "Wordsworth's Experimental Ballads; The Radical Uses of Intelligence and Comedy." *Studies in English Literature, 1500-1900* 11.4 (Autumn, 1971): 621-39.

Wordsworth, William. *William Wordsworth*. Ed. Stephen Gill. Oxford: Oxford UP, 1984.

———. *Lyrical Ballads, Second Edition*. Ed. Michael Mason. Harlow: Pearson, 2007.

제2부

브라우닝, 에퀴아노, 비판적 문학교육

6. 브라우닝의 시에 나타난 시인의 사회적 역할
—〈얼룩 옷을 입은 해믈린의 피리 연주자〉와 〈당대인에게 비친 모습〉을 중심으로

I

흔히 르네상스 시대나 중세를 배경으로 하는 로버트 브라우닝(Robert Browning)의 극적 독백들은 화가와 음악가와 같은 예술가들을 주인공으로 내세워서 초기근대 세계에서 예술의 의미를 탐구하였다. 〈립포 립피 수사〉("Fra Lippo Lippi"), 〈안드리아 델 사르토〉("Andrea del Sarto"), 〈갈루피의 토카타〉("Toccata of Galuppi"), 〈앱트 보글러〉("Abt Vogler") 등이 대표적인 예이다. 이처럼 화가나 음악가를 화자로 내세운 시들은 기존 비평가들 사이에 이미 많은 분석과 논의의 대상이 되었다. 그러나 중세시대 독일의 한 마을의 전설에 기초한 아동 설화 〈얼룩 옷을 입은 해믈린의 피리 연주자〉("The Pied Piper of Hamelin")와 19세기 스페인의 한 무명 시인을 주인공으로 한 〈당대인에게 비친 모습〉("How It Strikes a Contemporary") 등은 브라우닝의 예술론이나 시론과 관련하여 그다지 큰 주목을 받지 못한 것이 사실이다.[1] 이 글에서는 이 두 편의 작품에 나타난 시인 혹은 예술가의 사회적 역할에 대해 상세히 검토해보고자 한

1 〈얼룩 옷을 입은 해믈린의 피리 연주자〉는 밀하우저(Milton Millhauser)의 논문을 제외하고는 제대로 된 비평을 찾기 힘들다. 반면에, 〈당대인에게 비친 모습〉은 비교적 여러 명의 비평가들이 논의했지만 대부분 간략한 언급에 머물고 있다. 브라우닝의 시와 산문은 *Robert Browning: The Poems*, ed. John Pettigrew (New Haven: Yale UP, 1981)에서 인용하며, 본문 중에 쪽수나 행수, 절로 표기함.

다. 먼저, 〈얼룩 옷을 입은 해믈린의 피리 연주자〉의 주인공은 정확하게 시인이라기보다 음악가이지만, 전통적으로 영문학에서 피리 부는 목동은 흔히 시인의 상으로 재현되었다[2]는 측면에서 이 글의 주제와 긴밀히 연관될 수 있다. 또한 이 작품은 브라우닝 시로서는 보기 드물게 르네상스나 중세가 아닌 19세기를 배경으로 한 〈당대인에게 비친 모습〉은 '당대' 유럽사회에 나타난 시인의 모습을 그리고 있다는 측면에서 브라우닝의 시인관을 이해하는 데 보다 직접적인 시사점을 던져줄 것으로 생각된다.

II

〈얼룩 옷을 입은 해믈린의 피리 연주자〉는 브라우닝의 친구이자 당대의 유명한 비극배우였던 머크레디(William McReady)의 아들 윌리(Willy)가 병석에 누워 있을 때 그를 위해 쓴 두 편의 동화 중의 하나이다.[3] 브라우닝의 시 중에서 보기 드문 이 아동문학 작품은 삽화와 함께 여러 나라 말로 번역되어 국제적으로 널리 소개되었고, 오늘날에도 여전히 대중들의 사랑을 받고 있다. 그런데 이러한 놀라운 대중적 인기에도 불구하고 이 작품은 막상 브라우닝 학자들 사이에서는 아동문학이라는 선입견 때문인지 별다른 관심이나 논의의 대상이 되지 못했다. 겉보기에 단순히 오락적이고 약간의 교훈을 곁들인 이 평범하게 보이는 동화

---

2 예컨대, 스펜서(Edmund Spenser)의 〈목동 월력〉("The Shepheardes Calender"), 밀턴(John Milton)의 〈리시더스〉("Lycidas"), 블레이크(William Blake)의 《순진의 노래》(*The Songs of Innocence*)의 서시, 워즈워스(William Wordsworth)의 《서곡》(*The Prelude*) 등을 들 수 있다.

3 이 이야기는 처음 1842년 11월에 《극적 서정시》(*Dramatic Lyrics*)의 마지막 작품으로 출간되었지만, 1849년에 《극적 설화와 서정시》(*Dramatic Romances and Lyrics*)에 수록되었고, 1863년 이후에는 계속 《극적 설화》(*Dramatic Romances*)에 포함된 것(DeVane 127)으로 미루어, 장르상 '극적 설화'로 보는 것이 적합하겠다. 해믈린의 피리 연주자의 전설은 14-6세기에 걸쳐 여러 가지 판본이 있는데, 브라우닝은 주로 페르슈테겐(Richard Verstegen)의 《유실된 고대 지식의 회복》(*Restitution of Decayed Intelligence in Antiquities*, Antwerp, 1605)과 왠리(Nathaniel Wanley)의 《작은 세상의 신기한 일들》(*Wonders of the Little World*, 1678)에 의존했던 것으로 여겨진다(DeVane 128; Dickson 336).

이야기의 중심에는 부르주아가 새로운 지배계급으로 등장하기 시작하는 유럽의 초기근대사회에서 시인 혹은 예술가의 사회적 역할과 사회경제적 위치에 대한 초기 브라우닝의 진지한 탐색이 깃들어 있다고 할 수 있다.

브라우닝 비평가들이 공통적으로 지적하듯이, 흔히 중세나 르네상스시대 유럽대륙을 배경으로 하는 브라우닝의 시들은 많은 경우 빅토리아조 당대 영국사회의 사회적, 지성사적 문제에 대한 간접적인 논평을 제시하는 것으로 읽을 수 있다. 프랑스혁명과 산업혁명으로 특징지어지는 낭만주의 시대의 시인들이 사회 개혁적, 혁명적 선지자의 역할을 자임하였다면, 산업혁명이 가속화되고 영국 제국주의가 팽창하면서 물질주의적 공리주의와 자유방임의 정치경제, 자연과학과 기술공학, 성서의 고등비평 등이 지배하게 된 19세기 중반 이후 영국사회에서 '시인'이 어떤 사회적 정체성을 갖고 어떤 사회적 역할을 할 수 있을까 하는 것은 낭만주의 이후 빅토리아조 시인으로서 브라우닝에게 주어진 하나의 문학사적 과제였다.[4] 〈얼룩 옷을 입은 해믈린의 피리 연주자〉는 비록 중세를 배경으로 하지만, 이러한 맥락에서 낭만주의 이후 시인의 사회적 위치에 대한 간접적 탐색으로 해석할 수 있다.

이 동화에서 피리부는 사람은 이미 언급하였듯이 음악 연주자인 동시에 시인의 형상으로 간주할 수 있다. 브라우닝의 동화의 배경이 되는 신흥 "부르주아"(Millhauser 167)가 지배하는 중세도시에서 음악가/시인은 그 사회 내에서 고정적인 위치를 차지하지 못하고 어딘지 모를 외부에서 온 "떠돌이"(a wandering fellow, 161행)로 등장한다. 그는 3-6절에서 볼 수 있듯이, 시청(the Town Hall)의 시장(the Mayor)과 시 자치단체(the Corporation)와 시의회(the Council)가 지배하는 부르주아 사회에서 일

4 브라우닝에게 '시인'의 '정체성'의 문제는 평생의 관심사였다. 여기에서 논의하는 두 편의 시 이외에도, 초기작에서 《폴린》(*Pauline*)과 《소델로》(*Sordello*), 후기작에서 《발로스천의 모험》(*Balaustion's Adventure*)과 《명사와의 대화》(*Parleyings with a Certain People of Importance*) 중 "스마트"(Christopher Smart)에 대한 부분 등은 모두 이 문제를 다룬다 (Millhauser 163-4).

시적인 프리랜서의 역할을 한다. 그는 초자연적인 환상의 세계로부터 리얼리즘의 세계로 낙하한 외계인과 같은 존재이다.

> "들어오시오!" 하고 더 뚱뚱해 보이는 시장은 말했다:
> 그런데 들어온 사람은 정말 이상한 모습이었다!
> 머리부터 발끝까지 늘어진 그의 이상한 외투는
> 반쪽은 노랑이고 다른 반쪽은 빨강이었으며,
> 그 자신은 키가 크고 말랐는데,
> 푸른 눈은 마치 바늘처럼 날카롭고,
> 뺨이나 턱에는 수염이 없었지만,
> 입술에는 미소가 들락날락했고,
> 그의 친인척이 누군지 헤아릴 길이 없는
> 이 키 크고 괴상한 옷차림의 사나이는
> 누구나 정말 찬탄할 수밖에 없는 인물이었다.
> 어떤 사람의 말에 따르면, "마치 내 증조부가,
> 최후의 심판의 나팔소리에 깨어나서,
> 그의 칠한 무덤으로부터 이쪽으로 걸어 나온 것 같았다." (55-69행)

> "Come in!"— the Mayor cried, looking bigger:
> And in did come the strangest figure!
> His queer long coat from heel to head
> Was half of yellow and half of red,
> And he himself was tall and thin,
> With sharp blue eyes, each like a pin,
> No tuft on cheek and no beard on chin,
> But lips where smiles went out and in;
> There was no guessing his kith and kin:
> And nobody could enough admire
> The tall man and his quaint attire,
> Quoth one: "It's as my great-grandsire,
> Starting up at the Trump of Doom's tone,

Had walked this way from his painted tombstone!"

카니발의 광대와 같은 복장을 한 피리 연주자는 사람들을 즐겁게 하는 희극적 인물이면서, 동시에 콜리지(S. T. Coleridge)의 '노수부'(the Ancient Mariner)와 같이 날카로운 눈으로 사람들을 사로잡는 마술적 힘을 지녔고, 아무도 그의 출신 배경을 알 수 없는, 마치 최후의 심판일에 깨어난 유령처럼 초자연적인 존재이다. 그는 창궐하는 쥐떼의 위기로부터 마을을 구하는 구원자가 될 수 있고, 아니면 도시를 파멸의 구렁텅이로 몰아넣을 수 있는 심판자가 될 수도 있다.

브라우닝의 동화의 구성은 부르주아 도시가 속한 사실적 현실 세계와 시인이 속한 환상적 설화 세계의 충돌과 갈등을 중심으로 전개된다. 두 세계를 잇는 연결고리는 부르주아 사회의 가장 중요한 규약으로 간주되는 약속과 신용에 바탕을 둔 계약의 관계이다. 피리 연주자는 마술적인 피리 연주로 쥐떼를 몰아내는 데 성공하지만 시장과 협의회원들은 약속한 보상금을 그에게 지급하지 않음으로써 자신의 사회의 존립 기반을 스스로 무너뜨린다. 사실 쥐떼 문제로 온 사회가 위기에 처한 상황에서 시민 대중의 복지를 제대로 돌보지 못하는 시장과 관료들의 무능함과 나태·위선·탐욕은 근대 관료주의에 대한 브라우닝의 신랄한 사회비평의 메시지를 담고 있다(3절에서 시장의 무능에 분노한 군중은 시청에 모여들어 폭동이라도 일으킬 기세이다). 피리 연주자는 마치 그리스 신화의 오르페우스와 같이 음악의 마술적, 초자연적 힘으로 하등 자연물(쥐떼)을 제어함으로써 부르주아 사회를 존망의 위기로부터 구원한다. 그는 비록 부르주아 도시의 일원은 아니지만 고대나 낭만주의 시대 시인처럼 "시인-예언자-성직자"(poet-prophet-priest, Peckham 60)로서 그 사회를 위기로부터 구하는 데 핵심적이고 결정적인 역할을 한다.

그러나 피리 연주자는 부르주아 사회에서 설 땅이 없다. 구 봉건제도하에서 예술가는 왕과 귀족의 후원을 받았지만, 자본주의 시민사회가 성장하면서 예술가는 이전의 사회경제적 기반을 상실하고 사회로부터 소외된다. 피리 연주자가 시장(市長)과 거래를 하듯이, 물질주의적 부르주아 사회에서 예술가는 어떻게든 자신의 예술적 능력을 상품화할 수밖에 없다. 브라우닝의 동화는 점차 물질주의화하는 초기근대사회에서 예술가의 사회경제적 지위의 문제를 다룬다. 예술가에게 정당한 물질적 보상을 거부하는 부르주아 사회는 예술가의 입장에서 볼 때 벌을 받아 마땅하다. 브라우닝의 피리 연주자는 타타르와 아시아의 왕국에서 해충을 박멸하였고(89-92행) 바그다드의 술탄으로부터 좋은 음식을 대접받을 예정이지만(176-80행), 유럽 도시에서는 정당한 대우를 받지 못한다. 윌리엄즈(Raymond Williams)의 용어를 빌릴 때(31-49), 피리 연주자는 서양의 역사에서 새로운 지배계급으로 등장하는 부르주아의 물질주의적, 관료주의적 '지배문화'(the dominant culture) 내에 삽입된 고대 혹은 봉건시대의 '잔여문화'(the residual culture)의 대변자라고 할 수 있다.

브라우닝의 이야기의 서술은 예술가의 사회적 역할과 관련하여 3단계로 나누어 볼 수 있다. 첫째는 피리 연주자가 쥐떼를 강으로 몰아넣어 도시를 구하는 이야기이고(1-8절), 둘째는 보상을 받지 못한 그가 복수를 하기 위해 어린이들을 산의 동굴로 데리고 들어가서 사라지는 이야기이며(9-13절), 셋째는 어린이들이 동유럽의 트란실바니아(Transylvania) 지방에 나타나 그 후손이 그곳에 정착하여 살게 되었다는 후기이다(14-5절).[5] 첫째는 예술가가 위기에 처한 사회를 구하는 희극이며, 둘째는 예술가 입장에서 신랄한 복수극이자 도시민들 입장에서는 자식들이 모두 행방불명되는 처참한 비극이며, 셋째는 다시 이를 뒤집어 어린이들이 다른 곳에서 나와 행복하게 살게 되었다는 유토피아적 결말이다. 첫째에서 시인은 위기에 처한 사회에 대한 구원자의

5 중세 해믈린 마을에서 어린이들이 집단적으로 사라진 이야기에 대한 해석은 아동 연쇄살인범설, 전염병설 등 구구하나, 트란실바니아와 같은 동유럽 지역에 독일계 후손이 많은 것을 설명하기 위한 이야기라는 것이 가장 유력한 해석으로 간주된다(http://en.wikipedia.org/wiki/The_Pied_Piper_Of_Hamelin).

역할을, 둘째에서는 타락한 사회에 대한 징벌자 혹은 복수자의 역할을, 세 번째에서는 또 다른 차원에서 타락한 사회를 갱생시키는 구원자의 역할을 한다. 첫째와 둘째의 역할은 구약성서의 선지자의 경우에 볼 수 있듯이 동전의 양면처럼 서로 연관되어 있다. 선지자는 그가 속한 인간사회의 미래를 예견함으로써 앞으로 닥쳐올 위기를 사전에 예방할 수 있도록 도와주는 정신적, 종교적 지도자이지만, 또한 현재 사회의 타락상을 가차없이 비판하며 하나님의 징벌을 예고하는 체제 위협적 인물이기도 하다. 부르주아 사회를 위기에서 구하면서, 동시에 그 부조리함에 징벌을 내리는 피리 연주자는 선지자로서의 양의적인 사회적 역할을 수행한다.

이처럼 희극과 비극이 세 겹으로 중첩되는 반복적 서술에서 흥미로운 점은 피리소리에 홀려서 강과 산으로 이끌려가는 쥐와 어린이들은 (각 집단의 유일한 생존자인 건장한 쥐 한 마리와 절름발이 어린이에 의하면) 더없이 행복하고 즐거운 기분으로 춤추며 신이 나서 따라갔다는 것이다. 다시 말하여, 쥐나 어린이가 피리 연주자를 따라가는 것은 구약성서에서 이집트에서 탈출한 이스라엘 백성들이 젖과 꿀이 흐르는 가나안 땅으로 나아갔듯이, 먹을 것이 한없이 풍부하거나 아무 걱정없이 자유롭게 뛰어놀 수 있는 아름답고 신기한 유토피아로의 탈출 과정이다. 물론 쥐들에게 그것은 기만적 환상 속에서 집단자살로 귀결되지만, 어린이들(청년세대)에게는 물질주의적인 기성세대가 지배하는 "어떤 지하감옥"(some subterraneous prison, 295행) 같은 중세 독일 도시에서 벗어나 아직 초기근대의 부르주아 문화에 물들지 않고 목가적 잔존문화가 남아 있는 동유럽의 한 후미진 지역에서 새로운 삶을 시작할 수 있는 좋은 기회이다. 그것은 다시금 윌리엄즈의 용어를 빌릴 때, 부르주아의 지배문화에 대한 대안적인 '생성문화'(the emergent culture)의 환상적인 이미지를 제시한다. 그렇지만 브라우닝의 동화적 이야기의 유토피아적 결말은 그것이 비판하고 극복하고자 하는 부르주아 사회의 물질주의적 가치를 재보전하는 측면이 있다. 브라우닝을 대변하는 서술자가 이야기의 끝(300-3행)에서 윌리에게 덧붙이는 교훈은 아이러니컬하게도 (시인을 포함하여) 모든 이에게 "빚은 갚고 약속은 지켜라"라는 빅토리아조 영국의 지극히 "중상주의적인"(mercantile, Millhauser 168) 가치관이다.

브라우닝의 시는 비록 과장되고 희극적이지만 중세독일의 전설적 이야기를 단순히 재서술하는 데 그치지 않고, 이를 근대사회에서 시인 / 예술가의 사회적 역할에 대한 진지한 탐구라는 문제로 재현한다. 시인은 부르주아 사회를 위기에서 구하는 데 결정적 역할을 하지만, 사회는 그에게 정당한 보상을 해주지 못함으로 해서 해를 당하게 된다. 중세의 피리 연주자는 후대의 낭만주의 시인과 같이 사회 구원을 위한 예언자와 같은 구실을 하지만, 새롭게 생성되는 부르주아 사회에서 그의 사회경제적 기반은 취약하다. 예술가는 부르주아 사회의 물질주의를 부정하고자 하지만 그 자신 근대사회의 경제적 토대에서 자유롭지 못하다. 그는 부르주아 사회에 이익이 되고자 하면서 그 물질주의적 가치를 혐오하는 애증관계에 있다. 결과적으로, 이 시의 교훈적 후기는 부르주아의 가치관을 재보전하는 측면이 있지만, 그럼에도 불구하고 이 전설적 동화의 환상적 결말이 암시하는, 물질주의적, 관료주의적 부르주아 사회의 병폐를 넘어서는 대안적 유토피아 사회에 대한 갈망은 빅토리아조와 현대의 독자 모두에게 사회비평적인 함의를 지닌다.

앞 시가 중세 부르주아 사회에서 시인/예술가의 사회경제적 지위의 문제를 다루었다면, 1855년에 《남과 여》(Men and Women)에 처음 출판된 〈당대인에게 비친 모습〉은 "19세기에서 시인의 소외"(the alienation of the poet in the nineteenth century, Harrold 105)를 다룬다. 해믈린의 떠돌이 피리 연주자가 남의 눈에 잘 띄는 얼룩무늬 광대 옷을 입은 반면에, 스페인 북중부의 밸라돌리드(Valladolid)라는 도시에 사는 무명 시인은 언제나 낡고 해진 검정 외투를 걸치고 검정 모자를 쓰고 다닌다. 전자의 시가 3인칭 서술로 이루어지는 극적 설화의 장르에 속한다면, 후자의 시는

"옷을 맵시 있게 차려 입은"(sprucely dressed out, 112행) 도시의 어떤 부유층 화자가 자신의 동료나 친구에게 하는 '극적독백'이다. 아이러니컬하게도 가난한 시인의 모습은 "시 한 줄 쓸 줄 모르는"(could never write a verse, 114행) 부르주아 화자의 시각을 통해 재현된다.

구시가의 빈한한 지역에 거주하는 시인은 브라우닝의 친구이자 문필가로서 그를 독려하였던 칼라일(Thomas Carlyle)처럼(Sanders 208), 도시를 배회하면서 다양한 직업의 사람들이 일상생활 속에서 각자 일하며 살아가는 평범한 모습을 면밀히 관찰한다.

> 그는 걸으면서 포도를 지팡이로 두드리고,
> 세상의 냄새를 맡으면서 그것을 응시했어,
> [……]
> 그는 서서 구두수선공이 일하는 모습을 지켜보고,
> 레몬을 저며서 음료로 만드는 사람을 지켜봤지. (10-24행)
>
> He walked and tapped the pavement with his cane,
> Scenting the world, looking it full in the face,
> […]
> He stood and watched the cobbler at his trade,
> The man who slices lemons into drink,

시인이 도시풍경과 서민들의 삶의 모습을 관찰하여, 편지로 왕에게 보고서를 보내면 왕은 밤마다 잠자리에 들기 전에 그의 편지를 재미있게 읽는다. 여기에서 '왕'은 지상의 왕일 수도 있고 천상의 하나님일 수도 있다.

> 이 사람은 이곳저곳을 걸어다니며 모든
> 생각, 말, 행동을 관찰하여, 집에 돌아가서,
> 우리 주님이신 왕께 완전한 보고서를 올리면,
> 그분은 왠지 모든 걸 알고 싶은 충동이 있어서,

밤에 침실에서 그걸 읽으신다. (42-6행)

[T]his man walked about and took account
Of all thought, said and acted, then went home,
And wrote it fully to our Lord the King
Who has an itch to know things, he knows why,
And reads them in his bedroom of a night.

이 시의 주인공-시인은 브라우닝의 〈셸리론〉에 따르면, 셸리와 같은 "주관적 시인"(the subjective poet)이라기보다 셰익스피어와 같은 "객관적 시인"(the objective poet)[6]이다(Hawlin 146). 그는 셰익스피어와 같은 유명인사는 아니지만, 셸리의 표현을 빌릴 때 "인류의 공인되지 않은 입법자"(the unacknowledged legislators of mankind)로서(DeVane 237; Sanders 207), 소속된 사회에서 보이지 않지만 핵심적, 중추적 역할을 한다.

사람들을 유심히 관찰하는 시인의 '시선'은 일반 시민에게 내면화

---

6 브라우닝에 의하면, '주관적 시인'은 "아래에 있는 많은 사람들보다 위에 있는 하나의 존재, 즉 만물에 있어 절대적 진리를 이해하는 최고의 지성에게 호소하기 위해, …… 시인 자신의 영혼에 의해 그가 인식하는 사물을 구현할 수밖에 없다. 사람이 보는 것이 아니라, 신이 보는 것, 즉 신성한 손에 불타듯이 놓여 있는 창조의 씨앗인 플라톤의 이데아, 바로 이런 것들을 위해 그는 분투한다"([The subjective poet] is impelled to embody the thing he perceives, not so much with reference to the many below as to the one above him, the supreme Intelligence which apprehends all things in their absolute truth ... by the poet's own soul. ... Not what man sees, but what God sees — the *Ideas* of Plato, seeds of creation lying burningly on the Divine Hand — it is toward these that he struggles). 브라우닝은 이러한 유형의 시인을 "보는 사람"(a seer)라고 부르며, 셸리와 같은 낭만주의의 서정 시인이 이에 속한다(1002). 반면에, '객관적 시인'은 "항상 보통 사람의 눈에, 그의 동료들이 이해할 수 있도록, 직접적으로 호소하는 방식으로 …… 외부적인 사물을 재생하는 것을 업으로 하는 사람"(one whose endeavour has been to reproduce things external ... with an immediate reference, in every case, to the common eye and apprehension of his fellow men)이다. "객관적 시인은 수많은 인간 정신에 호소함에 있어서, 인간의 행위를 다루기를 선택하는데, 그렇게 다루는 결과, 그것은 순수한 형식에 있어서 …… 이른바 극시라고 불린다"(the objective poet, in his appeal to the aggregate human mind, chooses to deal with doings of men, the result of which dealing, in its pure form ... is what we call dramatic poetry). 브라우닝은 이러한 유형의 시인을 "만드는 사람"(the fashioner)이라고 부르며, 고전시대의 셰익스피어와 같은 극작가가 전형적인 예이다(1001).

되어, 시인이 실제로 보고 있지 않은 순간에도 사람들이 나쁜 행동을 할 때면 마치 시인이 응시하고 있는 듯이 느낀다.

> 그는 사람과 사물을 깊이 인식해서,
> 어떤 이가 말을 때리면, 우리는 그가 보는 것처럼 느꼈고,
> 어떤 이가 여자에게 욕을 하면, 그는 알아차렸소,
> 하지만 그가 바라보는 것이 아니라 — 우리가 그를 응시했소. (30-3행)

> He took such cognizance of men and things,
> If any beat a horse, you felt he saw;
> If any cursed a woman, he took note;
> Yet stared at nobody, — you stared at him.

시인은 〈'영매' 슬럿지씨〉("Mr Sludge, 'The Medium'")와 같은 실제 스파이는 아니지만, 비유적 의미에서 왕을 위한 스파이의 구실을 한다(Karlin 145). 끝이 뾰족한 그의 검정 모자는 마치 사람들을 "훑어보는"(scrutinizing, 16행) 듯하다. 시인의 눈은 시민들에게 어떤 상황에서도 그들을 따라다니는 내면화된 도덕적 자의식을 상징한다. 그는 물질적으로는 아무 가진 것이 없는 빈민층에 속하지만, 정신적으로는 인간사회에 꼭 필요한 양심을 대변한다.

"털이 빠지고 눈먼 늙은 개"(An old dog, bald and blindish, 12행)가 늘 뒤를 따라다니는 시인은 "단순한 삶을 살며, 영웅적인 도덕적 전투를 벌이고, 무엇보다도 사람들을 관찰하는 역할을 하는 이상적인 견유학자"[7](an ideal Cynic, living a simple life, fighting a heroic moral battle, and above all acting as an observer of men, Schneider 384)이다. 지팡이 쇠끝으로 프랑스풍 신축 상가의 시멘트 틈새를 쑤셔보는(21-2행) 구시가지 출신의 시인은 앞 시의 피리 연주자와 같이 새로운 부르주아 지배문화로부터 비판적 거리를 갖는 과거 '잔여문화'의 표상이라고 할 수 있다. 시인은 화

---

7 희랍어의 dog에서 cynic이 파생되었다고 함(Schneider 384).

자가 어린 시절에 잘못 알고 있었듯이 화려한 복장을 한 채 나팔을 불고 소식을 전하거나, 투우의 시작과 각 교회연극의 막을 알리거나 기적을 암송하기보다(91-8행), "기록하는 대심문관이자 마을의 실제 주인으로서"(As a recording chief-inquisitor, / The town's true master, 39-40행), 그리고 "총대장[으로서], / 세상의 생사를 건 원정 내내, / 하루해가 저물도록 왕의 일을 [한다]"([As] the general-in-chief, / Through a whole campaign of the world's life and death, / [Does] the King's work all the dim day long, 104-6행). 시인은 과거와 현재, 현실과 이상, 지상과 천상, 인간과 신의 양 세계를 이어주는 매개자이다.

그렇지만 물질주의적인 화자는 "그런 고생에 대해 이 핏기 없는 사람이 얼마나 보수를 받았는지?"(What paid the bloodless man for so much pain? 58행) 반문한다. 앞 시에서 피리 연주자는 자신의 연주에 대해 엄격한 보상을 요구했던 반면에, 뒤 시에서 시인은 그의 유일한 독자인 왕으로부터 어떤 "호의"(favourites, 59행)나 보상을 받지 못하고 바라지도 않는다. 그는 화자와 달리 상업화된 신시가지가 아닌 오래된 구시가지에 살며, 낡은 옷과 보잘것없는 음식에 만족한다. 그는 예술적 측면에서는 셰익스피어나 브라우닝 자신처럼 다양한 사람들의 실제적 삶에 관심을 가진 객관적 시인이지만, 자신의 삶에 있어서는 현세에서 보상을 바라기보다 셸리와 같은 주관적 시인으로서 천상의 가치를 추구하는 초월적 이상주의자이다.[8]

19세기 당대의 유럽사회에서 시인의 사회적 위치와 역할을 묘사함에 있어 브라우닝은 같은 도시에 거주하는 한 상류층 화자의 극화된 시각을 활용한다. 시적 화자는 가난한 시인의 사소한 행동거지와 그의 일에 호기심과 관심을 가지며, 그가 하는 숨은 사회적 역할의 중요성을 인정하고 존중한다. 그러나 동시에 그는 현실적으로 별다른 보상

8 1855년 12월 10일에 러스킨(John Ruskin)에게 보낸 편지에서 브라우닝은 시인이 세속적인 일반인들을 가르치는 것은 불가능하며 "시인의 일은 하나님과 함께하는 것이며, 그에게 책임을 지고, 그에게서 보상을 구한다"(A poet's affair is with God, to whom he is accountable, and of whom is his reward, DeVane 237 재인용)라고 언급하였다.

을 받지 못하는 시인의 삶에 대해 다분히 회의적이다. 결국 그가 중시하는 것은 〈얼룩 옷을 입은 해믈린의 피리 연주자〉에 등장하는 시장과 자치단체 위원들처럼 어떤 집에서 살고 어떤 음식을 먹고 어떤 옷을 입는가 하는 지극히 물질적인 가치이다. 이 시의 상류층 화자는 마치 과학적, 분석적 편견 때문에 예수가 행한 라자로의 부활의 기적을 믿지 못하는 아랍인 의사 카쉬쉬(Karshishi)와 같다. 그는 한편으로 시인을 존경하고 두려워하지만 다른 한편으로 그를 풍자하고 경원시하는 애증의 모순적 태도를 취한다.

> 내가 보았더라면 좋았을 텐데, 그렇지만 두렵기도 했어,
> 이 사람이 죽게 되었을 때 말이지,
> [……]
> 그 낡은 외투를 걸치고 무릎까지 진흙에 빠져서,
> 담배를 뻑뻑 피워 대며, 빵부스러기를 먹다가 —
> 이제 날이 다해서, 단번에 짐을 덜었네!
> 더 이상 그 낡은 외투를 보이거나 입을 필요가 없게 되었지. (99-109행)

> I'd like now, yet had haply been afraid,
> To have just looked, when this man came to die,
> [...]
> In his old coat and up to his knees in mud,
> Smoked like a herring, dining on a crust, —
> And, now the day was won, relieved at once!
> No further show or need for that old coat.

인용문에서 'relieved'라는 표현은 일차적으로 시인이 세상을 '하직' 했다는 의미이지만, 화자가 더 이상 그의 외투를 보지 않아도 되어서 '안심'이라는 뜻도 내포되어 있는 것으로 보인다(이러한 애매성을 살리기 위해 '짐을 덜다'로 번역함). 화자는 시인의 생시에 다른 시민들처럼 그의 '시선'을 의식하지 않을 수 없었지만, 결국 결말에서 볼 수 있듯

이 시인처럼 시를 쓸 수 없는 그는 동료-청자와 함께 좋은 옷을 차려입고 파티에 가는 것을 선호한다(112-5행). 그러나 아이러니컬하게도 화자는 지상에서의 삶이 끝나는 순간, 저세상에서 시인과 자신의 입장이 순식간에 뒤바뀔 수 있음을 인식한다("단 일 초 만에 천사들이 그것을 뒤바꾼다"[A second and the angels alter that], 113행).

III

〈얼룩 옷을 입은 해믈린의 피리 연주자〉와 〈당대인에게 비친 모습〉은 시대 배경은 다르지만 모두 (초기)근대 부르주아 사회에서 시인의 사회적 소외와 주변화의 문제를 다룬다. 전자의 시에서 시인/음악가는 마치 고대와 낭만주의의 '시인-예언자-성직자'처럼 그의 예술의 힘으로 사회를 위기에서 구하지만 정당한 대우를 받지 못한 채 결국 어린이들과 함께 스스로 땅속으로 '사라질' 수밖에 없다. 후자의 시에서 시인은 남몰래 실제적인 대심문관이나 왕을 위한 총대장과 같은 역할을 하지만, 사회적으로 가난하고 보상받지 못한 보헤미안적인 삶을 살아갈 수밖에 없다. 이들 시에 나타난 부르주아 사회에서 시인의 사회경제적 소외는 전기적인 측면에서 볼 때 부모나 지인의 후원이 없었다면 전업 시인이라는 "직업"(occupation, Millhauser 164)으로는 생계를 꾸려갈 수 없었던, 빅토리아조에서 브라우닝 자신이 처한 사회적 딜레마를 반영하는 것인지도 모른다. 이러한 관점에서 브라우닝의 시는 현대문학에서 전경화될 시인 / 예술가의 사회적 소외의 문제를 예견한다.

경제적 토대의 변화와 사회적 소외에도 불구하고, 브라우닝의 시인 / 예술가들은 인간사회를 위기에서 구하고 사람들의 도덕과 양심을 지키는 "공인되지 않은 입법자"의 역할을 수행한다는 측면에서, 이전 낭만주의의 '시인-예언자-성직자'의 역할을 새로운 역사적 상황에서 계승한다고 볼 수 있다. 두 편의 시에서 시인 / 예술가는 부르주아의 물질주의적 지배문화로부터 비판적 거리를 유지하는 과거 잔여문화의 표상으로 기능한다. 〈얼룩 옷을 입은 해믈린의 피리 연주자〉는 전설적 동화의 환상적 결말을 통해 당대 부르주아 사회의 부조리성을 넘어서는 대안적인 유토피아 사회의 이미지를 제시한다. 〈당대인에게 비친 모습〉에서 하나님에게 편지를 쓰는 가난한 시인의 시선은 도시민들의 도덕적 양심을 대변한다. 이들 시에 나타난 브라우닝의 시인관은 나아가서, 부르주아 계급의 물질주의가 지배하는 빅토리아조 당대의 세속화되고 비인간적인 사회적 상황에서, '시'나 '예술'에서 도덕적 가치와 종교적 구원의 가능성을 찾으려 했던 칼라일, 러스킨(John Ruskin), 아놀드(Matthew Arnold) 등이 대변하는 "도덕미학"(moral-aesthetic, Collins 93)의 시대정신과 연관될 수 있다.

인용문헌

Browning, Robert. *Robert Browning: The Poems*. Ed. John Pettigrew. Hew Haven: Yale UP, 1981.

Collins, Thomas J. *Robert Browning's Moral-Aesthetic Theory 1833-1855*. Lincoln: U of Nebraska P, 1967.

DeVane, William Clyde. *A Browning Handbook*. 2nd Ed. New York: Appleton-Century-Crofts, 1955.

Dickson, Arthur. "Browning's Source for 'The Pied Piper of Hamelin'." *Studies in Philology* 23.3 (July 1926): 327-36.

Harrold, William. *The Variance and the Unity: A Study of the Comtemporary Poems of Robert Browning*. Athens: Ohio UP, 1973.

Hawlin, Stefan. "Browning, Shelley and 'On Worming Dogs'." *Essays in Criticism* 40.2 (1990): 136-55.

Karlin, Daniel. *Browning's Hatreds*. Oxford: Oxford UP, 1993.

Millhasuser, Milton. "Poet and Burgher: A Comic Variation on a Serious Theme." *Victorian Poetry* 7 (1969): 163-68.

Peckham, Morse. "Browning and Romanticism." *Robert Browning*. Ed. Isobel Armstrong. Athens: Ohio UP, 1974. 47-76.

Sanders, Charles. "Carlyle, Browning, and the Nature of a Poet." *The Emory*

University Quarterly 16 (1960): 197-209.

Schneider, Mary. "Browning's Spy." *Victorian Poetry* 17 (1979): 384-88.

Williams, Raymond. *Problems in Materialism and Culture*: Selected Essays. London: Verso, 1980.

http://en.wikipedia.org/wiki/The_Pied_Piper_Of_Hamelin

7. 브라우닝의 시에 나타난 '소생'의 시학

I. 〈셸리론〉과 '소생'의 시학

로버트 브라우닝 시의 출판을 맡았던 목슨씨(Mr Moxon)는 셸리(P. B. Shelley)의 것으로 여겨지는 몇 통의 편지를 입수하여 이를 출판하기 위해 브라우닝에게 서문을 쓰게 하였지만, 나중에 편지가 위작으로 밝혀지면서 책은 곧 회수되고 말았다. 그렇지만 1852년에 출판한 브라우닝의 서문은 체터톤(Thomas Chatterton)의 전기에 대한 논의를 제외하고는 오늘날 그의 유일한 비평적 산문으로 남아 있다. 보통 〈셸리론〉("Essay on Shelley")[1]이라고 불리는 이 글에서 브라우닝은 "객관적 시인"(the objective poet)과 "주관적 시인"(the subjective poet)을 구분하면서[2] 그가 존경하였고 깊은 영향을 받은 셸리의 문학과 삶을 옹호하고자 한다.

---

1 이 글은 "Appendix I: Browning's 'Introductory Essay'," *Robert Browning: The Poems*, vol. I, ed. John Pettigrew (New Haven: Yale UP, 1981), 1001-13에서 인용한다. 브라우닝의 시와 산문은 모두 이 판본을 텍스트로 하며, 필요한 경우 *Poems*로 약칭하고, 본문 중에는 쪽수나 행수로 표기한다. 단 《반지와 책》(*The Ring and the Book*)은 Robert Browning, *The Ring and the Book*, ed. Richard D. Altick (London: Penguin, 1990)을 텍스트로 하여 본문 중에 권수와 행수로 표기한다. 〈셸리론〉은 짤막한 글이기 때문에 꼭 필요한 경우를 제외하고는 일일이 인용 쪽수를 표기하는 것은 생략한다.

2 에이브럼즈(M. H. Abrams)에 의하면, 주관 / 객관이라는 용어와 개념적 구분은 슐레겔(Schlegel)형제, 쉴러(Schiller), 괴테(Goethe), 셸링(Schelling) 등의 독일철학의 영향을 받아서 콜리지(S. T. Coleridge)를 비롯한 영국 비평가들 사이에 유행하게 되었다고 한다(241-44).

브라우닝에 의하면, '객관적 시인'은 "항상 보통 사람의 눈에, 그의 동료들이 이해할 수 있도록, 직접적으로 호소하는 방식으로 …… 외부적인 사물을 재생하는 것을 업으로 하는 사람(one whose endeavour has been to reproduce things external ... with an immediate reference, in every case, to the common eye and apprehension of his fellow men)"이다. "객관적 시인은 수많은 인간정신에 호소함에 있어서, 인간의 행위를 다루기를 선택하는데, 그렇게 다루는 결과, 그것은 순수한 형식에 있어서 …… 이른바 극시라고 불린다"(the objective poet, in his appeal to the aggregate human mind, chooses to deal with doings of men, the result of which dealing, in its pure form ... is what we call dramatic poetry). 브라우닝은 이러한 유형의 시인을 "만드는 사람"(the fashioner)이라고 부르며, "그가 만드는 것, 즉 그의 시는 필연적으로 실재적이고, 그 자신으로부터 투영된 것으로서 그와는 구분된다(the thing fashioned, his poetry, will of necessity be substantive, projected from himself and distinct)"고 말한다. 고전시대의 셰익스피어와 같은 극작가가 전형적으로 이러한 객관적 시인의 유형에 속한다.

반면에, '주관적 시인'의 경우는 대조적으로

> "아래에 있는 많은 사람들보다 위에 있는 하나의 존재, 즉 만물에 있어 절대적 진리를 이해하는 최고의 지성에게 호소하기 위해, …… 시인 자신의 영혼에 의해 그가 인식하는 사물을 구현할 수밖에 없다. 사람이 보는 것이 아니라, 신이 보는 것, 즉 신성한 손에 불타듯이 놓여 있는 창조의 씨앗인 플라톤의 이데아, 바로 이런 것들을 위해 그는 분투한다. …… 그는 자신이 서 있는 곳의 땅을 파며, 절대정신을 가장 근사하게 반영하는 자신의 영혼 속에서 그것들을 추구한다. …… 그는 그림을 그려서 벽에 거는 것이 아니라, 자신의 눈동자 속에 그것을 담아서 다닌다. …… 따라서 그가 생산하는 것은 작품이라기보다 유출(流出)이다." (1002)
>
> [The subjective poet] is impelled to embody the thing he perceives, not so much with reference to the many below as to the one above him, the supreme Intelligence which apprehends all things in their absolute truth ... by the poet's

> own soul. Not with what man sees, but what God sees — the Ideas of Plato, seeds of creation lying burningly on the Divine Hand — it is toward these that he struggles. ... [H]e digs where he stands, — preferring to seek them in his own soul as the nearest reflex of that absolute Mind, ... He does not paint pictures and hang them on the walls, but carries them on the retina of his own eyes. ... [A]nd what he produces is less a work than an effluence.

브라우닝이 "보는 사람"(a seer)이라고 부르는 주관적 시인은 근대문학에서 셸리와 같은 낭만주의 시인에 의해 대표된다. 그러나 브라우닝은 이 두 가지 유형은 어디까지나 개념적 구분이며, 한 시인에게서도 두 가지 다른 경향이 나타날 수 있다고 본다. 또한 셸리는 상대적으로 주관적 경향이 강한 시인이라 하더라도, 그의 시와 인간성이 일치하고, 자연과 신성, 현실과 이데아를 하나로 통합하였다는 점에서 객관과 주관을 결합한 "완전한 시인"(a whole poet)에 근접했다고 할 수 있다(Drew 2; Dellamore 41).

여러 사람들이 이미 지적한 것처럼,[3] 브라우닝의 〈셸리론〉에 비추어 볼 때, 극적독백의 시인으로서의 브라우닝은 주관과 객관의 어느 한쪽에 치우치기보다는 양자를 변증법적으로 종합하는 '완전한 시인'의 이상을 지향하였다고 할 수 있다. 극적독백은 우선 시인 자신이 아니라 극적 화자가 서술한다는 측면에서, 희곡과 같은 극적, 객관적 성격을 띤다. 그러나 그것은 동시에 1인칭 화자의 시점에서 서술된다는 측면에서 주관적 성격을 지니기도 한다. 또한 극적 화자의 이면에는 이를 만들어낸 시인 자신의 주관적 관점이 내재해 있다고 볼 수 있다. 많은 비평가들이 지적하였듯이, 《폴린》(*Pauline*)이나 《소델로》(*Sordello*) 같

3 대표적인 예로, 엘리자베스 배럿 브라우닝(Elizabeth Barrett Browning)은 1845년 1월 15일에 남편에게 보낸 편지에서, "브라우닝의 정신은 주관적인 동시에 객관적인 습속"을 지닌다고 언급했다(Brisman 40에서 재인용). 또한 브라우닝의 프랑스인 친구인 밀상(Milsand)은 1856년 9월 15일에 *Revue contemporaire*에 기고한 《남과 여》(*Men and Women*)에 대한 서평에서, 브라우닝은 "서정적인 것과 극적인 것, 주관적인 것과 객관적인 것을 동시에 결합하고 화해시키려 노력해왔다"고 논평했다(DeVane 211에서 재인용).

은 브라우닝의 초기 작품들은 셸리식의 낭만적 주관주의의 유산을 어떻게 받아들일 것인가 하는 문제를 다룬다고 할 수 있다. 초기 작품 이후 오랫동안 희곡 집필의 경험을 바탕으로 하여, 브라우닝은 낭만적 서정시의 주관적 서술을 극적화자의 객관적 서술로 재현한 극적독백 형식을 발전시킴으로써, 셸리로 대변되는 낭만적 주관주의의 유산을 극복해나갈 수 있는 길을 열었다.

〈셸리론〉은 존경하는 선배시인 셸리의 시와 삶에 대한 옹호이면서, 동시에 후배 시인의 입장에서 선배 시인의 문학적 유산을 나름대로 수용하고 재창조해나기 위한 자기정체성 확립의 과정이라고 할 수 있다. 이러한 문학사적 갱신의 필요성을 지적하는 구절들에서 브라우닝은 흥미롭게도 '소생'과 관련된 비유들을 사용한다.[4] 예컨대, 셰익스피어와 같은 객관적 시인이든 셸리와 같은 주관적 시인이든 간에 어떤 위대한 시인이 나온 이후에 아류의 시인들이 오랫동안 그의 시를 모방할 때 (브라우닝은 특징적인 '음식'의 이미지를 사용하여), "**죽음을 넘어서는 생명**의 권한으로 그것을 대체할"(which will displace it by the right of *life over death*) "신선하고 **살아 있는** 여물을 공급함으로써, 오래전에 삼킨 음식을 지적으로 반추하는 것을 단번에 대체할 다른 종류의 시인"(another sort of poet, who shall at once replace this intellectual rumination of food swallowed long ago, by a supply of the fresh and *living* swathe)이 출현할 필요가 있다고 지적한다(1004, 강조 첨가). 이어서 브라우닝은 위대한 작품은 시인의 도덕적 삶과 일치한다고 주장하면서, 《반지와 책》(*The Ring and the Book*) 1권에서와 같이 전기(電氣)에 의한 '생체소생'(galvanism)의 비유를 직접적으로 사용한다. "곧 근육을 격렬하게 움직이도록 자극하는 전기소생술에 의해 시체는 차분히 방을 가로질러 갈 것이다"(As soon will the galvanism that provokes to violent action the muscles of a corpse, induce it to cross the chamber steadily. 1004). 문학사의 새로운 단계를 소생한 시체에 비유한 것은 정

4 지금까지 〈셸리론〉을 다룬 어떤 비평가도 이 점에 대해서는 주의를 환기하거나 지적한 적이 없다.

말 브라우닝답게 놀랍고 '기괴한'(grotesque) 이미지 구사이다. 그렇지만 이러한 '소생'의 비유는 브라우닝의 시와 시인에 대한 견해를 이해하는 데 하나의 중요한 단서가 될 수 있다. 바꾸어 말해서, 브라우닝의 소생의 시학은 셸리와 같은 서정적, 주관적 시인과 셰익스피어와 같은 극적, 객관적 시인 사이의 이분법적 구분을 넘어서 양자를 변증법적으로 종합하는 브라우닝의 '극적 독백'의 기법을 이해하는 데 결정적 단서를 제공할 수 있다.

예컨대, 《반지와 책》의 1권에 나오는 소위 '황금-합금의 비유'(the Gold-Alloy Metaphor)는 브라우닝의 시학을 대변하는 비유로 간주되어 왔으며, 수많은 비평가들에 의해 충분히 분석되고 논의된 바 있다. 그러나 1권의 717-79행에서 브라우닝이 사용하는 다른 중요한 비유, 즉 죽어있는 시신을 '소생'시키는 '마술사'나 선지자로서의 시인의 역할은 극히 일부 비평가들[5]을 제외하고는 별다른 관심과 논의의 대상이 되지 못했다. 이 글은 《반지와 책》의 1권을 포함한 기타 극적독백과 〈사울〉("Saul")에 나타난 소생과 부활의 시학을 검토하는 것을 주된 목적으로 한다. 여기에서 소생의 주제는 주로 다음과 같은 세 가지 측면에서 살펴볼 수 있다. 첫째, 시인의 입장에서 볼 때 소생은 극적독백의 형식을 통해 과거의 역사적 인물을 현재에 살아 있는 '배우'로 소생시키

---

5 예컨대, 프레이저(Hilary Fraser)에 의하면, 브라우닝의 극적독백의 시는 프랑스의 역사가 미슐레(Jules Michelet)의 낭만적 역사관 및 칼라일(Thomas Carlyle)과 러스킨(John Ruskin)의 극적 역사서술처럼, 과거의 역사적 인물을 현재에 살아 있는 한 '배우'로 '부활'시켜서 과거의 일을 구체적, 개인적 경험의 차원에서 생생하게 전달하고자 하는 문학 양식이다(14, 18, 23). 나아가서, "객관성과 주관성을 종합"(the synthesis of objectivity and subjectivity)하는 브라우닝의 역사관은 "부활과 연극성의 은유"(the metaphors of resurrection and theatricality)에 녹아 있다고 본다(7). 반면에, 로버츠(Adam Roberts)는 《반지와 책》 1권 742행에서 언급되고 있는 '마술사'(the mage)를 중세 연금술사 아그리파(Cornelius Agrippa) 및 종교적 선지자 엘리샤(Elisha)와 연관지으면서, 브라우닝의 극적독백의 화자들이 흔히 죽음에 임박해 있거나 삶과 죽음의 경계에 처해 있는 것은 이러한 '소생의 시학'과 긴밀한 연관이 있다고 지적한다("*The Ring and the Book*: The Mage, the Alchemist and the Poet" 38; "Browning, the Dramatic Monologue and the Resuscitation of the Dead" 111, 112). 이 글에서는 이들의 입장에 기본적으로 동의하면서, 그것을 좀더 심화하고 확대하여 여기에서 다루는 작품들을 보다 상세히 읽는 데 적용하고자 한다.

는 재현의 심미적, 작가 심리적 과정이다. 따라서 소생의 주제와 관련하여 '객관적 시인'으로서의 브라우닝의 극적독백에는 '연극'의 은유가 빈번히 사용되는 것을 볼 수 있다. 둘째, 극적독백의 화자나 작중인물의 입장에서 볼 때 소생은 해당 인물의 '영혼'의 구원과 관련된 심리적, 종교적 문제를 다룬다. 이것은 시각, 계시, 선악, 구원 등의 문제와 관련하여 흔히 사용되는 빛, 그림자, 어둠 등의 상징적 이미지와 연관된다. 셋째, 독자의 입장에서 볼 때 "체험의 시"(the poetry of experience, Langbaum 207)로서의 극적독백은 소생된 과거의 인물들의 극적 행동을 독자-관객이 직접 목격하고 체험하고 스스로 판단하게 함으로써, 독자 자신의 영혼과 사회를 구원할 수 있는 가능성을 제시한다. 브라우닝의 소생의 시학은 나아가서 주관주의와 객관주의를 변증법적으로 결합하는 극적독백 형식의 문학사적 중요성을 이해하는 데 중요한 단서가 될 수 있다.

II. 《반지와 책》에 나타난 '소생'의 주제

1860년 6월의 어느 날 이탈리아 플로렌스의 한 고본상에서 《고황서》(古黃書, *The Old Yellow Book*)라고 불리는 옛 살인사건에 관한 재판기록을 발견한 브라우닝은 이를 바탕으로 여러 명의 화자들이 등장하는 일련의 극적독백으로 된 장편시 《반지와 책》(1868-9)을 집필하였다. 총 12권으로 된 이 작품의 제1권에서 브라우닝은 재판기록을 발견하고 그것을 읽고, 사건 당시의 여러 장면에 대한 상상적 재연을 거쳐서, 마침내 이를 자신의 시로 '재창조'하는 과정을 생생하게 묘사한다. 브라우닝의 시는 일단 시인의 상상력에 의해서 구성된 순수한 허구가 아니라 실제 일어난 역사적 사건과 재판기록에 바탕을 두고 있다는 의미에서 '재창조'임에 틀림없다. 그러나 한 걸음 더 나아가서, 셸리와 같은 이전의 낭만주의 시인에게 절대적 영향을 받았으면서도 낭만주의의 주관주의와 이상주의를 극복하고자 애썼던 브라우닝에게 있어 시를 쓴다는 것은 낭만주의 시인들에게 있어서처럼 시인 자신의 '창조'라기보다 겸허한 인간의 입장에서 신적 창조의 모방이나 '재창조', 혹은 과거의 재현이나 '소생'이라고 할 수 있다.

> [사람은] 사람의 분수에 따라 하나님의 과정을 반복하여,
> 사람에게 적절한 결과를 얻으니,
> 창조한다기보다, 아마 **소생시킨다**. (I. 717-19행, 강조 첨가)
>
> [Man] Repeats God's process in man's due degree,
> Attaining man's proportionate result, —
> Creates, no, but *resuscitates*, perhaps.

이어지는 구절들에서 브라우닝은 '소생시키다'(to resuscitate)라는 단어를 부연하여, 시인의 상상력과 사실의 관계를 죽은 육신을 되살리는 영혼과 시신(屍身)의 관계에 비유한다.

> [사람은] 영혼의 여분을 투사하여
> 몸을 찾아내어, 자신을 합하여
> 이전에 주인이 없던 상태에 있던 것을 소유함으로써,
> 그렇게 찾고 채워서 모습을 취하니,
> 이전에 생명이 없던 것이
> 사람에게서 생명을 얻거나, 없던 것이 있게 될 수는 없어도,
> 어떤 죽은 것이 다시 살아날 수는 있으리라. (I. 723-29행)
>
> [Man] May so project his surplusage of soul
> In search of body, so add self to self
> By owning what lay ownerless before, —
> So find, so fill full, so appropriate forms —
> That, although nothing which had never life

Shall get life from him, be, no having been,
Yet, something dead may get to live again,

태초에 만물에 처음으로 생명을 부여한 신의 창조와는 달리, 인간의 예술은 "모방적 창조이자 생명의 **소생**"(Mimic creation, *galvanism* for life, I. 740행, 강조 첨가)이다.

브라우닝 자신을 대변하는 것으로 볼 수 있는 1권의 시인 서술자는 뒤이어 한 "마술사"(the mage, I. 742행)의 말을 인용하면서, 위의 구절에서와 같이 시인의 상상력과 시적 소재의 관계를 영혼과 죽은 육신의 관계에 비유한다. 다음은 소생의 주제와 관련된 핵심적 구절의 하나로 다소 길게 인용하고자 한다.

"나는 나 자신에게서 떨어져나와, 내 영혼의 반에
임무를 주어서, 그것이 순례를 떠날 때,
발길이 닿지 않은 황량한 세상의 옛 길 위에서,
우연히 전체의 어떤 조각을 만나서,
누더기 같은 살점, 오랫동안 사용되지 않은 뼛조각,
한때 빛을 발했던 연기 나는 아마(亞麻) 심지 속에, 즉시 거기에,
불꽃처럼 잠입하여, 옛 기운을 되살리고,
최대한 선을 늘려서, 마지막으로,
(허물어진 묘지를 통한 달빛에)
희미하게 보이고, 웅얼거림으로 들리고,
잘못 느껴지던 것을 끌어낸 다음에, 내 이름을 파우스트와 같이 쓸 것이다."
(I. 749-60행)

"I can detach from me, commission forth
Half of my soul; which in its pilgrimage
O'er old unwandered waste ways of the world,
May chance upon some fragment of a whole,
Rag of flesh, scrap of bone in dim disuse,

Smoking flax that fed fire once: prompt therein
I enter, spark-like, put old powers to play,
Push lines out to the limit, lead forth last
(By a moonrise through a ruin of a crypt)
What shall be mistily seen, murmuringly heard,
Mistakenly felt: then write my name with Faust's."

오하이오대학에서 출판한 브라우닝 전집의 편집자인 킹(Roma A. King)은 브라우닝이 언급하고 있는 '마술사'를 '동물자기'(動物磁氣, animal magnetism) 이론과 초기 최면술을 주창한 독일 출신 의사이자 점성가였던 메스머(Franz Anton Mesmer, 1734-1815)라고 주석을 단 반면에(279), 앞에서 언급한 것처럼 로버츠는 이를 중세 연금술사 아그리파에 대한 인유라고 보았다. 그러나 킹이나 로버츠 모두 간과한 것은 브라우닝이 사용하는 'galvanism' 혹은 'galvanize'라는 단어의 어원이 되는 이탈리아의 해부학자이자 의사였던 갈바니(Luigi Galvani, 1737-1798)라는 인물이다. 그는 죽은 개구리 다리에 전기 '불꽃'으로 자극을 주면 근육이 자발적으로 움직인다는 사실을 발견하고 이를 '동물전기'(animal electricity)라 명명하였다. 그를 적극 지지하였던 조카 알디니(Giovanni Aldini)는 유럽 각지를 여행하면서 동물과 사람 시신에 전기를 통하여 움직이게 함으로써 당시 대중들에게 커다란 충격과 공포감을 주었다고 한다.[6] 위의 인용구에서 시인의 영혼이 '불꽃'처럼 죽은 육신의 조각에 들어가서 이를 되살리는 비유는 갈바니로부터 비롯된 당시의 기괴한 인체 전기실험에 대한 인유로 볼 수 있다.

브라우닝 당시의 19세기 유럽과 미국에서는 '신비주의'(occultism) 혹은 '정령주의'(spiritualism)에 대한 대중적 관심이 팽배해 있었다. 엘리자베스 배릿 브라우닝(Elizabeth Barrett Browning)은 이의 신봉자였으며, 그에 관한 브라우닝의 지식은 대부분 부인에게서 유래한 것으로

6 http://www.corrosion-doctors.org/Biogaphies/GalvaniBio.htm

보인다. 그러나 이러한 유사 과학을 신봉하지 않았던 브라우닝은 〈'영매' 슬럿지씨〉("Mr Sludge, 'the Medium'")라는 시에서 심령술이 속임수에 불과한 것임을 폭로하고 풍자하였다. 그렇지만 브라우닝은 중세(아그리파와 파우스트)와 18-9세기(메스머와 갈바니) 등 이교적, 유사 과학적인 다양한 신비학의 인물들의 이론과 개념을 그의 시에 끌어들여 그의 독특한 '소생'의 시학을 형상화하는 핵심적 비유로 활용한다. 인용문의 괄호 안에 언급된 달빛과 묘지의 음산한 '고딕적' 분위기는 이전 메리 셸리(Mary Shelley)의 《프랑켄슈타인》(*Frankenstein*, 1817)을 연상케 한다. 그러나 브라우닝은 이교주의나 이단으로 단죄될 수 있는 이러한 신비학과 유사 과학을 그의 시학적 비유에 끌어들이는 데 대해 약간의 "죄의식"(guilt, Woolford 105)을 느꼈는지도 모르겠다. 그리하여 상상적인 '마술사'의 말을 인용한 직후에 시인 화자는 곧이어 "아, 파우스트, 왜 파우스트야? 엘리샤도 한때 그렇지 않았던가?"(Oh, Faust, why Faust? Was no Elisha once? I. 760행)라고 언급하면서, 이후 12행에 걸쳐서 기독교 성서의 〈열왕기하〉 4장 29-37절에 나오는 선지자 엘리샤가 죽은 아이를 실제로 살린 일화를 길게 인용한다(I. 761-72행). 시인은 엘리샤를 제일 마지막에 인용함으로써 자신의 소생의 시학의 이교적 함의를 순화하고 이를 종교적, 기독교적 차원과 연관짓고자 한다. 엘리샤의 일화는 나아가서 성서 예형론적 측면에서 예수가 라자로를 살린 일이나 예수 자신의 부활, 그리고 궁극적으로 예수의 재림에 의한 인류의 구원과 같이 죽음을 넘어선 종교적 부활과 구원의 믿음과 연관될 수 있겠다.

브라우닝에게 시인은 처음부터 생명을 창조하지는 못하지만, 중세 신비학의 마술사나 근대의 유사 과학자 혹은 제일 중요하게 성서의 선지자처럼 (그러나 그들과 같은 육체적 의미에서가 아니라 시적 상상력의 은유적 의미에서) 한때 생명을 지니고 있던 죽은 몸을 소생시킬 수 있는 능력을 지니고 있다. 시인이 시를 쓰는 과정은 옛 재판기록 속에 파묻혀 잊혀진 과거의 죽은 인물들의 몸에 시인의 영혼을 불어넣어 이를 현재에 극적으로 재연(再演, reenactment) 또는 재현(再現, representation)해내는 작업이다. 시인은 극적 독백자의 가면을 활용하여 과거의 이야기를 현재 속에 소생시킨다. 1권의 곳곳에서 시인 서술자는 이하에 이어질 이야기를 '연극'의 장면에 비유한다. "이 오랜 슬픔을 다시 무대 위에 올려라! 사람들이 판단할 수 있도록 새롭게 상연하라!"("Let this old woe step on the stage again! / Act itself o'er anew for men to judge," I. 824-25행). 시인 서술자는 마치 16-8세기에 유행한 이탈리아 '즉흥연극'(commedia dell' arte, Harrold 117)의 광대처럼, 뒤에 이어질 이야기를 소개하고 그에 대한 논평을 제시한다. "여기 앞으로 울릴 목소리들이 나온다 / 차례대로"("Here are the voices presently shall sound / In due succession," I. 838-39행). 브라우닝의 극적독백은 시인 자신과 구분되는 극적 인물을 화자로 활용하여 과거의 이야기를 현재 독자들의 눈앞에 극적으로 생생하게 재연, 소생시킨다는 면에서 극적, '객관적'인 문학양식이다. 그렇지만 화자의 입장에서 볼 때 극적독백은 서정적, '주관적'으로 서술될 뿐만 아니라, 화자의 말 속에 생명을 부여하는 시인의 영혼 혹은 상상력이 깃들어 있다는 점에서 낭만적 서정시와는 다른 측면에서 '주관성'을 함축한다. 이처럼 객관성과 주관성을 변증법적으로 결합하는 극적독백은 이중적인 면에서 브라우닝의 소생의 시학을 형상화한다.

과거의 죽은 육신을 되살리는 "인간"으로서의 시인의 영혼의 능력은 신처럼 "첫 심지"(virgin wick)에 최초로 불을 붙이지는 못하더라도 반쯤 꺼진 호롱불에 "입김을 불어서"(breathe) 그것을 "되살릴"(relume) 수는 있다(I. 735-38행). 이 작품을 관류하는 "빛과 색채의 주제적 이미지"(여홍상 83)의 핵심적인 부분으로서 1권에 나오는 불꽃, 전기방전, 만화경 등의 비유는 사라진 과거의 연극적 재연으로서의 브라우닝의 소생의 시학과 긴밀히 연관된다. 시인 화자는 동일한 사건에 대해 여러 명의 다른 서술을 반복적으로 제시함으로써, 일견 독자의 판단(눈)을 어지럽히는 변화무쌍한 극적독백들의 연속을 당시 영국인들에게 신기한 구경거리였던 '유리방전구'(an electric egg)의 현란하고 혼란스런 "마술적 불꽃"(the magic fire)에 비유한다(I. 1365-73행). 독자들은 시인의 영혼에 의해 살아 있는 불꽃으로 소생된 극적독백의 언어를 연극의 관람자와 같이 자신의 눈으로 직접 보고 판단하여야 한다. 특히 독자들의 도덕적 판단을 혼란스럽게 하는 귀도(Guido)의 독백은 12권에서 밤하늘 높이 치솟아 빛을 뿌리며 사람들의 눈길을 사로잡는 "로켓"(A rocket, XII. 3행)이나 추락하는 "쓴쑥 별"(the Star Wormwood, XII. 824행)의 현란한 빛에 비유된다.

여러 극적독백이 다양하게 뿜어내는 현란한 불꽃의 색깔은 잠정적으로 독자를 혼란스럽게 할 수 있다. 그러나 프리즘에 의해 분광된 다양한 무지갯빛 색깔을 다시 모으면 원래 태양의 흰빛이 되듯이, 독자들은 여러 극적독백의 다양한 상대적 진리를 모아서 재수렴함으로써 아마 궁극적 진리를 파악할 수 있을 것이라고 시인은 믿는다. 이러한 관점에서, 자주 인용되는 다음 구절에서 시인 서술자는 '만화경'(a kaleidoscope)의 비유를 사용하여, 마치 계절이 순환하듯이 여러 극적독백들이 돌아가면서 보여주는 다채로운 빛의 반복적 서술들은 결국 궁극적 진리의 흰빛으로 통합될 것이라고 언명한다.

> 차라리 배우고 사랑하시오,
> 순환하는 한 해의 각자 다른 색채를! —
> 붉은색, 녹색, 푸른색은 휘돌아 흰색이 되니,
> 지금의 다양성이, 결국 통일되어,
> 기적을 만든다. (I. 1360-4행)

> Rather learn and love
> Each facet-flash of the revolving year! —
> Red, green and blue that whirl into white,
> The variance now, the eventual unity,
> Which make the miracle.

브라우닝의 극적독백은 일차적으로 시인의 입장에서 과거의 죽은 인물의 '불꽃'을 현재에 소생시키지만, 이차적으로 독자가 그 '분광'된 빛을 직접 보고 체험하고, 적극적으로 해석하고 판단하여 궁극적 '통합'에 도달하는 "민주적"(democratic, Armstrong 147) 협동작업을 필요로 한다. 다시 말하여, 극적독백의 독자는 시인이 창조한 텍스트의 단순한 수동적 수용자가 아니라, 시인과 함께 과거의 진리를 소생시키는 재현의 과정 자체에 적극적으로 동참하도록 요구된다.

빛과 색채의 이미지로 상징되는 죽음으로부터의 재생의 모티프는 시인 자신의 시학을 개진하는 데만 한정되지 않고, 폼필리아(Pompilia)와 카폰사키(Caponsacchi)와 같은 타락한 시대를 구원할 미래의 새로운 진리의 빛을 대변하는 영웅적 인물들의 극적독백에서도 공통적으로 나타난다. 겨울이 가고 봄이 오는 어느 날 폼필리아가 자신이 아기를 가졌음을 깨닫고, 귀도와의 사랑 없는 결혼생활을 영위해야 하는 사중생(死中生)의 절망에서 벗어나, 불현듯 삶의 의욕과 환희를 느끼게 되는 계시적 장면은 "환한 황금빛 햇살"(A broad yellow sun-beam, VII. 1225행)의 이미지로 묘사된다. 폼필리아는 아기를 가짐으로써, 새가 둥지를 짓고 새끼를 키우듯이, 죽음에서 벗어나 삶을 살아갈 동기와 희망을 얻게 된다(VII. 127-59행). 그녀가 귀도와 함께 살던 아렛조(Arezzo)를 탈출하여 카폰사키와 함께 로마로 도망가는 것은 유대인들이 이집트를 탈출하여 가나안 땅으로 나아갔듯이 죽음의 속박으로부터 벗어나 새로운 삶의 해방으로 나아가는 소생의 과정이다. 단테적인 연인들과 같이 선택된 소수로서의 카폰사키의 폼필리아에 대한 숭고한 정신적 사랑은 겨울의 죽음을 단번에 폐기하는 봄의 재생과 같은 급작스런 변화를 가져다준다(VI. 946-9행). 그가 겪는 근본적인 자기 변신의 체험은 폼필리아가 겪는 해원과 소생의 체험과 동일하다. "저는 사함을 받았어요, / 과거의 업보가 순화되고, 내 속의 더러운 것이 깨끗이 씻겼지요"(I am just absolved, / Purged of the past, the foul in me, washed fair, VII. 351-2행).

귀도에게 난자당하여 죽음에 임박해 있는 폼필리아에게 지난 인생은 마치 "꿈"이나 "텅 빈" 종이와 같다(VII. 583-4행). 그녀에게 이 세상에서의 삶은 갖가지 짐승들이 시끄럽게 울부짖는 "동물 우리"(The hovel, VII. 366행)의 내부와 같은 반면에, 달빛이 환한 바깥에서는 평화가 넘치고, 셀레스티노(Don Celestino) 신부가 설교에서 선언하듯이, 성육화한 예수님이 오시는 모습이 보인다(VII. 361-72행). 그녀에게 지상에서의 삶은 죽음과 다를 바 없었지만, 이제 죽음을 앞둔 폼필리아는 저 세상에서의 영원한 삶에 대한 초월적 전망을 획득하게 된다. 성녀이자 순교자로서의 그녀는 빛과 그림자의 비유를 통해, 자신을 죽게 만든 귀도까지도 하나님의 그늘을 통해 치유되기를 소망한다(VII. 1720-3행). 1권의 끝에서 시인 서술자가 일종의 시신(詩神, a Muse)으로 환기하는 고인이 된 배릿 브라우닝의 순결한 영혼과 같이("아 서정적 사랑이여, 반은 천사이고 반은 새이니"[O lyric Love, half-angel and half-bird, I. 1391행]), 여러 독백들 중에서 폼필리아의 것은 특히 셸리의 시처럼 서정적이고 숭고하며 초월적인 전망을 표상한다.

바로 귀도에 뒤이어 법정 증언을 하게 된 카폰사키는 시인 서술자처럼 불꽃과 심지의 비유를 활용하여(Gibson 88), "이 끔찍한 빛[귀도의 독백]에 의해 꺼져버린 심지에 다시 불을 붙이기 위해 / 당신들에게 진리를 보여주는 데 내 영혼을 불사를 것이다"(To relume the quenched flax by this dreadful light[guido's monologue], / Burn my soul out in showing you the truth, VI. 148-9행)라고 선언한다. 카폰사키는 또한 귀도가 문맹인 폼필리아를 위해 '위조'한 편지가 결과적으로 그녀를 구원하는 계기가 되었음에 주목한다. 어떤 사람이 카폰사키에 대해 말한 것을 인용한 다음 발언은 아이러니컬하게 1권에서 시인 서술자가 황금-합금의 비유 및 영혼에 의한 육체의 소생의 비유를 통해 형상화하고자 했던, 사실과 상상, 진실과 허위의 미묘한 역설적 관계를 상기시킨다.

> "여기에 드러난 것은 적어도
> 당신[카폰사키 자신]이 오류를 믿는다는 것이요 — 당신은 알아챘소,
> 귀도가 그 몸을 제공했다 해도
> 그 편지의 정신은 일종의

그 부인의 것이었음을, 말하자면 그가 다 위조한 것입죠!
여기 위조되지 않은 사실이 있소 — 그녀는 당신을
즉시 선택하여 와서 도와주도록 요청했지요,
— 사람들이 말하듯이, 당신을 사랑했지요. 귀도는 그녀의 마음을 읽고
일이 꼭 그가 예상한 대로임을 세상 사람들에게
확신시키기 위해 표현을 한 거지요. 그는 편지를 썼고
그녀는 말했지요." (VI. 898-909행)

"Here at least was found
Your confidence in error, — you perceived
The spirit of the letters, in a sort,
Had been lady's, if the body should be
Supplied by Guido: say, he forged them all!
Here was the unforged fact — she sent for you,
Spontaneously elected you to help,
— What men call, loved you: Guido read her mind,
Gave it expression to assure the world
The case was just as he foresaw: he wrote,
She spoke."

일차적으로, 귀도가 폼필리아의 편지를 표절한 것은 어떻게 보면 1권에서 시인 서술자가 《고황서》를 시적으로 재현한 것에 대한 희화화이다. 그러나 1권의 소생의 비유에서 허구를 창조해낸 시인의 상상력이 영혼의 역할을, 역사적 사실로서의 재판기록이 몸의 역할을 하였다면, 폼필리아의 편지에서는 반대로 귀도가 조작하여 쓴 가짜 글은 몸의 역할을, 폼필리아의 진심은 영혼의 역할을 한다.

1권의 시인 서술자가 《고황서》의 재판기록을 생명이 없는 죽은 시신에 비유했듯이, 귀도 사건에 대한 최종 판정을 내리기 전에 재판기록을 검토하는 교황은 법률가들의 담론을 "소생시킬 수 없는"(no renewing, X. 375행) "이 더러운 언어의 넝마조각"(this filthy rags of speech, X. 372행)이라고 비판한다. 특히 귀도가 위조한 편지는 "그것이 표상하

는 몸과 영혼 모두에 대해 거짓"(false to body and soul they figure forth, X. 651행)이라고 단언한다. 그 자신 노쇠하여 죽음에 임박한 교황은 과거 교황들의 굴곡진 역사에서 찾아볼 수 있는 인간적 오류의 가능성을 인정하면서도, 지상에서 하나님의 대행자로서 귀도 사건에 대한 진실을 규명하기 위해 최후의 노력을 다한다. 시인 서술자와 같이, 교황은 신에 비할 때 "인간 정신"(Man's mind, X. 1310행)의 한계를 인정하지만, 그래도 인간은 하늘의 빛을 모으는 "볼록렌즈"(a convex glass, X. 1310행)처럼 신의 무한함 혹은 "완전함"(the whole, X. 1318행)을 자신의 유한한 의식 속에 축소된 형태로 모아서 수렴할 수 있다고 믿는다. 시인 서술자가 과거를 되살리는 자신의 영혼의 능력을 초롱불을 밝히는 '불꽃'에 비유한 것처럼, 교황은 "나의 보잘것없는 불꽃은 태양으로부터 유래한다"(my poor spark had its source, the sun, X. 1284행)고 믿는다(Gibson 88-9). 이 때 'the sun'은 물론 르네상스 시대 문학작품에서 흔히 볼 수 있듯이 '[하나님의] **아들**'(the *Son* [of God])과 동음이의어로서 이중적 의미를 지닌다. 엘리샤에 대한 언급에도 불구하고 브라우닝의 소생의 미학이 이교적, 신비주의적, 유사과학적 인유에 상당히 의존하고 있다면, 대조적으로 가톨릭의 최고 지도자로서의 교황의 인식론은 전적으로 종교적, 기독교적이다.

늙은 교황이 자신의 '불꽃'으로 판단할 때, 어린 순교자 폼필리아와 젊은 전사(戰士)성직자 카폰사키는 낡은 구시대의 법을 폐기하고 새시대의 새로운 법을 구현함으로써, 신앙적으로 죽은 당대 사회를 소생시킬 수 있는 미래 사회의 문화적 영웅이자 정신적 구원자의 역할을 한다(X. 1050-7, X. 1069-71, X. 1909-13행). 교황은 자신이 "죽은" 다음 낡은 신앙의 시대가 끝나고 기독교 이전과 같은 새로운 회의(懷疑)의 시대가 도래하여 제도화된 종교의 마비된 교조적 신앙에 새로운 "생명"이 싹트기를 희망한다(X. 1850-5행). 힘과 지식은 넘치지만 선함이 결여된 시대에 폼필리아는 교황의 황량한 정원에 기적적으로 피어난 한 떨기 장미꽃과 같이 순결하고 무한한 신적 사랑의 표상이다(X. 1362-

71행). 그에게 폼필리아, 카폰사키, 귀도의 이야기는 하나님의 섭리를 계시하는 하나의 '기적극'(a miracle play)이다. 교황은 카폰사키를 구시대 인물인 교황 자신의 "가면극 자체"(masque's self, X. 1904행)를 급히 밀쳐내며 등장하는 새시대의 "어릿광대의 막간 익살극"(antimasque, X. 1903행)에 비유한다. 교황은 귀도에 대한 최종 판결문을 작성한 후, 어느 폭풍우 치는 칠흑같은 밤중에 번개가 내리칠 때 나폴리의 모습이 "수의를 벗은 유령처럼"(like a ghost disshrouded, X. 2125행) 언뜻 보였듯이, 마지막 사형 집행의 순간에 "진리가 번득 내리쳐서, / 귀도가 보고 즉시 구원받기"(So may the truth be flashed out by one blow, And Guido see, one instant, and be saved, X.2125-6행)를 희망한다.

마지막 12권에 삽입된 설교에서 셀레스티노 신부는 시인 서술자나 교황과 마찬가지로 연극의 비유를 사용하여, 귀도의 살인 사건을 지진으로 벽이 허물어지면서 배우들의 얼어붙은 모습이 대중에게 드러난 "이 이상한 인간 연극"(this strange human play, XII. 544행)으로 묘사한다. 시인 서술자, 교황, 셀레스티노에게 있어 공통적으로 귀도의 사건은 독자관객들이 신의 섭리가 작용하는 과정을 직접 목도하고 깨달음을 얻어야 할 계시적인 연극이다. 시인 서술자는 12권의 마지막 부분에서 그가 주된 독자층으로 간주하는 "아직 나를 좋아하지 않을지도 모를 영국 대중"(British Public, who may not like me yet, XII. 831행)에게 직접 말을 걸면서, "우리 인간의 말은 무(無)이고, / 우리 인간의 증언은 허위"(Our human speech is naught, / Our human testimony false, XII. 834-5행)일 뿐임에 비해, "예술은 진리를 **간접적으로** 말함으로써 …… 눈을 만족시킬 뿐만 아니라 영혼을 구원한다"(Art may tell a truth / *Obliquely* ... Suffice the eye and save the soul beside, XII. 855-63행, 강조 첨가)고 말한다. 여기에서 '간접적으로'라는 표현은 물론 진리를 일방적으로 주장하기 위한 법률적 논증이나 시인 자신의 주관적 전망을 직접적 전달하고자 하는 서정시보다 상대적으로 좀더 객관적인 양식으로서의 극적독백을 지칭한다.

《반지와 책》에서 시인 화자에 의해 서술되는 1권과 12권, 그리고 카폰사키, 폼필리아, 교황 등의 극적독백은 시적 창조과정과 작중인물의 도덕적, 종교적 문제, 그리고 독자의 입장에서 브라우닝의 소생과 구원의 시학을 다각도로 형상화한다. 브라우닝의 극적독백은 셸리를 포함한 낭만주의 시인들처럼 시인 자신의 주관적 전망을 직접적으로 표현하기보다, 과거 역사적 인물의 행동과 말을 현재 속에 극적으로 소생시켜 독자에게 객관적으로 보여줌으로써, 독자가 연극의 관람객처럼 이를 직접 목격하고 체험하고 스스로 판단하게 하는 서술 양식이다. 그렇지만 극적독백이 반드시 순수하게 연극이나 희곡과 같은 '객관적' 장르에만 속한다고 말할 수는 없다. 이미 살펴보았듯이 과거 인물들의 죽은 육신을 현재에 되살리는 것은 시인 자신의 주관적 영혼이라는 측면에서, 시인의 숨겨진 주관성은 극적독백에 생명을 불어넣는 필수적이며 본원적인 요소이다. 여기에서 자세히 다루지는 않았지만, 《반지와 책》 1권의 유명한 '금–합금의 비유'(I. 8-30, 458-70, 681-6행)에서, 금에 합금을 섞어서 가공한 후에 산을 뿌려서 합금의 흔적을 사라지게 하면 순금의 반지가 탄생한다고 할 때, 표면상으로 시인의 상상력은 완성된 극적독백에서 사라졌지만, 반지의 표면 아래에서 금(객관적 사실로서의 재판기록)은 여전히 합금(시인의 주관적 상상력)과 섞인 상태로 남아 있음에 주목해야 한다.

III. 〈사울〉에 나타난 '소생'의 주제

《반지와 책》에서 다루고 있는 재생과 부활의 주제는 이전에 발표된 〈사울〉[7]에서도 잘 드러난다. 청자가 분명치 않은 이 시는 엄밀한 의미

---

7 처음 이 시의 9절까지 미완성된 단편이 1845년에 《극적 설화와 서정시》(*Dramatic Romances and Lyrics*)에 발표되었고, 1855년에 239행, 10절이 덧붙여져서 완성된 작품이 《남과 여》(*Men and Women*)에 출판되었으며, 1863년에는 《극적 서정시》(*Dramatic Lyrics*)에 수록되었다. 성서의 사뮤엘기 16장 14-23절에 바탕을 둔 브라우닝의 시는 스마트(Christopher Smart)의 《다윗을 위한 노래》(*Song to David*, 1763)와 와이엇 경(Sir Thomas

에서 극적독백으로 분류할 수는 없지만, 구약성서의 역사적 인물인 다윗(David)이 극적 화자이자 1인칭 서술자로 등장한다는 측면에서 일종의 '극적 서정시'(dramatic lyric)로 볼 수 있겠다. 이 시에서 미래의 이스라엘의 왕이 될 청년 목동 다윗은 육체적, 정신적으로 병들고 기력이 쇠진한 사울 왕에게 하프 연주와 노래를 들려줌으로써, 그의 원기를 북돋우고 병을 치유하고자 한다. 사울 왕의 병은 단순히 한 개인의 문제에 그치지 않고 그가 대변하는 왕국 전체의 문제라고 할 수 있다. 그의 병을 치유하고 기운을 북돋아주는 것은 왕국의 위기를 극복하기 위해 음악가이자 시인인 다윗에게 주어진 중대한 사회적 책무라고 할 수 있다. 이 시는 1인칭 시인의 주관적 관점에서 음악과 시가 지니는 치유적, 재생적 효과에 관한 명상을 제시할 뿐만 아니라, 음악과 시가 객관적 청자에게 끼치는 육체적, 정신적 영향을 동시에 기록하고 있다는 측면에서 브라우닝의 소생의 시학을 이중적으로 주제화한다.

다윗이 처음 그를 대면했을 때 사울이 텐트의 버팀목에 몸을 의지하고 있는 거대한 모습은 마치 십자가에 못 박힌 예수의 모습을 연상시킨다(4절). 사울은 예수 이전의 구약의 인물이지만 성서 예형론의 입장에서 예수에 대한 '예표'(豫表, type)라고 할 수 있다. 그러나 사울이 겪는 고통은 예수와 달리 비자발적인 것이며, 다윗은 그를 십자가에서 끌어내려 그의 고통과 죄를 덜어주어야 한다(Lawson 82). 다윗은 우선 하프 연주와 노래를 통해, 무생물과 동식물로부터 시작하여 목가적이고 문명화된 인간사회를 거쳐 그 정점에 있는 사울 왕의 머리에 이르기까지 마치 하나님의 천지창조 과정을 반복하듯이 '거대한 존재의 사슬'(the great chain of being) 혹은 '사다리'의 단계를 올라가면서, 만물에 깃든 생명력과 인간의 덕성을 찬양함으로써 그의 육체적, 도덕적 원기를 고무하고자 한다(5-13절). 마치 공중에 높이 뜬 "한 마리 독수리"(one eagle, 137행)가 저 아래 풍경을 까맣게 내려다보듯이 세상의 복잡다양한 모

Wyatt)의 《7편의 회개 찬송》(*Seven Penitential Psalms*)의 영향을 받았다고 한다(*Poems* 1135; DeVane 254-7). 여기에서는 *Poems*에 수록된 1855년 판을 텍스트로 한다.

습을 파노라마적으로 묘사하는(12절) 다윗의 전반부의 음악과 노래는 일차적으로 셰익스피어와 같은 '객관적', 극적 시인으로서의 그의 모습을 보여준다. 다윗의 하프 연주와 노래를 통해, 사울은 아직 완전한 치유는 아니더라도 (다윗이 연주나 노래를 잠시 멈추고 상대의 반응을 관찰하거나 자신의 음악의 의미에 대해 명상하는 간헐적 순간들에서 알 수 있듯이[8, 10-12, 14-5절]) "죽음에서 벗어나"(Death was past, 119행) 점차 삶의 의욕과 생기를 되찾게 된다.

사울의 회복 과정은 겨울이 봄으로 바뀌는 계절의 순환과 함께 시 중간 부분에서 특히 주제적 은유로 사용되는 "종려나무"(the palm-tree, 154행)와 성사적(聖事的) "와인"(159행)의 비유로 형상화된다(13절). 구체적으로, 다윗은 자신의 노래를 천천히 자라는 종려나무 열매로 빚은 술에 비유하면서, 사울에게 "나의 영혼의 술을 오래 들이마셔라"(a long draught of my soul-wine, 175행)고 권고한다. 다윗의 음악과 노래와 권면의 말에 상당히 기운을 되찾은 사울이 그의 거대한 무릎으로 고개 숙인 다윗을 감싸고 손으로 그의 눈썹과 머리를 어루만지며 정면으로 그의 눈을 들여다보는 (어떻게 보면 동성애적인?) 장면(223-31행)은 왕(주님)의 백성(인간)에 대한 '사랑'을 암시한다. 병든 사울은 시인 다윗에 의해 소생되어야 할 연약한 한 인간이면서, 동시에 후자를 지배하는 강력한 군주이자 예수님, 하나님과 같은 존재이기도 하다. 따라서 다윗이 사울을 구원하는 것은 역설적으로 그 자신을 돌봐줄 세속적, 종교적인 후견인인 '주님'을 구원하는 일이기도 하다. 다시 말해서, 다윗은 사울을 구함으로써 결국 자기 자신을 구원한다고 말할 수 있다.

사울의 적극적 반응에 고무된 다윗이 음악의 힘에 의존하는 하프와 노래를 버리고(237행) 순수한 말의 힘에 의존하는 시인으로 탈바꿈하는 것은 전반부의 객관적 시인으로부터 후반부의 서정적, 주관적 시인으로 전환하는 결정적 순간을 나타낸다.[8] 전반부의 다윗이 사울의 '육

8 콜린즈(Thomas J. Collins)는 9절로 끝나는 1845년 판의 시에서 다윗은 '객관적 시인'에 머물러 있는 반면에, 1852년에 〈셸리론〉을 쓴 이후에 첨가한 이후의 절에서는 "성육신의

체적' 생명력을 회복시키기 위해 목가적 자연과 인간세상을 노래하는 객관적, 이교적 시인이었다면, 후반부 14절에서 하나님을 시신으로 환기한 후에 다윗은 사울의 '정신적' 생명력을 회복시키기 위해 외적인 음악보다 내적 독백에 의존하는 서정적, 주관적, 기독교적인 시인으로 변신한다. 다윗은 마치 《반지와 책》의 교황처럼 지상에서 신의 대행자로서 사울의 영혼을 구원하려 한다(16-8절). 그렇지만 "[다윗은] 그를 도우려 하나 그럴 수 없으며, 그 소망은 실패한다"([David] would help him but cannot, the wishes fall through, 296행). 그럼에도 불구하고, 다윗은 18절의 마지막 부분에서 하나님의 인간에 대한 신성한 사랑을 다윗 자신의 사울에 대한 인간적 사랑에 빗대면서, 마침내 이 시의 최고 정점이라고 할 수 있는 '성육화'(成肉化, Incarnation, Badger 78, 80)된 그리스도의 서정적, 초월적 전망에 도달한다. "이 손과 같은 손이 / 그대에게 새로운 삶의 문을 활짝 열어젖히기를! 그리스도가 서 있는 모습을 보라!"(a Hand like this hand / Shall throw open the gates of new life to thee! See the Christ Stand! 312-3행). 구약의 사울은 그리스도의 예표이지만, 그는 또한 다윗이 보여주는 미래 그리스도의 예견적 전망에 의해 구원을 받는다. 다윗이 사울을 인간적으로 사랑하는 것은 그리스도를 통해 인간의 몸으로 현현한 하나님의 신성한 사랑과 유비를 이루며, 나아가서 하나님의 대행자로서 시인이 시를 창조하는 행위도 하나님의 말씀이 육신이 된 것에 대응한다(Shaw 226-7). 마지막 19절에서 밤새워 집으로 돌아가는 도중에 새벽 동이 트면서 다윗의 '눈'에 비친 아름답고 신선한 '자연풍경'은 브라우닝이 〈셸리론〉에서 설파하는 서정적, 주관적 시인(1002)으로서 그의 최종적 완성을 보여준다.

이 시는 다윗이 사울을 소생시키기 위해 객관적 시인에서 주관적 시인으로 변신하면서 '완전한 시인'이 되어 가는 과정을 보여준다. 비록 다윗 자신이 인정하다시피 사울을 완전히 구원하지는 못한다 하더라

구원적 전망을 통해 주관적 시인의 통찰을 획득한다"(achieves the insight of the subjective poet in the redemptive vision of the Incarnation)고 지적한다(122).

도, 인간의 유한한 한계 내에서 신의 무한한 창조성과 사랑의 교의를 대행하는 예술가로서 최선을 다하는 그의 모습은 전형적으로 브라우닝식의 '실패 속의 성공'(success in failure), '불완전 속의 완전'(completeness in incompleteness), '유한 속의 무한'(the infinite within the finite)의 철학을 구현한다. 다윗이 사실주의적, 객관적 시인에서 서정적, 주관적 시인으로 탈바꿈한다고 해서 반드시 전자가 후자보다 열등하다거나 극복되어야 할 대상이라고 할 수는 없다. 후반부에서 다윗의 서정적, 초월적 전망이 의미를 지니는 것은 그것이 전반부에서 지상에서의 다양한 자연 생명체와 인간사회의 실제적 삶에 대한 객관적, 사실주의적 조망에 든든한 뿌리를 두고 있기 때문이다. 다윗이 끝에서 '완전한 시인'으로 성장할 수 있는 것은 셰익스피어와 같은 복잡하고 다양한 현실세계에 대한 사실적, 극적 조망을 셸리식의 이상적, 직관적 전망과 결합시킬 수 있기 때문이다. 그는 폼필리아나 배릿 브라우닝과 같이, 이 세상의 고통을 통해서 저 세상의 초월적, 서정적 전망에 도달한다. 다시 말하여, 브라우닝은 "주관적 시인이 역사 속에 침잠해 있음"(the subjective poet is immersed in history, Armstrong 148)을 보여준다. 〈립포 립피 수사〉("Fra Lippo Lippi")의 결말에서 터오는 먼동이 르네상스 시대의 시작을 알리듯이, 다윗이 집으로 돌아가는 길에 새벽 동이 트는 것은 사울에 대한 지극한 인간적 사랑과 완전한 시인으로서의 변신을 통해, 그가 장차 이스라엘 왕으로 성장할 가능성을 보여주는 "드러냄"(disclosure) 또는 "시작"(beginning, Tucker 4-5)의 예표라고 하겠다.

Ⅳ. '소생'의 시학의 다층적 함의와 근대성

브라우닝의 '소생'의 시학은 객관성과 주관성의 종합으로서의 극적독백의 서술적 특징을 잘 보여준다. 극적독백은 시인의 주관적 전망을 통해 객관적 인물의 언행을 극적으로 재생시킨다는 측면에서 주관성과 객관성을 융합한다. 또한 극적독백은 화자의 입장에서 주관적으로 서술되지만, 독자의 입장에서는 극적 인물의 말을 '엿듣는다'는 측면에서 주관성과 객관성을 결합한다. 《반지와 책》의 1권에서 볼 수 있듯이, 죽음으로부터의 소생은 시인의 창작과정 자체를 추동하는 심미적 원리일 뿐만 아니라, 독백의 화자들이 당면한 정신적, 도덕적, 종교적 문제와도 결부된다. 시인 서술자가 과거의 죽은 재판기록을 현재에 소생시키듯이, 폼필리아와 카폰사키는 시대의 죽음을 넘어서서 미래 사회의 소생의 가능성을 보여주는 중심인물들이다. 《반지와 책》의 독자들은 마치 중세 기적극이나 도덕극의 관객처럼 시인이 재연한 선악의 투쟁의 드라마를 직접 목도하고 체험함으로써, 자신의 "내적 재생"(inner resurrection, Zietlow 195)을 경험할 수 있게 된다. 〈사울〉은 극적 독백은 아니지만, 다윗이라는 극적 화자가 이스라엘 왕국을 위해 사울을 음악과 시로써 치유하고 원기를 소생시키는 과정에서 객관적 시인으로부터 주관적 시인으로 변신하면서 완전한 시인으로 성장하는 과정을 묘사한다. 이 극적 서정시는 시가 개인과 사회를 소생시킬 수 있는 치유적, 구원적 힘을 지니고 있음을 암시한다. 이 시에서 시인 화자가 객관적 전망으로부터 주관적 전망으로 전환한다고 해서 후자가 전자보다 반드시 우월하다고 할 수는 없다. 지혜로운 독자는 '극적 서정시' 자체가 다른 극적 독백처럼 화자의 주관적 전망을 극적으로 전달하는 혼종적 양식임을 잊지 않을 것이다.

《반지와 책》과 〈사울〉에서 소생의 주제는 시인의 창작원리이자 작중인물들이 당면한 도덕적, 종교적 문제이며, 독자나 청자가 체험하는 수사학적 효과와 더불어 작중인물과 독자들이 속한 시대와 인간사회를 구원할 수 있는 시적 전망을 간접적으로 제시한다. 셸리를 포함한 낭만주의 시인들이 사회 개혁적, 혁명적 '예언자'(a prophet)로서의 주관적 시인의 상을 이상화하였다면, 빅토리아조의 시인으로서의 브라우닝은 극적독백이나 극적 서정시의 혼종적 양식을 통해 일차적으로 보다 겸손하고 객관적인 '소생자'(a resuscitator)로서의, 그리고 나아가서 주관과 객관을 통합하는 완전한 시인으로서의 새로운 심미적, 사회적 역할의 가능성을 탐구하였다. 《반지와 책》과 〈사울〉에 나타난 브라우닝의 '소생'의 시학은 낭만적 주관주의와 '모더니즘의 시학'(Christ 17; Froula 162) 사이에서 문학사적으로 교량 역할을 한 것으로 평가되는 브라우닝의 극적 독백이나 극적 서정시 형식으로 씌어진 시들을 새롭게 이해하는 중요한 하나의 비평적 단초를 제공한다.

인용문헌

여홍상. 〈《반지와 책》에 나타난 빛과 색채의 이미지〉. 《영문학과 사회비평: 19세기 영시와 영문학 교육》. 서울: 문학과지성사, 2007. 83-129.

Abrams, M. H. *The Mirror and the Lamp: Romantic Theory and the Critical Tradition*. Oxford: Oxford UP, 1953.

Armstrong, Isobel. *Victorian Poetry: Poetry, Poetics and Politics*. London: Routledge, 1993.

Badger, Kingsbury. "'See the Christ Stand': Browning's Religion." *Robert Browning: A Colletion of Critical Essays*. Ed. Philip Drew. London: Methuen, 1966. 72-95.

Brisman, Leslie. "Back to the First of All: 'By the Fire-Side' and Browning's Romantic Origins." *Robert Browning: A Collection of Critical Essays*. Eds. Harold Bloom and Adrienne Munich. Englewood Cliffs: Prentice-Hall, 1979. 39-58.

Browning, Robert. *Robert Browning: The Poems.Vol. I*. Ed. John Pettigrew. New Haven: Yale UP, 1981.

———. *The Ring and the Book*. Ed. Richard D. Altick. London: Penguin, 1990.

Christ, Carol. *Victorian and Modern Poetics*. Chicago: U of Chicago P, 1984.

Collins, Thomas J. *Browning's Moral-Aesthetic Theory 1833-1855*. Lincoln: U of Nebraska P, 1967.

Dellamore, Richard J. "Browning's 'Essay on Shelley' and 'Childe Roland to the Dark Tower Came': Mythopoeia and the Whole Poet." *The Journal of Pre-Raphaelite Studies* 2.1 (1981): 36-52.

DeVane, William Clyde. *A Browning Handbook. 2nd Ed*. New York: Appleton-Century-Crifts, 1955.

Drew, Philip. "Browning's Essay on Shelley." *Victorian Poetry* (1963): 1-6.

Fraser, Hilary. "Browning and Nineteenth-Century Historiography." *AULMA* 71 (May 1989): 13-29.

Froula, Christine. "Browsning's Sordello and the Parables of Modernist Poetics." *Critical Essays on Robert Browning*. Ed. Mary Ellis Gibson. New York: G. K. Hall, 1992.161-85.

Gibson, Mary Ellis. *History and the Prism of Art: Browning's Poetic Experiment*. Columbia: Ohio UP, 1987.

Harrold, William E. *The Variance and the Unity: A Study of the Complementary Poems of Robert Browning*. Athens: Ohio UP, 1973.

<http://www.corrosion-doctors.org/Biogaphies/GalvaniBio.htm>

King, Roma A, Jr. et al., eds. *The Complete Works of Robert Browning*. Vol. VII. Athens: Ohio UP, 1985.

Langbaum, Robert. *The Poetry of Experience: The Dramatic Monologue in Modern Literary Tradition*. Harmondsworth: Penguin, 1974.

Lawson, E. LeRoy. *Very Sure of God: Religious Language in the Poetry of Robert Browning*. Nashville: Vanderbilt UP, 1974.

Roberts, Adam. "The Ring and the Book: The Mage, the Alchemist, and the Poet." *Victorian Poetry* 36.1 (1998): 37-46.

———. "Browning, the Dramatic Monologue and the Resuscitation of the Dead." *The Victorian Supernatural*. Eds. Nicola Bown, et al. Cambridge: Cambridge UP, 2004.109-27.

Shaw, W. David. *The Dialectical Temper: The Rhetorical Art of Robert Browning*. Ithaca: Cornell UP, 1968.

Tucker, Herbert F., Jr. *Browning's Beginnings: The Art of Disclosure*. Minneapolis: U of Minnesota P, 1980.

Woolford, John. *Browning: The Revisionary*. New York: St. Martin's, 1988.

Zietlow, Paul. "The Ascending Concerns of The Ring and the Book: Reality, Moral Vision and Salvation." *Studies in Philology* 84 (1987): 194-218.

8. 브라우닝의 민중적 종교관
— 〈성탄전야〉를 중심으로

I

빅토리아조의 대표적 시인 로버트 브라우닝에 대한 비평가들의 평가는 주로 그의 극적독백의 현대적 기법을 논의하는 데 집중되어 왔다. 그러나 1881년 창립된 브라우닝협회(The Robert Browning Society)에서 볼 수 있듯이, 브라우닝의 시는 자연과학의 발전과 성서 고등비평 등의 영향으로 전통적 종교적 신앙이 위협받게 된 빅토리아조 이후의 시대에, 인간의 삶의 철학적, 종교적 의미를 근본적으로 탐구하는 것으로 받아들여졌다. 이러한 측면에서, 그의 비교적 긴 시 〈성탄전야〉("Christmas-Eve")[1]는 그의 작품 중에서 드물게 기독교 신앙의 문제를 정면으로 다루고 있음에도 불구하고 비평가들 사이에 주된 논의의 대상이 되지는 못했다. 이 시는 주인공의 주관적 전망에 치중한 초기 시로부터 〈사울〉("Saul")을 거쳐 시집 《남과 여》(*Men and Women*)의 객관적, 극적 시로 넘어가는 전환기(Whitla 15)에 처한 작품으로 평가된다. 〈성탄전야〉에서 화자가 방문한 세 군데의 장소에 대한 묘사는 극적인 반면에 중간 중간에 삽입된 긴 명상은 서정적 서술이라 할 수 있다.

비평가들은 주로 엘리자베스 배릿 브라우닝(Elizabeth Barrett Browning)과 로버트 브라우닝 사이에 오간 편지를 근거로 하여, 〈성탄전야〉가

1 이 시의 텍스트로 Robert Browning, *Browning: Poetical Works 1833-1864*, ed. Ian Jack (Oxford: Oxford UP, 1970)을 사용하며, 인용은 행수를 본문 중에 표기함.

브라우닝의 비국교파(Dissenters)적 입장을 드러내는 것으로 평가하였다(Cunliffe 129-31; Lawson 59-62). 그러나 비평가들은, 브라우닝 가족이 실제로 다녔던 런던 교외 중산층 중심의 요크가 회중 교회(York Street Congregational Church)와 달리, 이 시의 화자가 선택하는 곳은 북쪽 하층민 노동자 계급의 교회라는 점에 대해서는 그냥 지나치는 정도로만 언급하고 만다.[2] 이 시의 극적화자가 브라우닝 자신과 같은 중산층에 속한다고 할 때, 시인은 왜 이 작품에서 자신이 다녔던 것과 같은 중산층 교회가 아니라 텍스트의 상당 부분에서 북쪽 하층민 노동자 계급의 교회를 묘사하는 데 그의 서술의 초점을 맞추고 있는지가 매우 중요한 계급적 문제로 남는다. 이러한 문제와 관련하여, 이 글에서는 브라우닝이 이 시에서 묘사하는 시온산 교회의 회중의 모습을 1970-80년대 한국에서 일어나서 세계적 신학이론으로 발돋움한 소위 '민중'신학의 입장에서 재조명해보고자 한다.

민중신학은 1970년대 중반부터 국내 독재정권에 항거하는 운동권 중에서 신학자, 목사, 그리스도인들에 의해 정립되고 발전되었다(《민중신학 입문》 11). 그 중 대표적인 민중신학자로는 서남동 교수와 안병무 교수를 꼽을 수 있다. 민중이라는 용어는 당시 신학뿐만 아니라 김지하와 창비의 문학론, 이기백의 사학 등에서도 사용되었다. 당시 민중신학자들은 독재정권에 항거하는 역사적 현장의 시각에서 마가복음에 나오는 오클로스(*ochlos*)라고 불린 예수를 추종한 무리(안병무 《민중신학 이야기》 16; 서남동 193), 그리고 이스라엘 성전 체제에 대항하는 예수 자신을 민중의 역사적 사건으로 파악하였다(《민중신학 입문》 110-11). 구약으로 거슬러 올라가면, 모세가 이끈 탈애굽을 통한 이스라엘

---

2 브라우닝의 종교관에는 어머니의 복음주의의 영향이 컸다고 한다. 아버지는 원래 국교파였으나, 어머니와 함께 온 가족이 조지 클레이튼(George Clayton)이 설교하는 독립 교회인, 캠버웰(Camberwell)의 집에서 1마일 떨어진 월워스(Walworth)의 요크가 회중 교회를 다니게 되었다. 브라우닝과 누이는 헨리 멜빌(Henry Melville)이 설교하는 캠든 교회(Camden Chapel)에 다니기도 하였다. 그러나 이 교회들은 모두 본 시가 다루고 있는 노동자 계급의 비국교파 교회와는 확연히 다르다(Maynard 51-53; Colby 629).

해방, 그리고 팔레스타인 지역의 최하층 유랑민 히브리인들이 연합하여 건설한 12지파 연맹 등을 민중 해방의 역사로 읽는다(《민중신학 입문》 132). 민중의 개념에 대해서는 논란이 많지만, 《민중신학 입문》(28)에서는 다음과 같이 정의하고 있다. 1. 민중은 역사의 주체이며 사회적 실체이다. 2. 민중은 정치적 피억압자, 경제적 피수탈자, 사회적 소외자 등 사회의 하층민이다. 3. 민중은 자각된 대중(민중)뿐만 아니라 우매한 대중(민중)도 포함한다. 4. 민중은 역동적이며 상대적인 개념이다. 상대에 따라서는 비민중이면서 동시에 민중적 성격을 가질 수도 있다. 5. 하나님은 민중의 편에 서신다. 6. 민중이 주체가 된 나라는 전 국민이 민중화된 나라, 즉 정의·평등·자유·평화의 나라다.[3]

1850년에 영국에서 출판된 브라우닝의 시를 1970년대 한국에서 출현한 민중신학의 입장에서 읽어보려는 것은 1830-40년대 영국과 1970-80년대 한국 사이에 어떤 역사적 맥락의 유사성이 존재하는 것으로 볼 수 있기 때문이다. 주지하다시피, 빅토리아 시대 초반인 1830-40년대의 영국 사회는 본격적인 산업화의 영향으로 인해 극심한 사회적 갈등을 겪었다. 1830년대 말에는 노동자들의 권익을 주장하는 차티스트 운동이 활발히 일어났으며, 1840년대에 들어서 영국은 디즈레일리(Benjamin Disraeli)의 표현을 빌릴 때 가진 자와 가지지 못한 자의 "두 나라"(The Two Nations, Greenblatt 984)로 갈라졌다. 디킨즈(Charles Dickens)의 《올리버 트위스트》(*Oliver Twist*)는 소위 "굶주린 40년대"(The Hungry Forties, Greenblatt 983)의 극단적 상황을 잘 반영한다. 물론 구체적 역사적 상황이 모두 일치한다고 말할 수는 없지만, 1970-80년대 한국 사회는 개발독재 체제에 의해 급격한 산업화의 과정을 겪으면서, 가지지 못하고 억압받는 민중집단의 인권과 자유 및 진정한 민주주의 문제가 각종 사회적 항거 운동을 통해 분출되었으며, 이는 사회경제적 측

3 민중신학 사상의 핵심적 내용에 대해서는 서론의 간략한 설명으로 대신한다. 좀더 상세한 내용에 대해서는 말미에 소개한 문헌을 참고하기 바란다. 부족한 부분은 본론에서 브라우닝의 시를 검토하면서, 그때그때 필요한 경우마다 민중신학과 공통되는 부분을 부연해서 설명할 것이다.

면에서 빅토리아조 초기 영국이 처했던 역사적 상황과 상당한 유사성을 지니고 있다고 생각된다.

이러한 관점에서, 1970년대 한국 사회의 문제를 신학적 입장에서 조망한 민중신학과 빅토리아조 초기의 사회적 문제를 종교 혹은 교회의 측면에서 다루고 있는 브라우닝의 시 사이에는 종교적 관점에서 바라본 억압받는 민중의 문제라는 공통분모가 존재하는 것으로 볼 수 있다. 구체적으로, 브라우닝 시에서 당시 산업혁명의 중심지 중의 하나인 맨체스터(Manchester) 출신으로서, 산업혁명의 대표적 상징인 기차를 타고 북쪽 변경으로 온 부르주아 화자가 거기 하층민 교회에 발을 들여놓게 되는 상황은 사회경제적 측면에서 빈부의 두 나라 사이의 극적 만남 혹은 경계 가로지르기라고 할 수 있다. 이 글은 이처럼 시대적 지역적 차이에도 불구하고 중요한 역사적 맥락을 공유한다고 생각되는 1970년대 한국의 민중신학의 시각에서 빅토리아조 영국에서 출판된 브라우닝의 〈성탄전야〉를 꼼꼼히 읽어보려는 시도이다. 이 시에서 화자는 결국 로마의 화려한 가톨릭 성당이나 독일의 이성적 고등비평 교수보다 영국 시골 벽지의 한 작은 하층민 교회 공동체를 선택한다는 측면에서, 이 시는 브라우닝의 민중적 종교관을 드러낸다고 평가할 수 있다. 브라우닝의 민중적 종교관은 나아가서 시적 화자가 강조하는 사랑과 성육신(Incarnation)의 교의와도 밀접하게 연관되는 것으로 파악된다.

II

브라우닝은 〈성탄전야〉에서 화자가 방문하는 세 가지 교회에 대한 극적 묘사와 화자 자신의 주관적 명상을 번갈아 교체해서 서술하는 독특한 서술 방식을 구사한다. 세 가지 다른 교회에 대한 극적인 비교 · 평가와 서술자의 서정적 전망을 융합함으로써 브라우닝은 자신의 독특한 종교관을 간접적으로 암시하고자 한다. 이러한 종교적 주제의 형상화를 위해, 브라우닝은 특이하게 맨체스터 출신의 한 중산층 기업가가 북부의 한 하층민 지역 교회를 방문하는 극적 상황을 설정하여 그의 시를 전개해나간다. 브라우닝의 "극적"(dramatic, Kennedy & Hair 189) 서술은 한편으로 극적 화자의 계급적 편견을 드러내지만 다른 한편으로 화자의 서정적, "종교적 명상"(religious meditation, Colby 627)의 과정을 통해서 시인 자신의 종교적 입장을 대변하기도 한다(Crowell 85; Herford 117). 브라우닝의 시는 마치 한 편의 서사시처럼, 사건의 중간에서부터 시작한다. 사업차 북부 지역을 방문했다가 갑자기 불어닥친 폭풍우를 피하기 위해 화자가 "시온산 교회"(Zion Chapel, 134행) 내에 발을 들여놓게 되는 장면은 하층민 회중에 대한 화자의 계급적 편견을 드러낼 뿐만 아니라 두 다른 계급 영역 사이의 극적인 가로지르기 혹은 교차를 보여준다. 영국 북부 공유지 변경 지역에 위치한 시온산 교회는 하층민 노동자 회중으로 이루어진 교회이다. 교회 회중들은 빈민 지역의 여러 갈래 길을 거쳐서 공유지 가장자리에 위치한 자신들의 교회에 도착한다.

화자가, 시온산 교회가 빈민을 "다시 대낮으로 이끌"(leads into day again, 35행)거나, 혹은 "회칠한 얼굴"(a whitewashed face, 37행)로 그들의 "야수성"(a beastliness, 36행)을 숨긴다고 언급하는 것은, 하층계급을 훈육의 대상으로 보거나 하층민의 위선을 드러내고 싶어 하는 부르주아의 계급적 이데올로기를 암시한다. 화자가 자신과 하층민 회중의 관계를 성서의 롯(Lot)[4]과 고모라(Gomorrah)의 관계에 비유하는 것(43-46행) 역시 화자 자신의 선민의식과 계급적 오만을 암시한다고 볼 수 있다. 교회 현관에서 안으로 들어가지 못하고 머뭇거리고 있는 화자를 지나치며 바라보는 다양한 기층 인물들의 심문하는 듯한 시각("그들은 나를 마치 한 마리 야수를 보듯 했다, 속속 도착하는 그 회중들은"[They eyed me much as some wild beast,/ That congregation, still arriving, 21-22행]), 그리고 자신을 꾸짖는 듯이 삐걱거리는 교회 안쪽 문의 "경첩"(hinge, 13행) 소리와

4 성서 〈창세기〉 13:1-12 참조. 롯은 Haran의 아들로 Abraham의 조카이다. 그의 아내가 소돔과 고모라가 멸망할 때, 뒤를 돌아봄으로써 소금기둥이 되었다고 한다.

바람결에 펄럭이는 촛불의 "그 푸른 입술"(its blue lip, 97행)은 하층계급의 영역에 들어오게 된 부르주아 화자의 국외자로서의 소외감과 계급적 자의식을 노정한다. 그러나 화자는 자신을 소외시키는 회중을 비난하며, "잔치"(the feast, 118행)에서 그의 "몫"(shares, 115행; my portion, 122행)을 요구한다(103-122행). 결국 폭우가 몰아치는 일종의 종말론적 상황에서 화자는 계급 영역과 장벽을 넘어 1849년 성탄전야에 "구두장이 총각"(the shoemaker's lad, 123행)의 뒤를 따라 하층 민중의 교회에 스스로 발을 들여놓게 된다.

화자가 이 시에서 실제적 혹은 상상적으로 하는 여행들의 출발지이자 종착지인 시온산 교회는 민중신학의 입장에서 볼 때 가히 민중의 교회라 할 만하다. 위에서 언급한 교회의 지정학적 위치와 더불어, 그곳에 입장하는 다양한 인물들의 군상, 예컨대 "뚱뚱하고 피곤한 여인"(the fat weary woman, 48행), "어머니가 된 누이"(sister-turned-mother, 61행), "어떤 여자"(a female something, 75행), "키 큰 노란 남자"(a tall yellow man, 81행), 구두장이 총각 등에 대한 화자의 묘사는 디킨즈 소설에 등장할 법한 다양한 민중적 인물들의 희화적 소묘를 연상시킨다. 그중 어머니가 된 누이의 경우는 민중적 인물의 한 전형을 보여준다.

> 해진 나막신을 신고
> 가볍게 걸어들어 온 이는, 다 해진 옷을 입은
> 좀 늙은 얼굴을 하고 수척한, 어머니가 된 누이였는데,
> 병든 아기를 추위로부터 지키기 위해,
> 주근깨 난 얼굴로 유일하게 따뜻한 그녀의 가슴에
> 어떻게든 그를 꼭 눌러 질식시킬 지경이었다. (60-64행)

> up-pattered
> On broken clogs, the many-tattered
> Little old-faced peaking sister-turned-mother
> Of the sickly babe she tried to smother

Somehow up, with its spotted face,
From the cold, on her breast, the one warm place.

여기에서 중요한 것은, 브라우닝이 자신이 다닌 것과 같은 중산층 비국교파 교회가 아니라 하층민 비국교파 교회를 시적 소재의 중심으로 선택했다는 점이다.[5] 물론 엄격히 말해서, 중산층이든 하층민이든 간에 영국의 비국교파 교회도 그 자체 하나의 조직화되고 제도화된 종교라는 측면에서, 민중신학에서 말하는 예수 당시에 그를 추종한 민중 집단으로서의 오클로스 무리와는 구분되어야 한다고 주장할 수도 있다. 그러나 이러한 시대적, 형식적 차이를 넘어서서, 브라우닝이 실질적으로 묘사하는 시온산 교회의 하층민 회중은 영국에서 종교적 지배체제인 성공회에 속하지 않는 비국교파일 뿐만 아니라, 계급적으로 당시 영국의 최하층 민중집단을 대변한다는 측면에서, 구약의 방랑하는 히브리인이나 신약의 오클로스가 역사적으로 담보하는 민중성에 가장 근접한다고 볼 수 있을 것이다.

브라우닝은 의도적으로 이러한 하층민 집단에 계급적 혐오감과 선입견을 지닌 한 중산층 화자를 그의 시의 극적 서술자로 내세워서, 그의 계급적 편견과 선입견이 해체돼 가는 과정을 객관적으로 보여줌으

---

5 빅토리아조 영국 교회와 계급관계에 대한 상세한 논의는 브라우닝 시의 해석에 초점을 맞추고 있는 이 글의 범위를 벗어난다. 그러나 간략히, 마르크스주의 역사가 톰슨(E. P. Thompson)에 의하면, 빅토리아조에서는 비국교파 교회까지도 대부분 중산층 목사와 신도들로 구성되었으며, 1840년대 영국 노동자들 10명 중 9명은 비록 그들 나름대로 성서를 잘 알고 있었음에도 불구하고 기존 교회에는 나가지 않았다고 한다(468). 따라서 브라우닝 시에서 시온산 교회는 아마 빅토리아조에서 실제로 하층민으로 구성된 어떤 교회를 모델로 했다기보다는 대체로 시인 자신의 시적 상상력의 산물로 보인다. 그런데 흥미롭게도 톰슨은 빅토리아조 노동계급의 성서 해석과 기존의 보수적 교회 설교 사이의 중요한 차이를 강조하면서 한 노동자의 발언을 인용하는데, 이는 1970년대 한국 민중신학이 추구한 성서 해석 입장과 잘 들어맞는다. "나는 성서를 존중한다 …… 그리고 성서를 들여다보면 …… 선지자들이 억압자와 피억압자 사이에 서서, 아무리 부유하고 강할지라도 압제자들을 비난했음을 발견한다"(I revere the Bible ... and when I look into it ... I find that the prophets stood between the oppressor and the oppressed, and denounced the wrong doer, however rich and powerful, 468).

로써, 당대 중상층 독자들을 시적, 종교적으로 교육하려고 하는 것처럼 보인다. 즉 시 속에서 극적 화자가 겪는 일종의 개종의 경험은 함축된 중상층 독자의 상을 암시한다고 하겠다. 화자는 한편으로 하층민 교회와 그 목사 설교에 대해 경멸과 혐오감을 숨기지 않으면서도, 다른 한편으로 기층계급으로부터 소외된 국외자의 입장을 넘어서 민중적 회중의 일부가 되고 싶어 하는 모순된 양가적 욕망을 드러낸다. 화자는 성서를 아무렇게나 "짜깁기"(a patchwork, 157행)하여 청중에게 던져주는 시온산 교회 목사의 바보같은 설교에 극도의 혐오감을 느껴 교회 밖으로 뛰쳐나오지만, 뒤이은 명상 과정에서 민중적 회중의 인간미와 그의 설교에 깃든 일말의 진실을 점차 인정하게 된다. 시온산 교회 목사는 아이러니컬하게도 겉보기에 저열한 그의 설교를 통해 뒤에 나오는 고등비평과 대조적으로, "성서 속에 넌지시 숨겨진 보물"(an inkling / Of treasure hidden in the Bible, 149-50행)을 찾아내어 청중이 공감하게끔 효과적으로 전달할 수 있다. 비바람이 잦아지고 구름과 달의 모습이 나타나는 가운데 계속되는 명상을 통해, 화자는 마치 그가 맨체스터로부터 타고 온 기차의 덜컹거리는 소리와 그의 내적 생각의 리듬이 일치했듯이, "선악이 뒤섞인 씨실"(a mingled weft / Of good and ill, 216-17행)과 같은 시온산 교회 목사의 설교는 그의 민중적 청중들에게 감동과 감응을 불러일으켰음을 상기한다(249-56행).

화자는 청년 시절 자연에서 느꼈던 사랑의 교의를 회상하며, 두세 사람이 모여서 기도하는 곳에 하나님이 함께하시리라는 성서 구절을 인용하면서, 여기 시온산 교회에 하나님이 함께 계셨음을 깨닫게 된다.

> 분명히, 이 세상이 끝날 때까지
> 두세 사람이 모여 기도하는 곳에
> 주님은 그들의 친구로 그들 중에 있을지니;
> 명백히 그는 그들과 함께하셨다. (444-47행)

> Doubtless that, to this world's end,

Where two or three should meet and pray,
He would be in the midst, their friend;
Certainly he was there with them.

화자가 강조하는 인간적 사랑과 종교적 공동체의 이상은 바로 민중 신학의 입장(안병무 《민중신학 이야기》 98, 157)과 상통한다. 화자가 교회 밖에서 바라보는 달 무지개의 상징적 이미지와 함께, 칼라일의 의상철학을 연상시키는, 그가 목격한 하나님의 "폭넓고 흰, 끌리는 옷"(a sweepy garment, vast and white, 438행)의 "가장자리"(a hem, 439행)는 중요한 비유적 연관성을 갖는다. 흰 달빛이 하나님 자신의 궁극적, 절대적 진리를 상징한다면, 달 주위에 분광된 무지갯빛과 그의 옷의 가장자리는 인간이 인식하는 주관적 세계의 상대적 진리를 나타낸다. 그러나 화자는 벼락 맞은 사람에게 번개의 "광휘"(glory, 422행)가 머리와 온몸을 통해 땅으로 전해지듯이, 상대적 주관성에도 불구하고, 자신의 체험이 나름대로 진정성을 지닌다고 믿는다. 즉 시온산 교회 목사가 하는 소박한 설교는 달 주위의 분광된 무지갯빛이나 하나님의 거대한 의상의 한 가장자리와 같이 하나님의 절대적 진리의 일부를 간접적으로 대변한다. 이 명상의 마지막 부분에서 화자는 떠나가는 주님에게 탄원하며, 하층민 교회를 멸시한 데 대해 깊이 회개한다(453-84행). 화자의 회개는 그가 속한 계급의 편견을 넘어서, 하층민의 민중적 교회가 담보하는 종교적 진실성을 인정하기 시작했음을 보여준다.

이와 같이 명상하는 도중에, 화자는 갑자기 신의 얼굴을 직접 목격하고(487행), 그의 거대한 의상의 소용돌이에 휩싸여서(522행) 몽중 환영 속에서 로마의 성 베드로 성당으로 공간 이동을 하게 된다(555-57행). 로마 교회는 영국의 시골 하층민 교회와 대조적으로, 화려하고 복잡하고 아름다운 건축학적 외관을 자랑한다. 화자는 건물 내부에 들어가지 않고 외부에 머물면서, 마치 만화경과 같은 파노라마적이며 일종의 종말론적인 전망을 통해 건물 내부를 꿰뚫어본다(558-60행). 화자가 성 베드로 성당의 내부를 꿰뚫어 보는 모습은 마치 뒤에 나오는 고등비평가가 신화의 껍질을 벗기고 내부의 본질에 도달하려 하는 것을 연상시킨다. 그것은 화자의 눈에 하나의 화려한 장관으로 펼쳐지지만, 벌집과 벌떼의 비유는 밀턴(John Milton)의 《실낙원》(*Paradise Lost*)에서 지옥의 묘사를 연상시키기도 한다(DiMassa 4).

화자가 파노라마적으로 조망하는 로마 교회의 거대한 조직은 서구 기독교사에서 가장 오래된 지배적 제도권 교회의 모습이다. 따라서 항상 제도권에서 소외된 피억압자의 입장에 서고자 하는 민중신학의 관점에서 볼 때, 로마 가톨릭은 가장 비민중적 종교 형태로 간주될 수 있다. 그런데 실제 브라우닝의 시에서 로마 가톨릭은 뒤에 나오는 고등비평에 비해서 상대적으로 훨씬 긍정적으로 그려진다. 타 종교 교파에 대해 스스로 상당히 관용적이며 "온건한 무차별주의"(a mild indifferentism, 1148행) 혹은 절충주의를 표방하는("그들의 교의를 하나로 융합하다"[Fuse their respective creeds in one, 1156행]) 화자는 하나님이 돌아오시기를 밖에서 기다리는 가운데 이어지는 명상에서, 오늘날 형식화된 가톨릭의 의례에도 초기 기독교의 지성과 인간적 "사랑"(love, Collins 111)의 잔재가 남아 있음을 인식한다(647-55행), 즉 오늘날 로마 교회에서도 민중적 예수의 모습(《민중신학 입문》 129), 혹은 고전적 사랑의 개념이 변용된 "그 초기 기독교 시대의 사랑"(love of those first Christian days, 649행)의 흔적이 발견될 수 있다는 것이다. 따라서 주님은 가톨릭 성당 안에도 들어가 "교대로 이들과 함께 앉아 계신다"(sit with these in turn, 610행). 자주 인용되는 다음 구절에서 그것은 일종의 장엄한 종말론적 전망으로 다가온다.

> 대지는 갈라지고, 시간은 떨어져 나가고
> 하늘은 흘러들고, 끝없는 생명의
> 새날과 함께, 그가 이 지상을 밟고 다녔을 때
> 인간 자신이자 신 자신으로서,

허약함과 수치와 고통 속에서,
그 죽음의 징표가 남아 있네,
저기 위 저주받은 나무 위에. (584-90행)

Earth breaks up, time drops away,
In flows heaven, with its new day
Of endless life, when He who trod,
Very man and very God,
This earth in weakness, shame and pain,
Dying the death whose signs remain
Up yonder on the accursed tree, —

위 구절에서 브라우닝의 화자가 예수가 지상에서 한 "인간"(man, 587행) 으로서 겪은 수난과 처형 사건 자체를 강조하는 것은, 민중신학에서 십자가의 전통적 상징보다는 예수 수난의 역사적 사건과 민중의 대변자로 민중과 함께 수난받는 예수의 모습을 강조하는 것(안병무 《민중과 성서》 228; 《민중신학 입문》 110-11)과 상통한다. 화자는 계속해서 세 종류 조각가의 비유(12절)를 통해 지성보다 사랑의 교의의 중요성을 강조한다. 세 유형의 조각가 중에서 화자가 이상적으로 생각하는 것은 발로부터 출발해서 몸통과 다리를 보완하여 머리를 완성시킬 사람이다. 이와 같이 몸의 위계서열에서 몸의 아래쪽, 즉 머리 / 지성보다는 대지에 발을 붙인 다리 / 가슴 / 사랑 / 실천을 중시하는 것은 민중신학에서 대지에 발을 붙인, 인간적 가슴을 지닌 한 역사적 존재로서의 예수와 그의 인간적 사랑의 교의를 강조하는 것(《민중신학 입문》 110-11)과 역시 일치한다.

다시 다리로 걸으면서 거대한 옷의 소용돌이에 휩싸인 화자는 이번에는 독일 괴팅엔대학의 강의실 앞에 남겨진다. 대학 강의실의 엄숙한 청중과 강단의 교수에 대한 묘사는 영국 시골 교회의 모습과 사뭇 대조된다. 화자가 방문하는 세 곳 중에서 "가장 동정받지 못하는"(at lowest sympathize, 1066행) 사람은 고등비평을 강의하는 독일 교수이다. 교수는 브라우닝이 비판하는 머리 혹은 "이성"(Reason, 843행)에 의해 "이 그리스도의 신화"(This myth of Christ, 859행)를 탈신비화하려 한다. 성서에서 신화의 겉껍질을 벗겨내고 속 알맹이의 역사적 진실에 도달하고자 하는 고등비평가에게 탈신화화된 예수는 단지 "한 인간, 올바르고 진실한 한 인간"(A Man, a right true man, 878행)이며, 그리스도의 신성보다는 한 선한 인간으로서의 "도덕성"(morality, 919행)을 지닐 뿐이다(919-54행).

역사비평가에 대한 화자의 비판은 통렬하다. 화자는 고등비평가가 성서를 해석함에 있어, "만일 거기에 사랑이 죽었다고 한다면, 그 유령만을 남겼다"(If love's dead there, it has left a ghost, 1071행)고 주장하며, 비국교도와 로마교황 예찬자(가톨릭교도)들 모두가 공기를 "오염"(poison, 910행)시킬 수 있지만, 성서 역사 "비평가"(the Critic, 911행)는 오염시킬 공기조차 남기지 않는다고 비판한다(900-13행). 그러나 화자는 성서에서 신화의 겉껍질을 제거하고자 하는 교수의 탈신화적 해석 방식을 거꾸로 교수 자신에게 되돌려준다. 교수의 강의(이성)가 "값비싼 진주"(the pearl of price, 1077행)를 분쇄해서 "먼지와 재"(dust and ashes, 1078행)로 만들었을지라도, 우리의 "가슴"(heart, 1072행)은 그것을 소중히 여기고(1087행) "신화를 존중할"(venerate the myth, 1088행) 수 있다. 즉 화자는 비평가가 분쇄하여 남은 먼지 속에서도 원래 신화의 진주를 다시 유추해낼 수 있다는 것이다(1085-87행). 화자는 말하자면 고등비평의 탈신화적 방법을 역이용한다고 할 수 있다. 시온산 교회에서 구두장이 청년이 목사의 설교를 경청하기 위해 기침을 참는 것과 대조적으로, "[교수의] 기침은 마치 말라붙은 피스톤처럼, / 그에게 자라나는 **겉껍질을 제거하려** 했다"([the professor's] cough, like a droughty piston, / Tried *to dislodge the husk* that grew to him, 893-94행, 강조 첨가)고 화자는 풍자한다.

이어지는 16-18절의 명상과정을 통해, 화자는 고등비평에 대해 비판하는 반대 논쟁을 길게 펼친다. 화자의 반대 논쟁의 핵심은 고등비평가가 주장하는 예수의 인간적 도덕성의 근원은 결국 신에서 유래하는 것이 아니냐는 것이다(950-51행). 인간은 신의 "이미지"(image, 1021행)로 창조되었으므로, 인간은 "신의 가슴에 있는 진리"(the truth in God's breast, 1218행)의 "흔적"(trace, 1019행)을 지닌다(1018-21행). 따라서 지상의 인간에게 주어진 과업은 인간의 유한성에서 출발하여 신의 무한성을 향해 우리의 영혼을 끊임없이 성장시켜 나가는 것이다(1012-17행).

고등비평은 역사적, 인간적 예수를 추구한다는 측면에서, 겉보기에 민중신학의 입장과 상통하는 것처럼 보일 수 있다. 그러나 고등비평은 철저히 이론적, 지적 작업에 매몰되어 있으며, 실제 삶에서 실천적 사랑의 교의가 결여되어 있다. 따라서 신이 인간의 모습으로 지상에 임하였음을 강조하는 브라우닝의 성육신의 교의나 실천적 사랑의 교의는 고등비평의 공허한 형식주의적, 이론적 역사주의를 넘어서, 민중과 민중 해방의 사건을 강조하는 민중신학의 실천적 입장(《민중신학 입문》 129)에 훨씬 더 가깝게 접근하고 있다고 볼 수 있겠다.

고등비평을 비판한 후 18절 이하에서 계속되는 명상을 통해, 화자는 "가장 훌륭한 예배 방식"(Best way of worship, 1171행)을 발견하여, "동료들과 함께 나누고자 노력"(contrive / My fellows also take their share, 1172-73행)하려 한다. 이것은 개인의 신앙을 넘어서 나눔의 공동체를 지향하려 한다("내가 체험에서 얻는 모든 것은 함께 나누지 않으면 안 된다"[no gain / That I experience, must remain / Unshared], 1177-79행)는 면에서 역시 민중신학의 입장과 상통한다. 하나님의 옷자락에 다시 휩싸인 화자는 "작은 교회"(the little chapel, 1237행)로 돌아온다. 실제로 화자는 마치 내내 교회를 떠나지 않고 목사 설교 동안 졸았던 것처럼 느낀다(1138-57행). 그러나 "그 환영은 진실된 것이었다"(The Vision, that was true, 1244행)고 믿는다. 화자는 시온산 교회 목사 설교의 여러 가지 부족한 점을 지적하면서도(1263-67행), 혹시 그의 설교에 지상의 인간의 입장에서 일말의 진실이 담겨 있지는 않은지 성찰하며 결국 그것을 "나의 것"(mine, 1322행)으로 받아들인다(1268-1322행). 하층민 교회 목사의 설교는 여러 가지 부족한 점이 있지만, 신이 인간의 모습으로 지상에 나타나도록 매개하는 역할을 한다(1306-10행). 즉 화자는 텅 빈 성배(고등비평 교수 강의)보다 지상의 물(시온산 교회 목사 설교)을 선택한다(1279-1300행). 화자의 이러한 선택은 다시금 이곳 지상에 강림하셔서 버림받은 민중과 함께 수난을 당하신 예수의 역사적 실천을 강조하는 민중신학의 입장(《민중신학 입문》 110-11)과 일치한다. 화자는 《반지와 책》(*The Ring and the Book*)의 교황이 비난하는 "인간성의 폐허"(ruins of humanity, 1317행), 혹은 해진 "누더기"(rags and tatters, 1218행)와 같은 인간의 "육신"(flesh, 1318행)과 언어(즉 시온산 교회 목사의 설교)를 결국 긍정한다(1317-20행).

앞에서 로마 가톨릭에 비교적 동정적이었던 화자는, 시의 결말에서 교황의 허례허식을 "광대짓"(baffonery, 1324행) 혹은 "비겁함"(poltroonery, 1327행)으로 가차없이 풍자한다. 반면에, 고등비평 교수에 대해서는 좀더 관대한 태도로, 그가 어둠 속에서 우화나 신화 이상의 무엇을 찾아 헤매는 가운데, "주님께서 보통 사람이 할 수 없는 것을 그에게 행하셔서, / 구원의 하나님으로 고백한 상태가 되기를"(May Christ do for him what no mere man shall, / And stand confessed as the God of salvation!, 1336-37행) 기원하다. 시의 끝에서, 시온산 교회, 교황, 교수를 최종적으로 비교해본 다음(1311-37행), 화자는 결국 "가슴을 칭송하고 그[고등비평 교수]의 머리를 동정하며"(I praise the heart and pity the head of him[the Professor], 1348행), "여기를 **선택한다**"(I *choose* here[the Mount Zion], 1341행, 강조 첨가). 화자가 여기, 즉 시온산 교회에서 예배 보는 현재 이 순간을 택하는 것은 브라우닝 자신이 우선화하는 현재, 이곳, 이 상황하에서 예수의 성육화의 교의를 대변한다고 할 수 있다(Kennedy & Hair 190).

III

19세기 빅토리아조 영국의 브라우닝이 쓴 시와 한국에서 1970년대에 발생한 민중신학 사이에는 겉보기에 시대적, 지역적으로 간극이 있지만, 산업화라는 유사한 역사적 맥락에서 억압받는 민중의 문제를 종교적 입장에서 접근한다는 공통분모를 지니기도 한다. 따라서 오늘날 세계적 신학이론으로 발돋움한 민중신학의 입장에서 브라우닝의 시를 재조명해보는 것은 그의 시의 종교적, 역사적 의미를 새롭게 이해하는 데 하나의 단초가 될 수 있을 것으로 생각된다. 브라우닝 비평가들은 일반적으로 〈성탄전야〉에서 극적 화자가 결국 하층민 교회를 선택한다는 사실에 별로 주목하지 않았지만, 본 장에서는 이를 민중신학의 입장과 연결지어 중점적으로 살펴보았다. 영국 북부의 하층민 비국교파 교회도 하나의 제도화된 종교형태이지만, 그 민중성에 있어 예수 당시에 그를 추종하였던 오클로스나 구약의 히브리인 집단과 연결지어 볼 수 있다. 브라우닝은 맨체스터 출신의 중산층 화자를 내세워서, 그가 하층민 회중에 대한 계급적 편견을 차츰 불식하고, 결국 시온산 교회 공동체의 한 일원으로 개종하게 되는 과정을 극적으로 제시한다. 또한 시 중간중간에 간헐적으로 전개되는 화자의 명상은 이러한 개종으로 나아가는 점진적 자기논증의 과정과 함께, 민중신학과 연관될 수 있는 브라우닝 자신의 인간적 사랑과 성육신의 교의를 대변한다. 일반적으로, 비평가들은 흔히 브라우닝을 당대 영국 중산층의 보수적 가치를 대변하는 시인으로 평가해왔다. 그러나 〈성탄전야〉에에 대한 일종의 민중신학적 접근은, 초기에 급진적 선배 시인인 셸리를 누구보다 존경하고 그의 혁명적 이상주의로부터 큰 영향을 받았던 브라우닝의 시 세계에 내재하는 급진적 민중성의 일면을 잘 드러내어 준다. 여기에서 살펴본 〈성탄전야〉는 〈부활절〉("Easter Day")이란 시와 함께 출판되었다. 같은 제재를 다른 시각에서 다룬(Berdoe 106) 후자의 시에 나타난 브라우닝의 종교적 입장에 대한 논의는 다른 기회로 미룬다.

인용문헌

민중신학연구소 엮음. 《민중신학 입문》. 서울: 한울, 1995.
서남동. 《민중신학의 탐구》. 서울: 한길사, 1983.
안병무. 《민중과 성서》. 서울: 한길사, 1976.
———. 《민중신학 이야기》 2판. 서울: 한국신학연구소, 1988.
Berdoe, Edward. *The Browning Cyclopaedia: A Guide to the Study of the Works of Robert Browning*. London: George Ellen, 1912.
Browning, Robert. *Browning: Poetical Works, 1833-1864*. Ed. Ian Jack. Oxford: Oxford UP, 1970.
Colby, Robin. "Browning's Christmas Eve and Easter-Day as Meditational Verse." *Christianity and Literature* 61.4 (Summer, 2012): 625-39.
Collins, Thomas J. *Robert Browning's Moral-Aesthetic Theory, 1833-1855*. Lincoln: U of Nebraska P, 1967.
Crowell, Norton. *The Convex Glass: The Mind of Robert Browning*. Albuquerque: U of New Mexico P, 1968.
Cunliffe, John W. "Browning's Christmas Eve." *Modern Language Notes* 25-5 (May, 1920): 129-31.
DiMassa, Michael V. "Browning's Christmas Eve, lines 560-62." *Explicator* 53 (Summer, 1995): 201-4.
Greenblatt, Stephen, ed. *The Norton Anthology of English Literature*, Vol. II. 8th ed. New York: Norton, 2006.
Herford, C. H. *Robert Browning*. Edinburgh: William Blackwood, 1905.
Kennedy, Richard S. and Donald S. Hair. *The Dramatic Imagination of Robert Browning: A Literary Life*. Columbia: U of Missouri P, 2007.
Lawson, E. LeRoy. *Very Sure of God: Religious Language in the Poetry of Robert Browning*. Nashville: Vanderbilt UP, 1974.
Maynard, John. *Browning's Youth*. Cambridge: Harvard UP, 1977.
Thompson, E. P. *The Making of the English Working Class*. London: Penguin, 1980.
Whitla, William. *The Central Truth: The Incarnation in Browning's Poetry*. Toronto: U of Toronto P, 1963.

9. 에퀴아노의 자서전에 나타난 문화적 혼종성

I. 에퀴아노 자서전의 재평가와 '혼종성'의 개념

18세기 후반에 많이 출판된 '노예 서술'(slave narrative)은 영국, 미국, 서인도제도를 포함한 범대서양 영어권 문학의 중요한 유산으로 간주된다. 미국의 스토우 부인(Mrs Stowe)의 《톰 아저씨의 오두막》(*Uncle Tom's Cabin*)과 더불어 해방 노예들에 의해 기록된 자전적인 삶의 이야기는 대서양의 양안에서 반노예제 운동에 큰 영향을 끼쳤다. 그중에서도 1789년 영국에서 출판된 올라우다 에퀴아노(Olaudah Equiano, 1745-97)의 《흥미 있는 서술》(*Interesting Narrative*)[1]은 1794년에 이르기까지 8판을 거듭하며 네덜란드어와 독일어로도 번역되었고(1790, 1792년) 영미와 유럽에서 널리 읽혀졌다. 폴 에드워즈(Paul Edwards)가 1967년에 《에퀴아노의 여행》(*Equiano's Travels*)이라는 제목하에 긴 서문을 단 현대판을 재출간한 이후, 이 자서전은 현대 학자들 사이에 많은 비평적 논란과 관심의 대상이 되었다. 본 자서전이 출판되기 이전에 필리스 휘틀리(Phyllis Wheatly)의 시집(1773), 이그나시우스 산초(Ignatius Sancho)의 스턴풍의 서간집(1782), 그리고 에퀴아노가 집필에 도움을 준 것으로 알려진 오토바 쿠고아노(Ottobah Cugoano)의 반노예제 글(1787)이 출판되었

1 에퀴아노 텍스트로부터의 인용은 *The Interesting Narrative of Olaudah Equiano, or Gustavus Vassa, The African Written by Himself*, ed. Werner Sollors (New York & London: Norton, 2001)를 사용하며 본문의 괄호 안에 쪽수로 표기함.

다. 그러나 이들은 에퀴아노의 자서전만큼 흑인문학의 전통을 수립하는 데 큰 영향을 주지는 못했던 것으로 간주된다.

에퀴아노는 지금의 나이지리아 남동부지역에 해당하는 당시 베닌(Benin)왕국의 이보족(the Igbo)에서 태어나 누이동생과 함께 10~11세경에 납치되어 서부 아프리카 해안으로 끌려와서 '중간 항로'(the Middle Passage)를 거쳐 서인도제도에 도착하여 노예로 팔린 이후, 북미, 서인도제도, 중미, 영국, 유럽 각지에서 노예로 일하고 선원으로 항해하였으며, 영불 7년 전쟁, 북극 탐험, 북미의 심령부흥 등의 역사적 사건에 참여하였고 이를 직접 목격하였다. 그는 열심히 몸값을 저축하여 미국의 퀘이커교도 주인에게서 자유를 '산' 후에, 영국에 돌아가서 호른주자, 이발사, 과학실험 조수 등으로 일하다가 다시 선원으로 유럽 등지를 여행하였다. 에퀴아노는 만년에 영국에 정착하여 반노예제 운동의 지도자 중의 한 사람인 그랜빌 샤프(Granville Sharp)에게 보험금을 타기 위해 흑인노예를 바다에 내던진 종(Zong)호 사건에 대해 제보하였다. 그는 노예 해방을 위해 자서전을 집필, 출판한 후 영국과 아일랜드 등지를 여행하면서 자신의 책을 소개하고 노예제를 반대하는 연설을 했으며, 영국 내 흑인들을 서아프리카에 식민으로 정착시키기 위한 '시에라리온 계획'에도 참여하였다.

노예제와 식민주의/제국주의가 역사적으로 지배하던 18세기 말에 씌어진 에퀴아노의 텍스트에 대한 오늘날의 평가는 흥미롭게도 찬반양론의 대조적 양상을 보여주고 있다. 일부 비평가들은 에퀴아노의 자서전이 중상주의, 식민주의, 기독교와 같은 서구 백인 문화에 대한 철저한 '동화'(同化)를 보여준다고 비판하는 반면에, 다른 비평가들은 이런 시절 아프리카의 언어와 문화의 기억과 흔적, 그리고 아프리카인으로서의 정체성을 강조한다. 에퀴아노 자서전에서 과거와 현재의 두 개의 다른 목소리 사이의 분열과 갈등은 많은 비평가들이 지적한 바 있다.[2] 이

2 이들 세 가지 입장의 비평가들에 대한 구체적인 거명과 논의는 본론에서 다룬다.

글에서는 에퀴아노의 두 개의 다른 자아 중에서 반드시 어느 한쪽이 지배적·우선적이라고 보거나 소박한 절충적 입장에서 양면성이 공존한다고만 보는 기존 비평의 한계를 넘어서서, 서구의 백인 문화와 아프리카의 전통적인 흑인 문화가 어떻게 그의 텍스트에서 독특하고도 다양한 방식으로 '혼종화'되어(hybridized) 제'3'의 새로운 해방적 문화의 공간을 창출하는지를 살펴보고자 한다. 여기에는 에퀴아노의 과거와 현재의 두 목소리 사이의 대화적 상호작용, 백인 사회에서 흑인의 이중 의식, 흑인 노예 입장에서 백인 지배문화의 수용 문제 등이 포함되며, 이것들은 나아가서 백인과 아프리카의 언어와 문화, 인종주의, 식민주의와 제국주의, 사회, 경제, 법률, 교육, 종교 등의 포괄적인 '문화적' 문제들[3]과 연관된다.

본론에 들어가기에 앞서 이 글의 핵심어인 '문화적 혼종성'의 개념에 대해 간략히 살펴보고자 한다. 원래 생물학에서 "혼종"(hybrid)은 당나귀와 말 사이에 태어난 '노새'와 같이 다른 '종'(species) 간의 산물로서 생식력은 없는 생물을 일컫는다. 로버트 영(Robert Young)은 19세기 인종 이론가들이 다른 인종 간의 결합에 의해 생긴 혼혈인 / 혼종은 생식력이 거의 없다고 본 데 주목하면서, 미하일 바흐친(Mikhail M. Bakhtin)의 소설 이론에 있어 언어적 "혼종화"(hybridization)의 개념이 생물학적, 인종주의적 혼종의 개념을 넘어서는 '문화적 혼종'의 이론을 전개하는 데 유용한 이론적 틀을 제공한다고 암시한다(Young 1-28). 영은 특히 그가 "의도적 혼종성"(intentional hybridity)과 "유기적 혼종성"(organic hybridity)이라고 부르는 바흐친의 두 가지 혼종성의 개념을 인용하면서, 바흐친의 '의도적 혼종성'은 다른 사회적 언어 간의 갈등과 투쟁[대화적 언어의 원심력]을 강조하는 반면에, 무의식적인 '유기적 혼종성'은 다른 언어 간의 융합과 통합[독백적 언어의 구심력]을 강조한다고 본다

3 이 글에서 '문화' 혹은 '문화적'이라는 용어는 에퀴아노 텍스트에서 언어, 문학, 법률, 사회경제, 교육, 예술, 종교, 풍속, 기타 실용적 기술을 두루 포함하는, 레이먼드 윌리엄즈의 표현을 빌릴 때, 일상적 "삶의 모든 방식"(the whole way of life)을 지칭하는 폭넓은 의미로 사용한다.

(21). 나아가서 그는 바흐친의 이중적인 언어적 혼종화의 개념이 바바(Homi Bhabha)의 탈식민주의 이론과 홀(Stuart Hall)의 '이산화'된 '흑인'문화의 정치학에도 적용되고 있다고 지적한다(22-28).[4]

백인 지배자의 '식민담론'의 체제 내에서 '이산화'된 삶을 살 수밖에 없었던 흑인노예의 직접적 경험을 기록한 에퀴아노의 자서전은 바흐친의 언어적 혼종성, 바바의 식민담론 이론, 홀의 흑인 문화론과 접목되는 영의 '문화적 혼종성'의 개념에 비추어 새롭게 조명될 수 있을 것으로 생각된다. 예컨대, 에퀴아노의 삶의 이야기는 겉보기에 백인의 언어와 문화에 '동화'되고 '병합'되는 '유기적 혼종성'을 특징으로 하는 것처럼 보일 수 있지만, 실제로 그 이면에는 백인의 지배 문화에 저항하고 이를 재강세화하는 '의도적 혼종성'의 이중적 목소리가 깔려 있다고 볼 수 있다. 이 글에서의 논의는 바흐친의 대화이론 및 바바의 탈식민주의 이론과 관련하여 영의 '문화적 혼종성'의 개념을 주로 원용하면서, 이를 두 보이스(W. E. B. Du Bois)의 흑인 사회심리학 이론 및 헨리 게이츠(Henry L. Gates)의 아프리카인 '책략가' 개념과 등과 '혼종적'으로 결합하여 사용할 것이다.[5]

II. 흑인노예의 이중의식과 문화적 혼종성 / 양가성

영의 '문화적 혼종성'이라는 개념에 비추어 볼 때, 많은 비평가들이 지

4 바바에 의하면, 피식민자는 지배자의 식민담론을 '흉내'(mimicry)냄으로써 이를 혼종화하고 식민담론의 '양가성'(ambivalence)을 드러낸다. 홀은 '이산화'한 흑인의 소수문화가 백인의 지배문화를 '크리올화'한다고 본다. 바바와 홀의 이론은 인용문헌에 제시된 논문들 참고.

5 영 이외에 두 보이스와 게이츠를 비롯한 다른 비평가들의 이론과 용어에 대해서는 앞으로 필요에 따라 본문 중에서나 주석을 통해 간략한 설명을 곁들이고자 한다. 덧붙여서, 본 장에서 '혼종화'의 개념과 관련하여 여러 비평가들의 다양한 이론과 용어를 원용하는 것이 독자에게 어느정도 혼란을 줄 수 있겠으나, 혼종화라는 용어 자체가 영의 저작에서 볼 수 있듯이 어느 한 비평가의 개념으로 환원하거나 고착화할 수 없는, 그야말로 '혼종적'이고 다채로운 성격을 지니고 있음을 이해해주기 바란다.

적한 에퀴아노 자서전의 '이중적 목소리'는 게이츠와 흑인 사회학자 두 보이스가 공통적으로 강조한 백인 지배자에 의해 사회적으로 주변화되고 소외된 "객체"(object, Gates 156)로서의 흑인의 분열된 "이중의식"(double-consciousness, Du Bois 11)과 연관지어 볼 수 있다. 게이츠와 두 보이스가 말하는 흑인의 이중의식은 헤겔이 정신 현상학적 관점에서 분석한 노예와 주인의 변증법적 관계를 흑인과 백인의 관계에 적용한 것으로 간주될 수 있다. 예컨대, 어린 에퀴아노가 백인 여자애와 같은 흰 얼굴을 갖고 싶어 애쓰는 유명한 '얼굴 씻기'의 일화(49)는 백인의 시각에서 본 흑인의 객체화된 주체의 부정적 자의식을 전형적으로 보여준다.

> 그 애 어머니가 얼굴을 씻길 때면 그 애 얼굴이 장밋빛이 되는 것을 자주 목격했다. 그러나 내 얼굴을 씻기면 그렇지 않았다. 그래서 내가 직접 내 얼굴을 자주 씻어서 내 꼬마 놀이동무(메리)와 같은 얼굴색이 될 수 없는지 애써보았지만 모두 헛수고였다. 그래서 나는 우리 얼굴색이 다른 것에 대해 끔찍하게 여기게 되었다. (49)

> I had often observed that when her mother washed her face it looked very rosy; but when she washed mine it did not look so: I therefore tried oftentimes myself if I could not by washing make my face of the same colour as my little play-mate (Mary), but it was all in vain; and now I began to be mortified at the difference in ourcomplexion.

어떻게 보면 우스꽝스럽기도 한 어린 에퀴아노의 인종적 열등감은 20세기 미국 흑인 민권 운동 지도자의 한 사람인 말콤 X가 젊은 시절에 꼬불꼬불하고 까만 머리칼을 백인의 것처럼 곧게 펴고 염색하기 위해 온갖 화공약품을 써가며 애쓰는 모습을 연상시킨다.

백인 사회에서 소외된 흑인의 즉자적 자아와 대자적 자아의 관계는 에퀴아노의 과거의 자아와 현재의 자아의 분열적, 갈등적 관계에 적용될 수 있다. 자서전의 서두에서 에퀴아노가 아프리카 동포를 지칭하기 위해 1, 3인칭 대명사를 혼용하고 있는 것(21, 26)은 아프리카인–유럽인의 이중적 정체성 사이에서 갈등하는 저자의 자기분열의 징후로 볼 수 있다(Potkay 579). 그러나 이러한 헤겔적인 변증법적 모델과는 달리, 바바의 식민 담론 이론과 바흐친의 대화주의의 관점에서 볼 때, 에퀴아노의 두 다른 자아 사이의 관계는 단순한 이분법적 분열상태의 지속이나 그것의 변증법적 종합으로의 지향을 넘어서서, 과거와 현재의 이중의식 사이의 해소될 수 없는 긴장관계 속에서 이종적인 문화의 열린 대화적 혼종성 혹은 양가성을 드러내어 주는 것으로 해석될 수 있다.[6]

에퀴아노의 자서전이 그렇게 대중적인 인기와 성공을 거둘 수 있었던 것은 영어 언어능력, 문학 장르, 기독교, 상업주의, 식민주의를 포함한 백인의 지배 문화를 흑인(노예)의 입장에서 수용·전유하고, 흑인 동포의 해방을 위해 백인독자들에게 강력한 수사적 설득력과 호소력을 지닐 수 있는, 문화적으로 '혼종적'(hybrid)이며 '양가적'(ambivalent)인 담론(Bhabha, "Of Mimicry and Man" 361, 363; "The Commitment to Theory" 120; "Signs Taken for Wonders" 154)을 효과적으로 창출한 데서 기인한다고 평가할 수 있다. 예컨대, 표지장에서 '흑인' 에퀴아노는 영국 신사의 복장을 한 채 성서를 펼쳐들고 있는 모습으로 그려져 있으며, 부록에는 주로 백인 반노예제 운동가들로 이루어진 구매자 명단을 첨부하였다. 백인 중산층과 기독교에 호소하고자 하는 저자의 이러한 '겸허한' 모습은 실제로 현명하면서도 겉으로 무지와 겸손을 가장하는 아프리카 민속의 주인공 아난시(Anansi)의 '책략'에 비유될 수 있다(Samuels 65-66). 또한 긴 제목에서 '올라우다 에퀴아노'라는 아프리카 이름과 '구스타부스 바사'(Gustavus Vassa)라는, 이전 주인 선장이 우스꽝스럽게 붙

6 사유의 준거 틀로서의 헤겔식 '변증법'이 정반의 양자 간의 닫힌 통합을 지향한다면, 바흐친식의 '대화주의'는 양자 혹은 다자 간에 끊임없는 '상호조명'(inter-illumination)과 '상호활성화'(inter-illumination)를 통해서 궁극적으로 열린 '대화적' 관계를 지향한다는 측면에서 근본적으로 다르다. 바바의 탈식민주의 이론은 기본적으로 헤겔식 변증법보다는 바흐친적 대화주의에 기초해 있다고 볼 수 있다.

여준 서구식 이름을 동시에 사용하고 있는 것은 이 자서전의 "이중문화적 관점"(bicultural perspective, Andrews 20)을 드러낸다.

10~11세에 납치되어서 "이산"(離散, diaspora, 김상률 10)화된 에퀴아노는 다른 노예들과 마찬가지로 지배자의 언어인 '영어'로 자신의 삶의 이야기를 쓸 수밖에 없었다. 그의 자전적 글쓰기는 삶의 변호(apology)와 청교도의 영적 자서전(spiritual autobiography), 포로 서술(captivity narrative)과 디포(Defoe)식의 (해양) 모험소설, 역사소설과 스페인의 악한소설(picaresque novel)과 같은 서구 백인의 전통적인 다양한 문학 / 서술 양식을 수용하고 있는 것이 사실이다(Costanzo; Potkay; Doherty; Ogude "Olaudah Equiano"). 특히 벤자민 프랭클린(Benjamin Franklin)의 자서전, 디포의 《로빈슨 크루소》(*Robinson Crusoe*), 그리고 북미 원주민에게 납치된 메리 롤랜드(Mary Rowland)의 서술과 같이, 백인들이 쓴 저서전, 모험소설, 포로 서술은 중상주의, 제국주의, 식민주의, 인종주의, 기독교와 같은 당대 백인의 지배 이데올로기를 생산하는 데 중요하게 기여한 측면이 있다. 그러나 에퀴아노가 이와 같은 백인의 문학 장르들을 차용했다고 해서, 그의 자서전이 단순히 백인의 지배 이데올로기에 무비판적으로 '동화'되었다거나 이를 재생산한다고만 보는 견해(Ogude, "Olaudah Equiano")는 설득력을 갖기 어렵다. 에퀴아노의 자서전은 분명히 백인 문학의 다양한 전통을 차용하고 있지만, 스릴과 모험과 반전이 넘치는 생생하고 진솔한 삶의 이야기를 백인이 아닌 '흑인노예'의 관점에서 '흥미'있게 서술함으로써 더글러스를 포함한 노예 서술 장르의 전개에 중요한 영향을 끼쳤으며(강희 6), 나아가서 흑인 문학의 역사적 전통을 수립하는 데 중요한 '원형'을 제시한 것으로 평가할 수 있다(Gates 152-53).

에퀴아노가 생존을 위해서 비록 겉보기에는 서구의 언어와 문화에 '동화'될 수밖에 없는 처지에 있었지만, 예컨대 자서전의 서두에서 생생하게 기록하고 있듯이, 그는 고향 이보족의 언어와 문화를 결코 망각하지 않았다. 에퀴아노에게 있어 어릴 때 아프리카에서의 삶의 기억은 평생 동안 그의 뇌리와 가슴에 깊이 각인되어, 그의 삶 전체와 정체성의 형성에 있어 영원히 지울 수 없는 기저 텍스트(subtext)와 같은 역할을 하였다.

> 그것[내 나라의 풍속에 관한 설명]은 내 마음에 아주 조심스레 각인되어서, 세월이 흘러도 지워지지 않았고, 그 이후 모든 역경과 다양한 운명을 겪었지만 더욱 단단히 기록되었다; 왜냐하면 자신의 나라에 대한 사랑이 실제이든 상상이든, 혹은 이성의 교훈이든 타고난 본능이든 간에, 나는 내 삶의 첫 장면들을, 비록 대부분의 경우 슬픔과 뒤섞여 있다 하더라도, 여전히 기쁜 마음으로 되돌아보기 때문이다. (46)
>
> They[some account of the manner and customs of my country] had been implanted in me with great care, and made an impression on my mind, which time could not erase, and which all the adversity and variety of fortune I have since experienced served only to rivet and record: for, whether the love of one's country be real or imaginary, or a lesson of reason, or an instinct of nature, I still look back with pleasure on the first scenes of my life, though that pleasure has been for the most part mingled with sorrow.

여느 흑인노예 서술과 달리, 에퀴아노의 자서전은 자신이 태어난 아프리카의 언어와 문화의 뿌리, 악명 높은 '중간 항로'의 체험, 그리고 직접 목격한 노예제의 뭇 참상과 잔혹함을 사실주의적으로 기록함으로써 백인 독자들에게 더욱 강력한 진실성과 신빙성을 담보해 줄 수 있었다. 에퀴아노가 자서전을 집필한 것은 흑인 노예에 가해진 "모든 종류의 잔혹함에 대한 증인"(a witness to cruelties of every kind, 77)의 역할을 하기 위함이었다. 몇 가지 대표적인 예를 들자면, 생생한 중간 항로의 체험에 대한 묘사(38-43) 이외에도, 백인 선원이나 노예감독이 10대 소녀를 포함하여 흑인 여자를 강간한 것, 흑백의 성도덕 기준에 있어 백인들의 이중적 잣대와 위선(백인 창녀와 관계한 흑인의 몸을 땅에 묶어서 박고 귀를 조금씩 자르는 형벌을 가함), 부재 주인하의 감독관의 잔혹함, 배를 타고 밀항하려다 주인에 의해 "양초" 고문을 당한 노예, 노예의 살점을 도려내고 몸에 꼭 맞는 상자에 집어넣은 주인, 낙인·쇠갈고리·사슬·쇠입마개와 같은 잔혹한 구속 장치들, 항아리 / 냄비를 엎질렀다고 뼈가 부러지도록 구타당한 한 노예의 경우, 갖은 폭압과 공포에서 벗어나려고 자살을 시도하는 많은 노예들, 여가 시간에 잡은 물고기를 모두 백인 주인에게 빼앗긴 크리올 흑인의 경우같이 노예의 개인 재산에 대한 강탈과 강간, 주인이 흑인 노예를 살해하더라도 아무런 형사처벌을 받지 않고, 이유없이 악의적으로 살인한 경우에만 가벼운 벌금형을 받도록 한 바베이도스 법조항에서 볼 수 있는 것과 같은 노예의 생명에 대한 법적 권리의 부재, 자식을 모두 노예로 부리는 프랑스 농장주의 예화, 노예의 몸무게를 달아 파운드당 6-9 펜스에 팔고, 가족의 생이별을 강요하는 노예무역의 비인간적 처사(77-82) 등이 그것이다. 저자는 이러한 구체적인 사례들을 고발하는 데에서 한 걸음 더 나아가서, 흑인노예에 대한 이러한 잔혹 행위가 서인도제도 전역에 걸친 보편적인 현상임을 강조한다(83). 동료 흑인노예가 겪는 비인간적 처사에 대한 생생한 목격담과 고발은 '아프리카인'으로서의 저자의 인종적 정체성을 (백인)독자들에게 확고하게 각인시켜준다.

에퀴아노의 출생과 문화적 정체성에 대한 문제는 비평가들 사이에 논란의 대상이 되어 왔다. '아프리카인'으로서의 그의 정체성과 자서전의 저작권에 대해서는 당대에 이미 의혹이 제기된 바 있음을 지적하며(Carretta, "Olaudah Equiano" 102), 그의 자서전은 역사적 기록이라기보다 '문학적 허구'라고 주장하는 비평가도 있다(Ogude, "No Roots Here"; "Facts into Fiction"; "Olaudah Equiano"). 나아가서 에퀴아노는 원래 미국 남부 캐롤라이나 출신으로, 자서전과 삶에서 아프리카 태생인 것처럼 행세했을 가능성이 있다고 주장하기도 한다(Carretta, "Olaudah Equiano" 102-4; "Three West Indian Writers" 84). 그러나 에퀴아노의 자서전과 편지 등이 입증하듯이, 에퀴아노가 어릴 때 살았던 고향땅의 기억, 이름과 자서전에 남아 있는 이보어의 일부 흔적, 그리고 흑인노예 동포에 대한 공감과 동정심은 지배자 백인의 언어와 문학 양식으로 씌어진 그의 텍스트에 혼종화된 형태로 보존되고 기억된 '아프리카인'으로서의 지울 수 없는 문화적, 언어적, 사회적 정체성을 드러내어 준다. 예컨대, 에퀴아노의 이름을 포함하여 그의 텍스트의 곳곳에, 특히 개종의 경험을 노래한 영시의 운율에는 이보어의 잔재가 남아 있다(Edwards, Introduction xvii-xviii; xxii-xxiii).[7] 에퀴아노의 텍스트에서 사용되는 몇몇 이보어는 인류학적 입장에서 볼 때 실제 아프리카어에서 유래한 것임이 입증되었다(Jones, "Olaudah Equiano of the Niger Ibo"; Acholonu, "The Home of Olaudah Equiano"; The Igbo Roots of Olaudah Equiano). 에퀴아노가 받아들인 기독교의 '신'의 개념은 치누아 아체베(Chinua Achebe)가 강조하는 것("Chi" 93-104)과 같은 이보족의 고유한 '치' (chi) 신앙에 뿌리를 두고 있다고 지적된다(Edwards & Shaw, "The Invisible Chi"). 나아가서 여러 비평가들은 에퀴아노가 백인 문화를 수용함에 있어 아프리카 민속의 "책략가"(trickster)의 전통(Gates 3-43)을 계승하는 방식에 주목하였다(Gates 155-56; Samuels 65-66; Stein 101).[8]

---

7 구체적인 예로, '해/년'(year)에 해당하는 Ahaffoe(현대 이보어 *afɔ*)와 '의식적(儀式的) 흉터가 있는 사람'을 가리키는 말인 Embrenché(현대 이보어 *mgburich*)가 있다. 에드워즈가 인용하는 치누아 아체베(Chinua Achebe)의 확인에 의하면, 에퀴아노의 고향땅에서 에퀴아노와 비슷한 이름으로, "그들이 동의하면 머무르겠다"라는 뜻을 지닌 현재도 사용 중인 ɛkwɛanɔ라는 이름이 있다고 한다. 또한 존스(G. I. Jones)의 지적에 의하면, 나이제르강 서부의 이카(Ika) 이보족 사이에 Ekwuno라는 이름이 흔하다고 하며, *Oleudah*는 애매한대로 "큰 목소리를 지녔고 말을 잘한다"라는 의미라고 한다. 반면에 에드워즈는 이 이름이 ɔla(장식)와 udɛ(명성)의 합성어로서 "운좋은 …… 행운아"를 의미한다고 본다. 또한 에퀴아노가 캘빈주의로의 개종을 기념하는 자작 영시에서 'between-sin', 'relieve-give'에서 장단 [i] 음을, 'been-pain,' 'conceal-prevail'에서 장모음 [i:]와 이중모음 [ei]를, 'do-woe,' 'good-showed', 'know-do'에서 [u], [u:]와 이중모음 [ou]를, 'word-Lord'에서 중모음 [ə]와 모음 [ɔ:]를, 'please-release'에서 [s]와 [z]를 각각 동일시하거나 혼동한 것은 자서전의 저자가 '서부 아프리카' 출신임을 확증해준다고 본다.

8 게이츠는 아프리카 공통의 신성한 "책략가" 신화에 등장하는 원래 요루바(Yoruba)의 한 형태로서의 (에퀴아노의 출생지인) 베닌과 나이지리아에서 유래하는 "에수/엘렉브라"(Esu-elegbra)의 형상이 서인도제도를 포함한 범미지역의 흑인(노예) 문화와 문학에서 그가 "시그니파잉"(signifyn[g])이라고 부르는 구전(口傳)의 전통으로 계승되어 왔다고 보

에퀴아노 자서전의 '문화적 혼종성'(cultural hybridity, Young 22-28)은 무엇보다도 여러 비평가들이 공통적으로 지적하고 있는 과거와 현재의 "두 다른 목소리" 사이의 갈등, 긴장, 모순, 양가성, 애매성, 그리고 아이러니(Edwards, Introduction; Marren; Samuels; Allison; Orban; Fichtelberg; Sandiford; Chinosole; Woodard; Gates)를 내포하는 폭넓은 '대화적 상호작용'(dialogic interaction)에서 찾아볼 수 있다. 자서전적 글쓰기가 근본적으로 그렇듯이, 에퀴아노 텍스트의 특히 처음 부분에서는 서구문화를 이해하지 못하는 순진소박한 아프리카 흑인 어린이로서의 과거의 시각과 서구의 언어와 문화를 완전히 체득한 성숙한 현재 어른 서술자의 시각이 바흐친의 용어를 빌릴 때 '이중강세' (double accent) 또는 '혼효담론'(hybrid discourse)으로서(Bakhtin 358-61; Young 20-22) 대화적으로 공존한다. 바꾸어 말해서, 에퀴아노의 '서술'이 독자에게 남다른 '재미'를 주는 것은 상당 부분 과거의 자아와 현재의 자아 사이의 아이러니컬한 간극과 그들 사이의 암묵적인 '대화적' 상호작용에서 기인한다고 말할 수 있다. 예컨대, 게이츠가 강조하는 흑인문학의 반복적 모티프(Gates 154-55)로서의 "말하는 책"(the talking book, 48)의 일화는 물론 일차적으로 백인 문명사회를 이해하지 못하는 순진 소박한 흑인노예 어린이의 시각으로 서술되지만, 그 이면에는 그로부터 반어적 거리를 취하고 있는 성숙한 현재 서술자의 해학적 시각이 깃들어 있다.

> 나는 주인과 딕이 자주 책 읽기에 몰두하는 것을 보았다. 그래서 그들이 그렇게 한다고 생각한 것처럼 나도 책에게 말을 걸어서, 만물의 기원을 알고 싶은 호기심이 굴뚝같이 일어났다. 그러기 위해 나는 혼자 있을 때 자주 책을 집어 들고 그것에 말을 건 후 대답을 듣기를 바라고 귀를 갖다 대었다. 그러나 그것이 아무 말이 없는 것을 알고는 나는 매우 초조

며, 이를 미국의 흑인문학을 해석하는 데 있어 새로운 이론적 패러다임으로 제시한다(The Signifying Monkey 1-126). 강희는 게이츠를 인용하면서 "술책가"로서의 에퀴아노의 '서사 전략'을 강조한다(〈초기 노예서사〉11-12). 강희는 주로 수사학적 전략을 분석하는 데 집중하고 있는 반면에 이 글은 '문화적 혼종성'에 초점을 맞추고 있는 점이 중요하게 다르다.

했다. (48)

> I had often seen my master and Dick employed in reading; and I had a great curiosity to talk to the books, as I thought they did; and so to learn how all things had a beginning; for that purpose I have often taken up a book, and have talked to it, and then put my ears to it, when alone, in hopes it would answer me; and I have been very much concerned when I found it remained silent.

'말하는 책'의 비유 이외에도 초상화, 시계, 눈(snow) 등, 어린 에퀴아노가 처음 서구 문물을 접했을 때 겪는 문화적 충격은 에퀴아노의 (백인)독자들에게 즐거운 소극(笑劇) 거리를 제공한다. 그러나 이 일화들은 단순한 소극에 그치지 않고 이러한 문명의 이기들이 마치 벤덤이나 푸코의 팬옵티콘처럼 어린 흑인 노예를 감시하는 대리인으로서 편재하는 백인 기술문명의 훈육적 권력 기제임을 암시한다. 현재의 어른 서술자는 순진소박한 아프리카인 흑인 소년의 '낯선' 시각을 통해 백인의 문명 세계를 탈친숙화한다. 이러한 측면에서, 처음 아프리카인 어린이의 시각이 자서전의 연대기적 서술 구조에서 뒤에 가면서 서구화된 어른의 시각에 일방적으로 흡수, 병합된다고 보는 것은 에퀴아노 텍스트에서 궁극적으로 해소될 수 없는 두 목소리 사이의 대화적 긴장 관계를 제대로 파악하지 못한 독백적 해석으로 비판받을 수 있다. 어린 에퀴아노가 서아프리카 해안에 당도하여 난생 처음 목격한 범선, 말, 백인 건축물의 "마술" 이외에, 백인 선원들의 공포스런 모습(흩뜨려진 긴 머리, 거친 말투, "붉은 얼굴", 번득이는 눈 등)과 태형의 잔혹한 형벌제도는 그의 뇌리에 깊이 각인되어(38-39), 이후 여러 가지 상황에 직면할 때마다 에퀴아노는 한동안 백인들이 그를 잡아먹지 않을까 하는 '식인주의'의 공포에 시달리게 된다. 물론 자구적 의미에서 백인의 식인주의는 흑인 어린아이의 근거 없는 심리적 공포에서 유래한 것이지만, 현재의 어른 서술자는 과거의 어린이의 시각을 통해 백인과 흑인, 유럽과 아프리카, 문명과 야만의 이분법을 카니발적으로 해체하고 전도한다(Stein 101). 12세의 어린 나이에 영국 팰머스(Falmouth)에 도착한 에퀴아노는 건물과 교회 등으로 대표되는 백인의 문명사회를 존경하면서도, 자신의 고향땅의 아프리카인들처럼 “제물 공양”(sacrificial offering)과 “손 씻기”의 정결 의식을 행하지 않고, 여성은 모름지기 “연약”해야 한다고 여기는 백인 사회의 문화적 차이에 대해 비판적인 태도를 취한다(47-48). 에퀴아노 텍스트의 전체적인 서술에서 납치된 지 아직 얼마 되지 않은 어린 에퀴아노의 ‘낯선’ 시각과 백인 문화를 나름대로 습득하고 이에 적응한 어른 에퀴아노 사이의 이중의식은 어느 한 쪽을 우선화하기보다는 아프리카와 백인 문화의 ‘혼종화’된 대화적 상호조명을 가능케 한다.

에퀴아노는 어린 노예 신분 상태에서도 선의의 온정적 백인 남녀들 덕분에 ‘영어’를 배우고 성경을 읽을 수 있었으며, 백인 사회의 “우월한” 기술문명을 익혀서 그들의 문화를 향유하고자 소망하였다(56). 당시 노예들에게는 글 읽기나 쓰기를 배우는 것이 법적, 사회적으로 금지되어 있었으며 책을 소유할 수도 없었다. 이와 같이 흑인 노예들을 전적으로 ‘문맹’ 상태에 묶어두는 것은 백인 주인이 그들을 문화적, 지적, 법률적, 사회적, 경제적, 종교적으로 지배하는 필수적 수단 중의 하나였다. 따라서 역으로, 흑인노예가 지배자의 언어, 특히 문어(文語)를 구사할 수 있는 능력을 습득하는 것은 프레더릭 더글러스(Frederick Douglass)와 같은 노예 서술 저자들의 경우에 볼 수 있듯이 자신과 동료 노예의 해방을 도모하는 데 있어 결정적인 수단의 하나가 되었다. 바꾸어 말해서, 에퀴아노가 백인 지배자의 언어와 문화를 습득하고자 애썼던 것은 식민지배자에게 문화적, 언어적으로 통합되고 종속되기 위한 것이라기보다는 자신과 동료 흑인노예의 ‘해방’을 위해 필요한 언어적 · 문화적 능력을 획득하기 위함이었다고 말할 수 있다. 예컨대, 자서전 4장의 끝에서 당시 에퀴아노의 주인이 그를 도란 선장(Captain Doran)에게 팔아넘기려는 상황에서, 에퀴아노가 이전에 어떤 백인 변호사로부터 전해들은 자신의 법률적 권리를 적극적으로 주장하며 강력하게 항의하자, 선장은 그가 "영어를 너무 잘해"(talk[ed] too much English)라고 핀잔을 주며, "[그가] 제대로 처신하면서 조용히 있지 않으면"(if [he] did not behave [himself] well, and be quiet) 다른 "선상의 방법"(a method on board)을 강구할 것이라고 협박한다(69).

에퀴아노의 텍스트가 백인 독자들에게 그렇게 호소력을 지닐 수 있었던 것은 부분적으로 그가 만나고 도움을 받고 친하게 지냈던 많은 선한 백인들의 모습을 정직하게 그리고 있는 데 있다고 평가할 수 있다. 지극히 '선량'한 소수의 백인들은 그를 마치 친자식이나 형제, 친구처럼 대해주었고, 당시 노예에게는 금지된 (성경)책읽기와 영어 해독, 항해술, 이발 기술, 그리고 해방 후에는 음악, 과학기술 등을 가르쳐 주었다. 그러나 이처럼 선의를 지닌 일부 백인들의 존재에도 불구하고, 에퀴아노는 해방 후에도 백인 사회에서 이전 노예 상태와 별 다를 바 없는 인종차별과 인권 침해를 겪으면서, 점차 적극적인 '반노예제 운동가'(Ito; Mtubani; Shyllon)로 성장하게 된다. 그는 겉보기에는 언어와 문화에 있어 마치 백인사회에 '동화'(Kelleter; Orban 656)된 것처럼 보이지만, 노예 출신인 '흑인'이 백인 사회에서 동등한 인간으로서의 권리를 보장받기를 기대하는 것은 거의 불가능하다. 자서전의 여러 가지 예화가 입증하듯이, '해방' 후에 흑인들은 역설적으로 그들을 자기 '재산'으로 '보호'해줄 백인 주인이 없었으므로, 법적·사회적으로 더욱 심한 인종차별과 권리침해를 당할 수 있었으며, 언제라도 납치되어 다시 노예로 팔려갈 수 있었다. 한 가지 예로, 해방된 후에 에퀴아노가 서인도제도의 몬트서랫(Montserrat)에서 영국행 배를 승선하려 할 때 백인 선장은 (당시 도망 노예를 체포하기 위한 방책의 하나로 활용되었던) 승선을 위한 "공고"(advertisement)를 먼저 내기를 요구한다(124).

성숙한 해방노예 에퀴아노는 언어적·문화적 해독력에 있어서 누구에게도 뒤질 바 없지만, 백인 주류 사회에서 궁극적으로 차별받는 소수인종이자 국외자로 남을 수밖에 없다. 따라서 그가 백인의 상업주의, 식민주의, 인도주의, '고귀한 야만인'(the noble savage)의 문화적 상투형, 그리고 기독교 등의 (제국주의적) 지배 이데올로기와 서구의 제반 문학양식을 수용하고 차용했다고 하더라도, 그것은 원래 백인 지배 문화에 대한 일방적 '동화'라기보다는 근본적으로 다른 흑인(노예)의 입장에서, 가령, 아프리카 민속의 '책략가'나 피식민인의 '흉내내기'(Bhabha, "Of Mimicry and Man")에 의해 재강세화된 제'3'의 새로운 혼종 문화의 창출이라고 할 수 있다. 예컨대, 에퀴아노가 선원 생활을 하면서 소규모로 '장사'를 하여 몸값을 마련하는 것은 백인의 단순한 상업주의적 이윤 추구와는 달리, 노예 신분으로부터의 해방을 위해 현실적으로 필요하고도 정당한 "노예 경제"(economics of slavery, Baker 39)의 수단이다. 병든 백인 선장을 대신하여 노예 무역선의 대리 선장 역할을 성공적으로 수행하는 일화(109-11)는 흑인이자 한 성숙한 사회인으로서의 독립적인 정체성을 수립하게 되는 결정적 계기를 보여준다. 중미 머스키토(Musquito) 인디언 부족과의 관계에서 인간적인 플란테이션 관리자로서의 역할(155-62)은 비록 에퀴아노식 '온정주의'(paternalism)[9]가 노예제 문제를 당장 근본적으로 해결하지는 못하더라도, 현실의 노예제를 조금이라도 인간적인 것으로 완화하고 개혁함으로써 흑인 동포의 고통을 덜어주고자 하는(Costanzo 88-90) 실천적 인식을 바탕에 깔고 있다. 오늘날 시각에서 볼 때 '식민주의'의 논리와 다를 바 없이 보이는 시에라리온 계획이 영국과 아프리카에 호혜적인 관계를 가져다줄 것이라는 그의 믿음도 이러한 맥락에서 이해될 수 있다.[10] 노예찬성론자들의 인종주의적, 문명론적 편견을 논박하기 위해 에퀴아노는 자서전의 서두(20-31)에서, 그가 풍부하게 의존하였던 앤서니 베네젯(Anthony Benezet)과 같은 서구인이 쓴 아프리카 여행기(*Some*

9 에드워즈는 흥미롭게도 아프리카 가족 중에 '아버지'의 역할에서 에퀴아노식 '온정주의'의 연원을 찾아볼 수 있다고 본다("Master and Father" 218).

10 노예해방론자 클락슨(Thomas Clarkson) 등이 주도한 본 기획은 영국 내 빈민 흑인과 일부 백인 및 해방노예들을 서아프리카 시에라리온에 이주시켜서 식민지를 건설하자는 것이었다. 에퀴아노는 처음에는 여왕이 임명한 본 기획의 위원으로 적극 활동하였으나, 백인 재무/보급 담당자의 비리를 고발하다가 위원직을 사직하게 되었다. 시에라리온 기획은 후에 에퀴아노가 예견한 대로 참담한 실패로 끝나고 말았다.

Historical Account of Guinea)에 내재하는 '고귀한 야만인'의 상투적 이미지를 수사학적으로 차용하여(Murphy 375-78) 자신의 고향을 타락 이전의 에덴동산과 같은 풍요로운 낙원으로 묘사하고, 서구적인 '성서 유형학'(Biblical typology)의 시각을 빌려 아프리카인의 종교적인 경건함과 도덕적 엄격함을 강조한다. 에퀴아노는 성서의 계보학과 정결한 의식(儀式) 문화의 공통성을 들어 아프리카인을 구약의 유대인에 비유한다.

여러 가지 스릴 넘치는 모험담과 재미있는 일화로 가득한 전반부의 서술에 비해, 주로 기독교로의 개종의 경험에 초점을 맞추고 있는 자서전의 후반부는 오늘날 독자들에게 다소 지루하게 읽힐 수 있다. 개종 후 에퀴아노는 머스키토 인디언의 왕자를 개종시키기 위해 스스로 (백인) 선교사와 같은 역할을 적극 수행한다. 그렇지만 에퀴아노가 기독교의 근본적인 인본주의와 평등주의의 이념을 강조하는 것은 동료 노예해방론자인 쿠고아노의 논설(*Thoughts and Sentiments*)과 같이 백인 사회와 문화에 내재하는 중요한 자기모순(노예제의 현실)을 지적하고 '명목적'인 기독교인의 위선과 이율배반을 고발함으로써 백인 독자들에게 노예제의 부당함을 논증하기 위한 의도적인 수사학적 전략으로 간주될 수 있다.

역사적으로 볼 때 기독교는 서구 열강이 제국주의적 세력 확장을 하기 위해 피식민인의 토속 신앙과 문화를 파괴하는 이데올로기적 첨병의 역할을 한 것이 사실이다. 그러나 흑인이 수용한 백인 지배자의 종교는 에퀴아노가 아프리카인을 구약의 "유대인"과 동일시(27-29)하는 데서 볼 수 있듯이, 민족과 시대의 구분을 넘어서서 '노예' 상태로부터의 '해방'을 강조하는 초기 기독교 본래의 해방적, 혁명적 급진성을 부활시키는 것이며, 이는 오늘날 제3세계에 속하는 남미의 해방신학의 이념과도 상통한다고 볼 수 있다. 다시 말하여, 에퀴아노가 받아들인 기독교 신앙은 단순히 제국주의의 주구 노릇을 한 백인의 지배 이데올로기의 무비판적 수용이 아니라, 흑인노예 해방을 위해 신학적으로 재해석되고 재강세화되었으며, 아프리카 민속신앙과 결합하여 독특하게 혼종화되고 '개신'된 기독교 신앙이라고 평가할 수 있다. 에퀴아노가 노예 상태의 아프리카인을 구약성서에서 이집트의 파라오 치하의 유대인에 비유하는 것은 이러한 측면에서 독자에게 충분히 공감을 줄 수 있다. 덧붙여, 앞에서 이미 지적하였듯이, 에퀴아노식의 종교관 내지 기독교적 신관(神觀)에는 고향땅 이보족 특유의 이중적인 창조주와 신령의 개념(*Chi* 사상)이 깃들어 있다. 범대서양의 여러 지역을 여행하면서 다양한 지역과 인종의 이종적이고 상대적으로 다른 문화를 코스모폴리탄적으로 체험하고 수용할 수 있었던 에퀴아노는 예컨대 영국 신교도들이 전통적으로 이교도나 이단으로 치부해온 아메리카 인디언과 터키의 무슬림, 스페인, 남부 프랑스, 이탈리아 사람들의 인간미와 덕성을 높이 평가함으로써 그가 주독자층으로 겨냥하고 있는 영국 중산층·백인 기독교인의 균질적인 지배 문화의 편협하고 위선적이고 비인간적인 측면을 신랄하게 고발하고 비판하고자 하였다. 에퀴아노의 종교관과 세계관은 서구 백인의 제도화된 기독교 교회의 '독백적' 전통과 근본주의적 신앙을 넘어서서, 범유럽적, 범대서양적, 범인종적 관점에서 다종교적·다문화적으로 열린 '대화주의'를 추구했다고 하겠다.

III. 에퀴아노 텍스트의 문학적·문화사적 의의

18세기 말에 출판된 에퀴아노의 자서전은 아프리카인으로서, 그리고 해방노예의 시각에서 유럽과 대서양 지역의 다양한 이종 문화를 비판적으로 전유함으로써 당시 범대서양 지역의 폭넓은 문학적·문화사적 맥락에서 독특한 제'3'의 혼종 문화를 창출하는 데 중요한 기여를 했다고 평가할 수 있다. 이 글에서는 에퀴아노가 흑인 노예의 입장에서 아프리카 민속전통의 '책략가'와 같이 백인 주인의 언어와 문학을 '흉내'내고 이를 재강세화함으로써 백인의 언어, 문학, 사회경제, 법률, 풍속, 교육, 기술, 예술, 종교의 전통을 흑인의 주체적 입장에서 재창조하고 '혼종화'하는 다양한 양상을 살펴보았다. 에퀴아노의 자서전이 보여주는 독특한 문화적 혼종성은 노예 해방 이후에 흑인이 여전히 인종차별적인 백인사회에서 생존할 수 있는 문화적 · 사회적 전략을 보여줄 뿐만 아니라, 나아가서 백인사회 자체를 근본적으로 변혁시켜나갈 수 있는 제3의 해방된 다문화적 공간을 창출할 수 있는 가능성을 제시한다. 에퀴아노의 자서전을 이와 같이 현대적 시각에서 재해석해보는 것은 18~19세기의 다른 노예 서술들을 비슷한 시각에서 재조명해볼 수 있는 하나의 비평적 가능성을 열어줄 뿐만 아니라, 오늘날 탈식민주의 문학의 논의에서도 그의 자서전이 차지하는 초기 문학사적 중요성과 그 유산의 역사적 의미를 다시금 일깨워준다고 하겠다.

인용문헌

강희. 〈초기 노예서사와 에퀴아노의 유산〉. 《영미문학교육》 9.2 (2005): 5-25.

김상률. 〈디아스포라와 아프리카계 미국문학〉. 《아프리카 학회지》 19 (2004): 3-24.

Achebe, Chinua. "Chi in Igbo Cosmology." *Morning Yet on Creation Day: Essays*. London: Heineman, 1975. 93-104.

Acholonu, Catherine Obianju. "The Home of Olaudah Equiano: A Linguistic and Anthropological Search." *The Journal of Commonwealth Literature* 22.1 (1987): 5-16.

———. *The Igbo Roots of Olaudah Equiano: An Anthropological Research*. Owerri, Nigeria: AFA, 1989.

Allison, Robert. *Introduction to The Interesting Narrative of the Life of Olaudah Equiano*. Boston & New York: Bedford Book of St. Martin's P, 1995. 14-17.

Andrews, Williams A. "The First Fifty Years of the Slave Narrative, 1760-1810." *The Art of Slave Narrative; Original Essays in Criticism and Theory*. Eds. John Sekora and Darwin T. Turner. Macomb, Ill: Western Illinois UP, 1982. 6-24.

Bahbha, Homi K. "Of Mimicry and Man: The Ambivalence of Colonial Discourse." *Modern Literary Theory* 28 (Spring 1983): 125-33.

———. "The Commitment to Theory." *Questions of Third Cinema*. Eds. Jim Pines and Willemen Paul. London: BFI, 1989. 111-32.

———. "Signs Taken for Wonders: Questions of Ambivalence and Authority under a Tree outside Delhi, May 1817." *Critical Inquiry* 12.1 (Autumn 1985): 144-65.

Baker, Jr., Houston A. *Blues, Ideology and Afro-American Literature: A Vernacular Theory*. Chicago: U of Chicago, P, 1984. 31-50.

Bakhtin, M. M. *The Dialogic Imagination: Four Essays by M. M. Bakhtin*. Trans. Caryl Emerson and Michael Holquist. Austin: U of Texas P, 1981.

Benezet, Anthony. *Some Historical Account of Guinea: Its Situation, Produce, and the General Disposition of Its Inhabitants with an Inquiry into the Rise and Progress of the Salve-Trade, Its Nature and Lamentable Effects*. Philadelphia: Crukshank.1771.

Carretta, Vincent. "Three West Indian Writers of the 1780s Revisited and Revised." *Research in African Literatures* 29.4 (Winter 1998): 73-86.

———. "Olaudah Equiano or Gustavus Vasa?: New Light on an Eighteenth-Century Question of Identity." *Slavery and Abolition* 20.3 (Dec. 1999): 96-105.

Chinosole. "Tryin' to Get Over: Narrative Posture in Equiano's Autobiography." *The Art of Slave Narrative: Original Essays in Criticism and Theory*. Eds. John Sekora and Darwin T. Turner. Macomb, Ill: Western Illinois UP, 1982. 45-54.

Costanzo, Angelo. "The Spiritual Autobiography and Slave Narrative of Olaudah Equiano." *Surprizing Narrative: Olaudah Equiano and the Beginnings of Black Autobiography*. New York: Greenwood, 1987. 41-90.

Cugoano, Quobna Ottobah. *Thoughts and Sentiments on the Evil of Slavery*. Ed. Vincent Carretta. New York: Penguin, 1999.

Doherty, Thomas. "Olaudah Equiano's Journey: The Geography of a Slave Narrative." *Partisan Review* 64.4 (Fall 1997): 572-81.

Du Bois, W. E. B. *The Souls of Black Folk*. Eds. Henry Louis Gates and Terry Hume Oliver. New York & London: Norton, 1999.

Edwards, Paul. "Editor's Introduction." *Equiano's Travels: The Interesting Narrative of the Life of Olaudah Equiano or Gustavus Vassa the African*. Ed. Paul Edwards. Oxford: Heineman, 1996. xv-xxvii.

———. "'Master' and 'Father' in Equiano's Interesting Narrative." *Slavery and Abolition* 11.2 (September 1990): 216-26.

Edwards, Paul and Rosalind Shaw. "The Invisible Chi in Equiano's Interesting Narrative." *Journal of Religion in Africa* 19.2(1989): 146-56.

Equiano, Olaudah. *The Interesting Narrative of the Life of Olaudah Equiano, or Gustavus Vassa, the African: Authoritative Text, Context, Criticism*. Ed. Werner Sollors. New York & London: Norton, 2001[Norton으로 약칭].

Fichtelberg, Joseph. "Word between Worlds: The Economy of Equiano's Narrative." *American Literary History* 5.3 (1993): 459-80.

Gates, Jr. Henry Louis, *The Signifying Monkey: A Theory of African-American Literary Criticism*. New York & Oxford: Oxford UP, 1988.

Hall, Stuart. "Cultural Identity and Diaspora." *Contemporary Postcolonial Theory: A Reader*. Ed. Padmini Mongia. London: Arnold, 1996. 110-21.

Ito, Akito. "Olaudah Equiano and the New York Artisans: The First American Edition of The *Interesting Narrative of the Life of Olaudah Equiano, or Gustavus Vassa, the African*." *Early American Literature* 32.1 (1997): 82-101.

Jones, G.I. "Olaudah Equiano of the Niger Ibo." *Africa Remembered: Narratives by West Africans from the Era of the Slave Trade*. Ed. & Int. Philip D. Curtin. Madison: U of Wisconsin P, 1968. 60-98.

Kelleter, Frank. "Ethnic Self-Dramatization and Technologies of Travel in The *Interesting Narrative of the Life of Olaudah Equiano, or Gustavus Vassa, the African*, Written by Himself (1789)." *Early American Literature* 39.1 (2004): 67-84.

Mark, Stein. "Who's Afraid of Cannibals: Some Uses of the Cannibalism Trope in Olaudah Equiano's Interesting Narrative." *Discourse of Slavery and Abolition: Britain and Its Colonies*, 1760-1838 (2004): 96-100.

Marren, Susan M. "Between Slavery and Freedom; The Transgressive Self in Olaudah Equiano's Autobiography." *PMLA* 108.1 (Jan., 1993): 94-105.

Mtubani, Victor C. D. "The Black Voice in Eighteenth-Century; African Writers against Slavery and the Slave Trade." *Phylon* 45.2 (2nd Qtr., 1984): 85-97.

Murphy, Geraldine. "Olaudah Equiano, Accidental Tourist." *Eighteenth-Century Studies* 27 (1994): 551-68[Norton 368-82].

Ogude, S. E. "Facts into Fiction: Equiano's Narrative Reconsidered." *Research in African Literature* 13.1 (1982): 31-43.

———. "Olaudah Equiano and the Tradition of Defoe." *African Literature Today* 14 (1984): 77-92.

———. "No Roots Here: On the Igbo Roots of Olaudah Equiano." *Review of English and Literary Studies* (1989): 1-16.

Orban, Katalin. "Dominant and Submerged Discourses in The Life of Olaudah Equiano (or Gustav Vassa?)." *African American Review* 27.4 (Winter, 1993): 655-64.

Potkay, Adam. "Olaudah Equiano and the Art of Spiritual Autobiography." *Eighteenth-Century Studies* 27.4 (Summer, 1994): 677-92.

Samuels, Wilfred D. "Disguised Voice in *The Interesting Narrative of Olaudah Equiano, or Gustavus Vassa, the African*." *Black American Literature Forum* 19.2 (Summer, 1985): 64-69.

Sandiford, Keith A. "Olaudah Equiano: The Appeal to Humanity and the Political Self." *Measuring the Moment: Strategies of Protest in Eighteenth-Century Afro-English Writing*. London & Toronto: Associated UP, 1988. 118-48.

Shyllon, Folarin. "Olaudah Equiano: Nigerian Abolitionist and First National Leader of Africans in Britain." *Journal of African Studies* 4.4 (Winter 1978): 433-50.

Woodard, Helena. "Dampier's Hottentots, Swift's Yahoos, and Equiano's Ibos:

Imaging Blackness in a Colonialist Discourse." *African-British Writings in the Eighteenth Century: The Politics of Race and Reason*. Westport, CT: Greenwood, 1999. 99-132.

Young, Robert J. C. *Colonial Desire: Hybridity in Theory, Culture and Race*. London: Routledge, 1995. 20-28.

10. '포스트'이론과 문학교육

I

이 글의 제목에 사용된 '포스트'(Post)라는 접두어는 포스트모더니즘(Postmodernism), 포스트구조주의(Poststructuralism), 포스트마르크스주의(Post-Marxism), 포스트식민주의(Postcolonialism) 등의 경우에 볼 수 있듯이 현대의 다양한 비평이론들의 명칭에서 널리 사용되고 있다. 이러한 개별 명칭에서 공통적으로 사용되는 접두사 'Post'를 '탈'(脫)로 번역하느냐 '후기'(後期)로 번역하느냐에 따라 이전 사조와 이후 사조의 관계를 정의하는 입장은 사뭇 달라진다. 예컨대, '포스트'를 '탈'로 번역한다면 이후 사조가 이전 사조를 비판하고 극복하고자 하는 측면을 강조하게 되는 반면에, 이를 '후기'로 번역한다면 이후 사조가 이전 비평의 기본 틀은 계승하면서 이를 지속적으로 발전시키고자 하는 측면을 강조하게 된다. '포스트'의 애매한 의미에 대한 논란은 'Post theory'라는 표현에서 볼 수 있듯이, 개별 비평 사조를 넘어서, 최근 유행하고 있는 '이론' 일반을 어떻게 받아들일 것인가 하는 문제로까지 확대되고 있다. 즉 'Post theory'는 한편으로는 그동안의 이론적 논의의 성과를 긍정적으로 수용하고자 하는 '이론 이후'(After theory)의 문제로 볼 수 있지만, 반대로 이론의 지배적 담론을 넘어서거나[Beyond theory] 이에 적극적으로 저항하려는 "반이론"(Against Theory, Mitchell 2)으로 받아들일 수도 있다. 이러한 관점에서, '포스트'이론의 시대에 문학교육의 과제는 크게 볼 때 그동안 이루어진 이론적 논의의 성과를 어떻게 문학교육 현장에서 수용할 수 있을 것인가 하는 이론 '이후'의 문제, 그리고 문학교육의 현장에서 이론 자체를 위한 이론적 논의, 혹은 이론적 논의의 과잉을 넘어서서 문학교육의 초점을 어떻게 문학 텍스트 읽기로 돌이킬 수 있을 것인가 하는 '탈'이론의 문제로 나누어 볼 수 있다. 오늘날 문학교육에서 최근의 다양한 비평이론들의 논의를 무시한 채, 문학이론을 넘어서(단순한 의미에서 '탈'이론) 문학 '텍스트' 자체 읽기에만 모든 관심을 집중할 수 있다고 믿는 것은 명백히 과거 '신비평'의 소박한 오류를 재생산하는 것밖에 되지 못할 것이다.

오늘날 문학교육은 좋든 싫든 간에 복잡다기하게 전개되고 있는 현대 문학이론들과의 상관관계에서 이루어질 수밖에 없다는 측면에서 불가피하게 이론 '이후'의 시대에 처해 있다. 그러나 문학작품의 자율성은 고려하지 않은 채 비평이론의 지배적 담론을 일방적으로 문학작품에 '적용'하려고 하는 것은 명백히 그것대로 문제를 지닐 수밖에 없다. 다시 말해서, '포스트'이론의 시대에 문학교육은 한편으로는 문학이론의 지배적 담론에 일방적으로 종속되지 않으면서 다른 한편으로 그동안의 이론적 논의의 성과를 문학 텍스트 읽기에 내재적으로 수용할 수 있는 방법론적 성찰을 절실히 필요로 한다. 이 글은 이러한 양가적 의미에서 '포스트'이론[1]의 시대에 대학과 대학원의 영문학교육 과정에서, 문학작품과 비평이론 텍스트의 비평적 분석을 통해서 문학작

---

1 패린더(Patrick Parrinder)에 의하면, 영어 Theory는 그리스어 *Theoros*로부터 파생되었는데, 후자는 원래 "구경꾼이나 관찰자"(onlooker or spectator), 또는 "데이터로부터 독립된 일반 원칙"(general principles independent of the data)이라는 두 가지 다른 의미를 지닌다고 한다. 시인보다 철학자를 우위에 둔 플라톤의 《공화국》(*The Republic*)이 후자의 의미를 강조한 반면에, 아리스토텔레스의 《시학》(*The Poetics*)의 경우에 볼 수 있듯이 문학비평에서 "이론가"(theorists)의 임무는 문학 텍스트의 경험적 자료로 돌아가서 이론의 이 두 가지 상반적 의미를 융합시키는 데 있다고 패린더는 지적한다(14-15). 패린더의 지적과 아울러, '이론'은 숭앙받아야 할 고전적 "견해"(doxography)라기보다 "반성적 자의식"(reflective self-consciousness)이 참여하는 실천적 "탐색"(inquiry)의 과정으로 체험되어야 한다고 보는 마셜(Donald G. Marshall)의 관점도 이 글의 기본 입장과 일맥상통한다(84; 80-89).

품 읽기와 비평이론 교육을 유기적으로 통합할 수 있는 일종의 대화적 전략의 가능성을 모색해보려는 시도이다. 본론에서는 영문학과 학부 과정에서 희곡, 시, 소설 등의 대표적 문학 장르의 몇 가지 작품들을 예로 들어서 문학 텍스트가 함축하는 '비판적' 입장을 분석해본 다음, 비판적 독자가 경계해야 할 저자 이데올로기의 문제를 '비판적 교육학'의 관점에서 살펴본다. 그리고 학부 고급과정이나 대학원에서 다룰 수 있는 비평이론 과목과 실제 비평의 상관관계 및 비평이론의 문학적 읽기의 가능성을 검토한 다음, 작가 자신이 펼치는 문학론과 문학작품의 상관관계, 그리고 문학작품 자체가 내포할 수 있는 문학론의 경우를 검토해본다.[2]

II

근래 활발히 이루어지고 있는 비평이론의 논의와 문학교육을 접목시키는 문제는 대상이 학부과정이냐 대학원과정이냐에 따라 달라질 수 있다. 문학교육이 반드시 창작물로서 문학 텍스트 읽기에만 국한되는 것이 아니라 비평이론에 대한 논의까지 포함한다고 하더라도 학부에서 다룰 수 있는 비평 강의는 대개 비평적 산문 강독이나 비평사 개관 정도일 것이다. 그렇지만 현대 비평이론의 제반 경향에 대한 개관은 대학원 과정 초반에서 방법론적 서설로 반드시 다룰 필요가 있을 것이며 학부 고급과정에서도 선택적으로 가능할 수 있겠다. 그런데 학부나 대학원 과정에서 학생 독자가 문학 텍스트를 읽을 때 해당 작품과 관련될 수 있는 특정한 비평이론의 사전 지식을 어느 정도 지니고 있는

2 이 글의 논의는 수업현장의 '경험적' 데이터에 기초한 개별적 사례 연구에 치중하기보다 문학교육을 어떻게 이론교육과 자연스레 접목시킬 수 있을까 하는 문제에 초점을 맞추어, 교수 입장에서 다양한 문학 강좌에서 어떤 작품을 어떻게 선정하고 어떤 시각에서 다룰 것인가 하는 '수업 디자인'의 일반적인 '방법론적' 성찰에 중점을 두고 있음을 밝힌다. 그러나 이를 구체적으로 실천하기 위한 다양한 수업전략에 대한 암시도 배제하지 않고 있다. 미흡한 대로, 이러한 총론적 논의가 개별적 수업현장에서 문학교육과 이론교육을 접목하는 데 조금이라도 도움이 되기를 바란다.

지의 문제와 관련 없이, 학생독자가 문학작품의 중심 문제나 지배 구조를 '비판적/비평적'(critical)[3]으로 분석해가는 과정에서 자연스레, 일정한 '비판적 관점'(critical perspective)이나 '입장'(position)을 형성하게 되리라 기대해볼 수 있다. 러시아 형식주의자들이 강조하듯이 문학 텍스트 자체가 이미 현실을 '낯설게 하는' 새로운 전복적 '관점'이나 '입장'을 함축한다고 볼 때, 문학교육 현장에서 문학작품에 대한 자세한 비평적 분석은 반드시 고답적 이론에 대한 사전 지식이나 외부적 이론의 '참조 틀'(frame of reference)을 원용하지 않더라도, 텍스트 읽기의 수행과정 자체에서, 일정한 비평적 관점의 맹아가 자연히 생성되고 이를 키워나가는 계기를 마련하는 데 도움이 될 것이라 기대할 수 있다.

예컨대, 학부 영문학개관이나 희곡개론 과목에서 《노튼영문학개관》(*The Norton Introduction to Literature*)에 수록되어 있는 수전 글래스펠(Susan Glasspell)의 〈사소한 것들〉(*Trifles, The Norton Introduction to Literature* 1019-29)과 같은 희곡작품을 읽을 때 학생들은 반드시 페미니즘이나 젠더 연구의 고답적이고 복잡한 이론에 대한 사전 지식을 지니고 있지 않더라도, 이 작품을 자세히 읽고 비평적으로 분석해보는 과정에서 자연스레 젠더와 여성 문제에 대한 비판적 의식을 함양하는 계기를 마련할 수 있다. 자식 없는 한 중년 부인이 남편을 교살한 엽기적 살인사건을 다룬 이 짧은 희곡작품에서, 사건 수사를 맡은 형사 및 남성 인물들,

3 이 글에서 앞으로 자주 사용하게 될 '비판적/비평적' 분석이나 해석 등의 표현에서 '비판적/비평적'이라는 용어는 반드시 특정 비평이론에 입각한 분석이나 해석이라기보다, 필자가 이전에 영문학교육과 관련하여 다른 글에서 강조한 바 있는 '비판적 사고'(critical thinking)와 '비판적 언어능력'(critical literacy)의 일반적 의미로 사용한다. 간략히, '비판적 사고'와 '비판적 언어능력'은 엠마뉴엘 칸트(Emmanuel Kant)의 '비판철학'(critical philosophy) 및 파울로 프레리(Paulo Freire)의 '비판적 교육학'(critical pedagogy)의 기본 개념에 기초하며, 구체적으로, 관계짓기, 비교, 유비, 인과, 평행, 대조, 구분, 분류, 상상, 추리, 귀납적/연역적 추론, 문제제기와 해결, 결정하기 등의 중요한 사유 범주들을 포함한다(여홍상 267-69). 영문학교육과 관련하여 이 용어들의 정의와 적용에 대한 자세한 논의는 졸저《영문학과 사회비평》10장 〈영문학 교육의 정체성과 문학적 언어능력 — 비판적·창조적 사고를 위하여〉(232-59)와 11장 〈영문학 교육과 비판적 언어능력〉(281-302)의 내용을 참고할 것.

그리고 당사자 부인의 이웃 여성들은 나름대로 사건 진상을 파악하려는 시도에 있어 각자 성별에 따라 현저히 다른 태도·사고방식·접근법을 보여준다. 남성들은 거실과 침실 중심으로 그들이 믿는 중요 '증거'를 수집하기 위해 분석적, 이성적 접근을 취하는 반면에, 여성들은 부엌을 중심으로 여러 가지 '사소한 것들'에 관심을 집중한다. 결국 공식적 수사를 맡은 남성 형사는 아무 결정적 단서를 찾아내지 못하는 반면에, 이웃 여성들은 남자들이 무시하는 '사소한 것들', 즉 부엌의 그릇, 잼통, 바느질고리에 숨긴 죽은 카나리아, 그리고 결정적으로 부인이 퀼트 이불을 '매듭'으로 처리한 데서 사건의 진상을 알아차린다. 부인의 여성 친구들은 그녀의 남편이 그녀의 꿈이었던 교회 성가대를 못하게 하고 그 대신 키운 카나리아마저 밤에 시끄럽게 운다고 목을 비틀어 죽인 데 대해 더 이상 남편을 용인할 수 없었음을 알게 된다. 글래스펠 희곡의 독자나 관객은 스스로 한 사람의 '탐정'이 되어, 작중 여성 인물들이 주의를 기울이는 여러 가지 '사소한 것들'이 함축하는 상관적 의미를 스스로 찾아내는 역할을 수행하게 된다. 담당 교수는 남녀 인물들이 주목하는 공간과 사물, 사고방식, 감정, 추론방식의 차이 등에 관한 퀴즈, 에세이, 토론 과제, 그리고 가능하다면 일부 장면에 대한 실제 연출 등을 통해서 이 작품이 다루고자 하는 젠더 문제를 스스로 찾아내고 비평적으로 분석하고 해석해낼 수 있도록 지침과 도움을 줄 수 있다.

글래스펠의 희곡작품에 이어, 《노튼영문학선집》(*The Norton Anthology of English Literature*) 2권(1079-82)에 수록되어 있는 엘리자베스 배릿 브라우닝(Elizabeth Barrett Browning)의 〈어린이들의 울음〉("The Cry of the Children")은 학부 영시 고급과정에서 다루어볼 만하다. 빅토리아조 영국사회에서 큰 반향을 불러일으켰던 브라우닝 시의 역사적 의미를 현대 독자들이 제대로 이해하기 위해서는 당대 영국의 사회적, 역사적 상황에 대한 배경적 지식이 필요할 수 있다. 그러나 학생들은 구태여 당시 영국 의회조사보고서나 마르크스와 엥겔스의 저작을 읽지 않더라도(사실 이는 학부과정에서 어려울 것이며, 바람직하지도 않을 것이다!) 브라우닝의 문학 텍스트가 선지자적, 인도주의적 목소리로 생생하게 재현하고 고발하는 당대 아동노동의 참상과 공장제 생산양식의 문제, 그리고 제도화된 종교의 위선적 모습을 통해서, 19세기 영국 산업사회가 안고 있던 사회적, 역사적 문제의 핵심적 측면을 파악할 수 있을 것이다. 당시 병약하여 실내에서 생활해야 했던 배릿 브라우닝은 실제 어린이 노동현장을 방문할 수 없었으며, 의회에 제출한 혼(Horne)보고서에 기초하여 이 시를 집필하였다고 한다. 그러나 브라우닝의 '시'는 혼의 '보고서'를 넘어서 당대 영국사회에서 크나큰 반향을 불러일으켰을 뿐만 아니라, 아동노동을 포함하여 당시 일반적 공장 노동조건을 개선하는 데 중요한 역할을 하였다고 평가된다.

학생들은 간략한 역사적 배경으로 노튼 교재에 나오는 빅토리아조 시대개관을 읽을 수 있을 것이며, 인터넷에서 쉽게 구할 수 있는 보충적 시각 자료로, 당대 아동노동 장면이나 새로 발명된 방적기계 등의 삽화를 활용할 수 있을 것이다. 또한 브라우닝 이전에 아동노동과 영국 산업사회 문제를 다룬 윌리엄 블레이크(William Blake)의 두 편의 〈굴뚝 소제부〉("The Chimney Sweeper")시와 〈런던〉("London")을 함께 읽을 수 있겠다. 담당 교수는 퀴즈나 에세이 문제, 소그룹 토론 형식을 통해서, 당대 독자들에게 어린이들의 울음에 귀를 기울이도록 촉구하는 시적 서술자의 선지자적 목소리, 그리고 어린이들 자신의 목소리로 묘사되는 공장제 생산방식의 제반 문제(예컨대, 끊임없이 돌아가는 큰 '바퀴'의 이미지)와 더불어 어린이와 어른들의 아이러니하게 뒤바뀐 관계, 어린이들의 기도에 응답하지 못하는 지상교회와 아버지 나라, 하나님의 침묵 등에 주목하도록 함으로써, 브라우닝 시의 역사적 의미를 구체적으로 이해하도록 학생들에게 도움을 줄 수 있겠다. 반드시 학생들이 역사주의 비평의 이론적 지식을 사전에 갖추고 있지 못하더라도, 브라우닝의 시를 자세히 읽고 비평적으로 분석해보는 것은 문학작품의 역사적 의미를 이해할 수 있는 비평적 안목을 키우는 데 중요한 계기가 되리라 본다.

글래스펠의 희곡과 브라우닝 시의 해석에서 우리는 젠더 이슈나 역사적 문제와 같은 특정한 비평적 관점을 강조하였다. 그러나 문학 작품을 해석함에 있어 반드시 한 가지 비평적 입장에만 의존할 필요는 없으며, 가능하다면 다양한 관점에서 여러 가지 비평적 분석을 시도해 보고 그들 간의 상호관계까지 고려해볼 수 있다. 예컨대, 글래스펠의 〈사소한 것들〉의 경우, 젠더 문제와 관련지어, 흔히 남성 탐정의 이성적 추론에 의존했던 이전 수사물 · 미스터리물의 전통적 관행을 어떻게 페미니즘 관점에서 다시 쓰고 있는가 하는 문제를 '장르'비평의 관점에서 논의해볼 수 있다. 나아가서, 브라우닝의 〈어린이들의 울음〉은 '역사적' 접근과 더불어 어린이들의 울음에 관심과 동정을 촉구하는 '여성' 선지자의 목소리에 초점을 맞춘 '페미니즘'적 읽기를 시도해 볼 수 있다.

소설의 예로, 학부 문학개론이나 소설 과목에서 흔히 다루는 조지프 콘래드(Joseph Conrad)의 《어둠의 핵심》(*Heart of Darkness, The Norton Anthology of English Literature* 1891-1947)은 키스 부커(M. Keith Booker)의 비평이론 개론서(*A Practical Introduction to Literary Theory and Criticism*)가 제시하는 심리분석, 대화주의, 신역사주의, 다문화주의(199-228) 비평 이외에도, 도덕비평, 신화비평, 서술이론, 페미니즘 같은 다른 다양한 접근법이 가능한 작품이다. 사실 학부에서 콘래드 작품을 읽을 때, 이 모든 접근법을 골고루 다루기는 힘들 것이며, 가령 '탈식민주의'(Postcolonialism)와 같은 특정한 비평적 관점에 중점을 두고 읽도록 강의계획을 마련할 수 있겠다. 물론 이것은 학생 독자들이 탈식민주의의 비평이론에 대한 사전 지식을 갖춘 다음 이를 콘래드 작품에 사후적으로 적용시킨다는 의미가 아니라, 글래스펠과 브라우닝의 경우처럼, 학생들 스스로 콘래드 소설을 비평적으로 분석해보는 가운데, 콘래드 작품에 '내재된' 탈식민주의 주제를 스스로 찾아내고 그러한 측면에서 특정한 비평적 안목을 키워가는 계기를 마련할 수 있으리라는 생각이다. 복잡한 격자서술 방식을 취하는 콘래드 작품을 읽는 독자들은 주서술자이자 초점자(focalizer)인 말로선장(Captain Marlow)의 콩고 오지 여행과정에 상상적으로 동참함으로써, 마침내 타락한 백인 식민주의자 커츠(Kurtz)가 대변하는, 19세기 말에서 20세기 초에 이르는 세기 전환기에 유럽 중심의 식민주의/제국주의가 함축하는 가장 은밀하고 '공포스런' 정신적, 도덕적 '어둠의 핵심'과 대면하게 된다. 학부 고급과정이나 대학원 비평이론개관 과정에서는 아마도 콘래드 소설에 대한 다양한 비평적 접근을 시도해볼 수 있을 것이다.

지금까지 논의에서는 주로 문학 작품이 암시한다고 여겨지는 특정한 현실 비판적 시각을 독자들이 어떻게 스스로 읽어낼 수 있을까 하는 긍정적 해석의 입장을 강조하였다. 그런데 하나의 문학작품이 함축하는 특정한 지배적 '입장'이나 '관점'은 마르크스주의나 해체주의 입장에서 볼 때 오히려 전복되고 해체되어야 할 '작가 이데올로기'(authorial ideology, Eagleton 58) 혹은 '텍스트 이데올로기'(textual ideology)로 간주될 수도 있다. 예를 들어《어둠의 핵심》에서 콘래드 소설이 주제로 다루는 선과 악의 '도덕적' 문제는 마르크스주의 입장에서는 실제로 '식민주의'의 역사적 모순이라는 경제적 토대에서 비롯된 문화적 표층구조의 문제일 것이다. 영국에 귀화한 작가 콘래드 작품에서 공통적으로 발견되는 '도덕적' 보수주의에 저항하거나 이를 거슬러 읽지 않고, 작가가 강조하는 도덕적 관점에서만 이를 해석하고 수용하는 것은 콘래드의 '작가 이데올로기' 혹은 '텍스트 이데올로기'(textual ideology)를 무비판적으로 재생산하는 오류에 빠질 수 있다. 일례로,《어둠의 핵심》에서 말로선장이 선악의 이분법적 기준을 적용하여, 커츠가 대변하는 벨기에식 제국주의는 '나쁜' 반면에, 야만 세계에 문명의 빛을 가져다주는 영국식 제국주의는 '선하다'고 옹호하는 것은 영국에 귀화한 작가의 보수적 이데올로기의 징표로 해석할 수 있다. 이런 문제는 콘래드가《로드 짐》(*Lord Jim*)의 주인공을 악의 화신 해적 톰(Tom)과 대비되는 '선한' 제국주의자의 전형으로 그리고 있는 데서도 드러난다. 따라서 진정한 '비판적' 독자라면 일면 콘래드 자신을 대변한다고 볼 수 있는 주서술자 말로선장의 도덕주의적 전망에 전적으로 동의할 필요는 없으며, 때로는 그의 1인칭 서술로부터 비판적 거리를 취하는 것이 필요하다. 필자가 이전에 영문학교육에 관한 다른 글에서 강조했듯이, 일반적으로 문학교육의 목표를 문학작품 읽기를 통해서 '비판적 사고' 또는 '비판적 언어능력'[4]을 함양하는 데 둔다면, 학생들은 문학 텍스트를 비판적으로 해석하는 가운데, 문학 작품이 함축하는 현실 비판적 관점은 적극 수용하되, 텍스트의 이데올로기적 닫힘에 대해서는 경계하는 변증법적 비평의식이 필요할 것이다.

문학 텍스트 읽기에 집중하는 과목 이외에, 학부 고급과정이나 대학원과정에서 다룰 수 있는 비평이론 자체에 집중하는 과목도 텍스트와 이론을 접목하는 비판적 사고력의 함양을 위한 문학교육의 중요한 한 분야임을 간과할 수 없다. 비평이론 과목의 경우에 문학 텍스트 읽기와는 달리 이론적 틀 자체를 이해하는 것이 과정의 주목적이 된다. 그러나 실제로 순수하게 이론 자체를 위한 이론이란 있을 수 없다. 가령 서양 문학이론의 효시로 손꼽히는 아리스토텔레스(Aristoteles)의 《시학》(*Poetics*)의 경우, 소포클레스(Sophocles)의 《오이디푸스왕》(*Oedipus the Rex*)이라는 개별 텍스트에 대한 '실제비평'(practical criticism)의 범주에서 크게 벗어나지 않는다고 해도 과언이 아니다. 사실 아리스토텔레스는 '시학'이론을 먼저 세워놓고 이를 소포클레스 작품에 연역적으로 적용했다기보다, 거꾸로 후자의 원(原)텍스트를 경험적 토대로 하여 그의 시학을 귀납적으로 구성했다고 할 수 있다. 한때 문학 내재적 교육 방법론으로 각광을 받았던 '신비평'(New Criticism)의 유기체적 문학관도 따지고 보면 클린스 브룩스(Cleanth Brooks)의 《잘 빚은 항아리》(*The Well Wrought Urn*)의 경우에 볼 수 있듯이, 영국 낭만시 텍스트와 같은 구체적 문학 작품에 대한 자세한 읽기에 기초한다. 비평이론과 문학작품

4 이 용어들에 대한 자세한 논의와 서지는 주석 3 참고.

간의 이와 같은 태생적 상호 관련성을 고려할 때 비평'이론' 강의에서는 항상 최종심급에서 문학작품으로의 회귀를 염두에 둘 수밖에 없다. 사실 대부분의 비평이론 개론서들은 부커, 알프레드 게린(Alfred Guerin), 래먼 셀던(Raman Selden)의 경우에 볼 수 있듯이, 단순히 이론 자체에 대한 논의를 넘어서 특정한 이론적 관점이나 입장에서 실제 텍스트 읽기의 예를 풍부하게 제시하면서 다양한 실제비평의 가능성을 탐색하는 데 상당한 지면을 할애하고 있다. 학부든 대학원이든 간에 비평이론을 중심으로 다루는 강좌에서 이들 중 한두 개의 이론서를 교재로 선택하여 해당 문학작품을 (부분적으로 발췌하더라도) 함께 읽으면서, 각 비평적 접근법의 장단점을 논의해볼 수 있겠다.

문학작품과 문학이론의 긴밀한 상호관계는 작가 자신이 펼친 문학론과 그의 창작품 사이의 관계에서도 찾아볼 수 있다. 윌리엄 워즈워스(William Wordsworth)의 《서정담시집》(*Lyrical Ballads*) 2판 서문, 콜리지(S. T. Coleridge)의 《문학평전》(*Biographia Literaria*), 셸리(P. B. Shelley)의 〈시의 옹호〉("A Defence of Poetry"), 존 키츠(John Keats)의 편지, 매튜 아놀드(Matthew Arnold)의 시론과 비평문, 로버트 브라우닝의 〈셸리론〉("An Essay on Shelley"), 엘리엇(T. S. Eliot)과 에즈라 파운드(Ezra Pound)의 비평문, 예이츠(W. B. Yeats)의 서문, 헨리 필딩(Henry Fielding)과 콘래드 소설의 서문, 그리고 버지니아 울프(Virginia Woolf), 로렌스(D. H. Lawrence), 조지 오웰(George Orwell), 치누아 아체베(Chinua Achebe) 등의 비평적 산문들은 모두 그 자체로 독립적 가치를 지닐 뿐 아니라 해당 작가나 다른 작가들의 작품을 읽을 때 비평적 해석의 지침으로 활용할 수 있다. 물론 찰스 램(Charles Lamb)과 윌리엄 해즐릿(William Hazlitt)의 글은 그 자체로 하나의 '예술적' 산문으로 간주되지만, 램, 해즐릿, 토마스 드 퀸시(Thomas De Quincey), 밀(J. S. Mill)처럼 허구적 문학 창작가가 아닌 비평적 산문가가 쓴 문학론도 다룰 수 있다. 만일 창작가의 비평문과 작품을 함께 읽는 문학 강좌를 학부 고급과정에서 개설한다면, 낭만주의, 빅토리아조, 현대 등과 같이 특정한 한 시대에 집중하거나, 각 시대를 대표하는 몇몇 작가/비평가를 선정하여 상호 비교할 수도 있겠다. 비평이론을 중심으로 하는 과목에서는, 비평이론이나 비평적 산문을 먼저 읽고 관련된 문학작품이 특정한 비평적 관점에서 어떻게 해석될 수 있는지의 여부를 검토해볼 수 있으며, 나아가서 다른 문학이론과 문학사조들 사이의 특징과 장단점을 비교·검토하는 것도 다뤄볼 수 있다.

창작가의 것이든 비평가의 것이든 간에 순수 문학에 관한 비평문이 아니더라도, 당대의 사회적, 역사적, 지성사적, 문화사적 문제를 다룬 비문학적 비평 산문과 문학작품을 함께 읽음으로써 현대 독자들은 과거의 문학작품을 당시 역사적 배경에 비추어 좀더 심층적으로 이해하는 데 중요한 도움을 얻을 수 있다. 예컨대, 《노튼영문학선집》 2권에 수록되어 있는 리차드 프라이스(Richard Price), 에드먼드 버크(Edmund Burke), 메리 울스톤크래프트(Mary Wollstonecraft), 토마스 페인(Thomas Paine), 토머스 칼라일(Thomas Carlyle) 등이 쓴 프랑스혁명에 관한 논쟁적 산문 및 역사서술들과 블레이크, 워즈워스, 셸리, 키츠의 관련 시작품, 그리고 찰즈 디킨즈(Charles Dickens)의 소설 《두 도시 이야기》(*A Tale of Two Cities*)를 함께 읽을 수 있을 것이다. 기타 역시 《노튼영문학선집》 2권에 수록되어 있는19세기 산업사회 문제, '여성문제,' 제국주의/식민주의 등의 문제에 관해서도 이를 다룬 비문학적 산문과 문학작품을 함께 읽을 수 있겠다. 여기에서, 비문학적 산문과 문학작품을 "함께" 읽는다는 것은 단순히 강의개요의 순서대로 기계적으로 그냥 한 작품씩 읽어나간다는 뜻이 아니라, 비평적 산문에 제시된 역사적 문제와 개별 산문작가의 입장에 비추어 문학작품을 읽어본다는 의미다. 물론 비평적 산문가의 특정한 입장이 반드시 당대 문제에 대한 결정적 해답을 제시한다고 말할 수는 없다. 오히려 앞에서 논의한 배릿 브라우닝의 〈어린이들의 울음〉의 경우에 볼 수 있듯이, 문학작품이 인간적 체험의 차원에서 당대 첨예한 사회 문제를 더욱 생생하게 구체적으로 제시함으로써, 비문학적 산문에 나타난 비평적 견해의 타당성을 판가름하는 시금석의 역할을 할 수 있다. 따라서 문학 강의에서는 순수 문학작품을 읽는 데 좀더 주안점을 둘 수 있지만, 비문학적 산문과 문학작품을 함께 읽는다는 것은 어느 한쪽을 비평적 잣대의 기준으로 삼는다기보다 균형 잡힌 '상호'텍스트적 관련하에 대화적으로 '상호'조명해본다는 의미로 받아들일 수 있다.

창작가의 비평문 외에, 허구적 문학작품 자체가 때로는 문학이나 예술의 본성에 대한 자기성찰을 주제로 다루는 경우도 있다. 이러한 자기반조적 작품들을 자세히 읽고 비평적으로 분석해보는 과정에서 학생들은 문학이나 예술 일반에 대한 창작가들의 은밀하고 미묘한 견해에 접할 수 있다. 각 장르별로 몇 가지 대표적 예를 제시하자면, 워즈워스의 〈불멸송가〉("Immortality Ode"), 콜리지의 〈절망송가〉("Dejection: An Ode"), 셸리의 〈서풍부〉("Ode to the West Wind") 등은 시적 상상력의 상실과 회복의 문제를 다루며, 존 클레어(John Clare)의 〈목가시〉("Pastoral Poesy")는 그 자신의 시론을 표명하고, 키츠의 일련의 송가들은 상상력과 현실의 관계를 긴밀하게 탐색하며, 로버트 브라우닝의 〈립포 립피 수사〉("Fra Lippo Lippi")는 시인의 사실주의적 예술관을 대변한다. 영미시 개론의 교재로 사용되는 《시의 발견》(*The Discovery of Poetry*)에 수록되어 있는 존 애쉬베리(John Ashberry)의 〈시란 무엇인가?〉("What Is Poetry") 는 제목 그대로 시의 본질을 주제로 삼는 반면에, 테드 휴즈(Ted Hughes)의 〈사고(思考)여우〉("The Thought-Fox")는 사고와 시적 언어의 표현과정을, 그리고 월레스 스티븐즈(Wallace Stevens)의 〈위대한 허구를 위한 곡조〉("Notes toward the Supreme Fiction")는 상상력 · 존재 · 무의 관계를 각각 탐구한다. 나아가서, 워즈워스의 《서곡》, 배릿 브라우닝의 《오로러 리》(*Aurora Leigh*), 제임스 조이스(James Joyce)의 《젊은 예술가의 초상화》(*A Portrait of the Artisit as a Young Man*) 등은 자전적 장편시나 소설 형식을 빌어 시인 · 예술가의 성장과정을 탐구하며, 오든(W. H. Auden)의 〈예이츠를 추모하며〉("In Memory of W. B. Yeats")는 20세기 중요 시인의 죽음을 기리며 현대사회에서 시의 역할에 대한 문제를 제기한다. 소설이 새로운 문학양식으로 대두하기 시작하던 18세기에 출판된 로렌스

스턴(Lawrence Sterne)의 《트리스트럼 셴디》(*Tristram Shandy*)와 헨리 필딩(Henry Fielding)의 《톰 존스》(*Tom Jones*)는 신생 장르로서 소설의 서술방식에 대한 초(超)논평을 포함한다. 덧붙여, 윌리엄 셰익스피어(William Shakespeare)의 희곡과 왕정복고기 희곡작품들은 흔히 극중극, '세계무대'(*Theatrum Mundi*), 가면극 등과 같이 자기반조적 '극'(劇, Play)의 이미지를 내포한다. 러시아 형식주의자들이 주장하듯이 모든 새로운 예술작품은 이전의 형식을 해체하면서 자신의 새로운 형식을 재형성한다고 할 때, 새로운 개별 예술작품은 그 자체에 이미 자신의 고유한 미학형식을 함축한다고 말할 수 있다. 이러한 관점에서 학부 고급과정이나 대학원 과정에서 위에서 예로 든 자기반조적 문학작품들을 장르나 시대별로 분류·선택하여 문학작품 내에 함축된 예술론을 탐색해보는 하나의 독립된 강의과정을 마련해볼 수 있겠다.

문학 텍스트가 때로 자신의 심미적 특성에 관한 자기반조적 성찰을 함축한다고 할 때, 비평적 담론은 역으로 그 내부에 문학 텍스트와 같은 '문학성'(literariness)을 내포할 수 있다. 가령 프리드리히 니체(Friedrich Nietzsche)의 철학적 저작들은 철학과 문학의 경계를 넘나들며, 오히려 문학 작품에 가깝다고도 할 수 있다. 니체의 철학적 담론이 자크 데리다(Jacque Derrida), 미셸 푸코(Michelle Foucauld), 마르틴 하이데거(Martin Heidegger) 등을 거쳐 오늘날 문학비평의 흐름에 중요한 영향을 주고 있는 것은 어쩌면 그의 철학이 지닌 문학성을 고려할 때 당연한 귀결인지도 모른다. 철학과 시를 인간 사유의 두 봉우리로 손꼽았던 하이데거의 철학적 담론은 그리스 신전, 숲속의 공터, 노동자의 구두와 같은 구체적인 시적 이미지에 의존한다. 하이데거에게 있어 인간은 근본적으로 '시적'으로 이 세계에 거주하는 존재이다. 이러한 측면에서 하이데거의 현상학과 언어철학은 문학비평에 중요한 영향을 주었다. 대학원 문학이론 과정에서 이러한 철학적 저작을 발췌하여 강독하는 경우, 학생 독자들은 철학적 저작을 문학작품 해석에 적용시키기 위한 우월한 외면적 잣대로 읽기보다, 이들에 내재하는 문학성에 보다 관심을 기울이는 시각에서 이들을 비판적으로 분석하고 해석해봄으로써, 문학과 철학의 동등한 상호 대화적 관계를 탐색해볼 수 있다.

III

'포스트'이론의 시대에 문학비평과 문학교육의 관계에 관한 간략한 일반적 고찰에서 잠정적으로 제시할 수 있는 전략적 입장이 있다면, 문학작품 읽기를 중심으로 하는 문학과목에서 학생 독자들은 반드시 난삽한 외재적 이론의 틀을 연역적으로 적용하지 않더라도, 스스로 문학작품에 대한 비평적 분석을 통해서 자연스레 하나의 특정한 비평적 관점을 귀납적으로 생성할 수 있는 기회를 가질 수 있으리라는 것이다. 그것은 텍스트의 결을 '따라' 문학작품이 현실을 새롭게 보게 만드는 텍스트 자체의 비판적 시각을 긍정적으로 수용하는 입장과, 텍스트의 결을 '거슬러' 문학작품에 내재된 보수적 작가 이데올로기를 부정적으로 비판하는 입장을 모두 포괄한다. 비평이론의 일방적 적용을 지양하고자 한다는 측면에서 문학교육은 일단 '탈'이론이자 이론의 지배적 권위에 대한 저항이다. 그러나 문학 텍스트의 비평적 분석을 통해 폭넓게 비판적 사고 혹은 비판적 언어능력의 함양을 지향한다는 측면에서, 문학작품 읽기는 결국 비평이론 공부와 교육적 목적을 공유하는, 이론 '이후' 시대의 동지이자 형제 / 자매이다. 비평이론은 많은 경우 태생적으로 문학작품과의 유기적 관련에서 생성되었으며, 문학교육의 입장에서 볼 때는 이론 자체를 위한 논의보다는 문학작품에 대한 해석의 방법론으로 다루어지는 것이 바람직할 것이다. 나아가서, 문학 텍스트 읽기의 방법을 비평 텍스트 읽기에 적용하여 거꾸로 비평이론의 담론을 문학 작품처럼 읽을 수도 있다. 개별 문학작품을 다룰 때 교수 입장에서는 어떤 비평적 관점에 초점을 맞출 것인지를 사전에 염두에 두고 퀴즈와 질문, 토론, 에세이 과제 등을 준비할 수 있으며, 경우에 따라 다양한 비평적 해석들을 시도하면서 그들 사이의 상관관계까지 고려해볼 수 있겠다.

오늘날 문학연구에서 창궐한 이론적 담론의 현상을 문학교육 현장에서 어떻게 수용할 것인가 하는 것은, 나아가서 문자로 씌어진 '문학' 텍스트가 전통적인 문화적 헤게모니를 점차 상실해가고 다양한 다중매체가 지배하는 문학 '이후'의 시대에 살고 있는 오늘날 학생들에게 절실히 요청되는 '문화적 해독능력'(cultural literacy)의 문제와도 관련이 된다. 이러한 '포스트'문학의 시대에, 이 글에서 논의한 바와 같이 문학 텍스트 읽기를 통해 비판적 언어능력의 함양하는 문학 교육적 전략은 문학 이외의 문화 텍스트 읽기에도 상당 부분 유효하고 적절하게 적용될 수 있으리라 기대해본다. 철학, 심리학, 인류학, 젠더 연구, 역사, 문화 연구 등 다양한 학제적 분야에서 방법론을 수용하였던 현대 문학이론은 이제 학문 융합적 견지에서 이들에게 자신의 비평적 해석 방식을 되돌려 줄 때가 되었으며, 실제 그러한 일들이 발생하고 있다. 여기에서 개략적으로 다룬 비평이론과 문학교육의 융합 전략은 영문학과 전공분야에 포함되고 있는 문화연구와 영화학 등에도 적용될 수 있으리라 기대하며, 이에 대한 논의는 다른 기회로 미룬다.

인용문헌

여홍상. 《영문학과 사회비평 — 19세기 영시와 영문학 교육》. 서울: 문학과지성사, 2007.

Aristotle. *Poetics*. Trans. Malcolm Heath. London: Penguin, 1996.

Beaty, Jerome, et. al., ed. *The Norton Introduction to Literature*. New York: Norton, 2002.

Booker, Keith M. *A Practical Introduction to Literary Theory and Criticism*. White Plains, NY: Longman, 1996.

Brooks, Cleanth. *The Well Wrought Urn: Studies in the Structure of Poetry*. San Diego: Harcourt Brace, 1947.

Eagleton, Terry. *Criticism and Ideology: A Study in Marxist Literary Theory*. London:

Verso, 1976.

Greenblatt, Stephen, ed. *The Norton Anthology of English Literature*. 8th Ed. Vol. 2. New York: Norton, 2006.

Guerin, Wilfred L., et. al. *A Handbook of Critical Approaches to Literature*. 4th Ed. Oxford: Oxford UP, 1999.

Marshall, Donald G. "Doxography versus Inquiry: Two Ways of Teaching Theory." *Teaching Contemporary Theory to Undergraduates*. Eds. Dianne F. Sadoff and William E. Cain. New York: MLA of America, 80-89.

Mayes, Francis. *The Discovery of Poetry*. 2nd Ed. Boston: Heinle, 1994.

Mitchell, W. J. T. *Introduction: Pragmatic Theory. Against Theory: Literary Studies and the New Pragmatism*. Ed. W. J. T. Mitchell. Chicago & London: U of Chicago P, 1985.1-10.

Parrinder, Patrick. *The Failure of Theory: Essays on Theory and Contemporary Fiction*. Brighton, Sussex: Harvester, 1987.

Selden, Raman. *Practicing Theory and Reading Literature*. Lexington: U of Kentucky P, 1989.

찾아보기

대화적 상상력과 영문학의 비판적 이해

워즈워스와 브라우닝을 중심으로

초판 발행1쇄 2017년 8월 21일

지은이 여홍상

펴낸곳 고려대학교출판문화원
www.kupress.com
kupress@korea.ac.kr
02841 서울특별시 성북구 안암로 145
02-3290-4230, 4232
Fax 923-6311

찍은곳 (주)동화인쇄

ISBN 978-89-7641-930-9 93840

값 13,000원

* 잘못 만들어진 책은 바꿔드립니다.